„Zapanjujuće je što apostol Pavle mesnu hrišćansku zajednicu opisuje kao 'Božiju crkvu, koju je on stekao sopstvenom krvlju' (Dela apostolska 20,28). To podiže vrednost crkvenog života, zdravlja i misije na najviši mogući nivo. U pitanju je zajednica ljudi kupljenih krvlju. Ne zanimaju me ljudske ideje o crkvi, nego Božije, i zato se s nadom i pouzdanjem okrećem Marku Deveru i njegovoj svesrdnoj predanosti Svetom pismu. Malobrojni su savremeni ljudi koji su duže ili bolje od njega razmišljali o pitanju šta crkvu čini biblijskom i zdravom. Zahvalan sam Bogu za ovu knjigu i za službu *9Marks* (Devet odlika)."

Džon Pajper, osnivač službe *Desiring God Ministries* (Čežnja za Bogom) i dekan teološkog fakulteta Betlehem *(Bethlehem College and Seminary)*

„Knjigâ o crkvi ima kao blata, ali ova se razlikuje od ostalih. Veoma retko se pojavi knjiga o crkvi u kojoj je odgovorno biblijsko i teološko razmišljanje spojeno s primenom koja je praktična, pobožna i zasnovana na iskustvu i zdravom rasuđivanju. Ovo je jedna od takvih knjiga. Ako se ubrajate među hrišćanske vođe, budite oprezni s dêlom koje upravo držite u rukama – moglo bi se desiti da promeni vaš život i službu."

Don Karson, istraživački profesor Novog zaveta na evanđeoskom teološkom fakultetu Sveta Trojica *(Trinity Evangelical Divinity School)*

„U vreme kada se crkve najčešće procenjuju na osnovu svoje šminke veoma je važno da naučimo kako ustanoviti istinsko stanje crkvenog zdravlja. Šminka se stavlja i na leševe! Mark Dever nam pruža biblijska merila pomoću kojih možemo da procenimo duhovno stanje crkve, ne tako što ćemo gledati njenu spoljašnjost, koju vidi ceo svet, nego njenu unutrašnjost, koju vidi Bog. Ovo delo je od ključnog značaja i veoma toplo ga preporučujem."

Džon Makartur, pastir crkve *Grace Community Church* (Crkvena zajednica milosti) u San Veliju u Kaliforniji

„*Devet odlika zdrave crkve* je jedna od najboljih, najčitljivijih i najkorisnijih knjiga o uvođenju crkve u duhovne promene. Ona nije usredsređena na rast crkve, nego na njeno zdravlje, što i jeste ispravan cilj službe usredsređene na Boga. Svako poglavlje sadrži biblijsku obradu teme i praktične predloge za propovedanje, učeništvo ili neko drugo polje crkvenog života. Predložena načela i praksa su ispitani u Deverovoj veoma živoj službi vodećeg pastira napredne gradske zajednice."

Filip Grejam Rajken, predsednik fakulteta Viton *(Wheaton College)*

„Postmoderna Amerika je prepuna duhovnosti, ali ne i pravog hrišćanstva. Nestanak biblijskog učenja o tako brojnim oblastima crkvenog života jasno dokazuje ovu činjenicu. Reformacija je uvek usmerena na crkvu i treba da se molimo da se crkva reformiše i u naše vreme. Mark Dever nas u ovom proglasu pod naslovom *Devet odlika zdrave crkve* upućuje na pravi biblijski povratak novozavetnoj crkvi. Svaka stranica vrvi od pronicljivih analiza i pažljivih razmatranja. Svi pastiri i svi koji se mole za reformaciju današnje crkve treba da uzmu ovo delo u ruke."

Albert Moler, predsednik i profesor hrišćanske teologije sa zvanjem *Džozef Emerson Braun* na Teološkom fakultetu južnih baptista *(The Southern Baptist Theological Seminary)*

„Budućnost biblijskog hrišćanstva na Zapadu neodvojivo je vezana za budućnost mesne crkve. Mark Dever to zna i njegova knjiga *Devet odlika zdrave crkve* predstavlja biblijski recept za vernost."

Ligon Dankan, profesor sistematske i istorijske teologije sa zvanjem *Džon E. Ričards* na Reformatskom teološkom fakultetu *(Reformed Theological Seminary)* i vodeći sveštenik u crkvi *First Presbyterian Church* (Prva prezbiterijanska crkva) u mestu Džekson u Misisipiju

„Retke su knjige koje ističu prvenstvo crkve, a knjige koje praksu mesne crkve određuju na osnovu stranica Svetog pisma, a ne na osnovu savremenih tokova kulture, još su ređe. Mark Dever nam je pružio upravo takvu knjigu. *Devet odlika zdrave crkve* je napisao pastir i teolog koji je izgradio snažnu mesnu crkvu u Vašingtonu. Ovo je najbolja knjiga koju sam pročitao na ovu temu, a ova tema je od presudnog značaja."

Čarls Mahejni, služba *Sovereign Grace Ministries*
(Službe svevladarove milosti)

„Nastavljajući predanje Martina Lojda Džounsa i Džona Stota, Mark Dever poziva crkvu da ponovo otkrije svoje biblijsko nasleđe. Moguće je da crkva nikada u istoriji nije toliko pokušavala da bude bitna u kulturi koja je okružuje, a pri tome postala manje bitna! I dok nas mnogi savremeni crkveni stručnjaci ohrabruju da budemo 'u svetu', Mark nas podseća da je naš poziv da to učinimo, a da pri tome ne budemo 'od sveta'. Ova knjiga je prožeta pitanjem šta crkva treba da bude, a ne šta crkva treba da radi. Uostalom, naše bivstvo prethodi našim delima, jer je ono što radimo u stvari uvek određeno onim ko jesmo. Neka crkva bude crkva. Čitajte ovu knjigu i žanjite njene plodove!"

O. S. Hokins, predsednik Odbora za godišnje prihode Saveza južnih baptista
(Annuity Board of the Southern Baptist Convention)

„Snažan i strastven poziv zajednicama da ozbiljno shvate svoju odgovornost radi Božije slave i spasenja izgubljenih duša."

Timoti Džordž, osnivač i dekan teološke škole Bison *(Beeson Divinity School)* i glavni urednik biblijskih komentara *Reformation Commentary on Scripture*
(Reformacijski biblijski komentar)

Naslov izvornika:
Nine Marks of a Healthy Church (3rd edition)
Kopirajt © 2000, 2004, 2013 – Mark Dever
Izdavač: Crossway
    1300 Crescent Street
    Wheaton, Illinois 60187

Izdavačko pravo za Srbiju:
Hrišćansko udruženje „Projekat Timotej"
tel. +381 69/712 - 470
projekattimotej@gmail.com
www.projekat-timotej.org

Izdato u saradnji s Baptističkom teološkom školom

Za izdavača: Riste Micev
Prevod: Matej Delač
Lektura i korektura: Predrag Jovanović
Prelom teksta: Matej Delač
Dizajn korica: Ana Andrejić
Štampa: Spirit, Novi Sad
Tiraž: 1000

9Marks ISBN: 978-1-955768-25-2

Ukoliko nije drugačije naznačeno, svi delovi Svetog pisma preuzeti su iz „Biblija: Savremeni srpski prevod" © 2015 *Bible League International*. Preuzeto s odobrenjem.

DEVET ODLIKA ZDRAVE CRKVE

Mark Dever

SADRŽAJ

Predgovor Dejvida Plata 10
Uvodna reč uz treće izdanje (2013) 14
Uvodna reč uz novo prošireno izdanje (2004) 16

Uvod 26
Prva odlika: Ekspozicijsko propovedanje 40
Druga odlika: Biblijska teologija 65
Treća odlika: Evanđelje 84
Četvrta odlika: Biblijsko shvatanje obraćenja 104
Peta odlika: Biblijsko shvatanje evangelizacije 126
Šesta odlika: Biblijsko shvatanje crkvenog članstva 155
Sedma odlika: Biblijska crkvena stega 181
Osma odlika: Staranje o učeništvu i rastu 208
Deveta odlika: Biblijsko crkveno vođstvo 231

Dodatak 1: Saveti za vođenje crkve u zdravom pravcu 259
Dodatak 2: „Ne činite to" – Zašto *ne treba* da praktikujete crkvenu stegu 265
Dodatak 3: Izvorno pismo sa Devet odlika zdrave crkve 271

Napomene 279
Spisak prilagođenih imena 291

Predgovor

Dejvida Plata

Sramota me je da priznam, ali obično sam spavao tokom rasprava o eklisiologiji (nauci o crkvi). Mislio sam u sebi: „Da li je sve ovo zaista važno?" Nažalost, mislim da nisam bio jedini. Hrišćani iz cele naše zemlje i iz celog sveta su skloni umanjivanju značaja crkve na različite načine. Zanemarujemo crkvu zbog svoje nezavisnosti. Oslanjamo se na sebe i sami sebi smo dovoljni, pa nam se i pomisao na međusobno pokoravanje, odgovornost i međusobnu zavisnost čini stranom, a možda čak i zastrašujućom. Ponekad se ponosimo svojom nezavisnošću od crkve i neki samozvani hrišćani kažu: „Mogu da rastem u Hristu i odvojeno od crkve i da postignem više za njega kada radim sam."

Osim toga, zagađujemo crkvu svojim pragmatizmom i preokupirani smo pitanjem šta je delotvorno. Kada nešto nije delotvorno po našim merilima uspeha, smatramo da nije ispravno. Često iz najboljih pobuda činimo sve što je potrebno da se što veći broj ljudi privuče u crkvu, ali pri tome gotovo nesvesno i na skoro neprimetan način odstupamo od Božije reči trudeći se da, kako to

PREDGOVOR

kažemo, dosegnemo svet. U naporima da privučemo ljude u crkvu na kraju zagadimo samu crkvu u koju ih privlačimo. Značaj crkve umanjujemo čak i u svojim misionarskim naporima. Paracrkvene organizacije su nastale širom naše zemlje i usredsređuju se na razna polja službe, a mnoge od njih u stvari potpuno zanemaruju mesnu crkvu ili je čak oslabljuju na opasne načine. Mnoge misionarske organizacije se hvale hiljadama crkava koje su osnovale u raznim zemljama, ali njihova definicija „crkve" je, iskreno govoreći, neistinita. Biblijski gledano, izgradnja zgrade ili okupljanje dvoje ili troje vernika ne čini crkvu. Ako zaista želimo da ispunimo Veliko poslanje, bilo bi nam mudro da ne umanjujemo značaj *izvršioca* kome je Bog obećao da će ga blagosloviti u širenju evanđelja u svetu, a taj izvršilac je mesna crkva.

Umanjujemo značaj crkve i kada uzdižemo svoje predanje iznad Božije istine. Naš današnji pristup crkvi uglavnom se zasniva na pristupu koji smo nasledili od prethodnih pokolenja umesto na Božijoj reči, koja je izrečena za večnost. Više cenimo svoje želje od Božijih prioriteta i ustrojavamo crkvu gledajući šta nama najviše odgovara umesto kako da crkva bude najvernija Hristu. To na kraju dovodi do toga da definišemo crkvu u skladu s našom ličnom udobnošću – crkva je crkva ako se u njoj osećamo dobro i zato idemo iz crkve u crkvu kao iz prodavnice u prodavnicu tražeći mesto i sadržaje koji najbolje ispunjavaju naše potrebe.

Zbog svih ovih razloga očajnički nam je potrebno da čujemo šta je Bog rekao o svojoj crkvi. Umesto da umanjujemo njen značaj, treba da obnovimo vrednovanje crkve. Jedno pitanje je važnije od svih tokova kulture i svih crkvenih predanja koja preovladavaju našim savremenim razmišljanjima. Treba da upitamo Boga: „Šta *ti* ceniš u *svojoj* crkvi?"

Mi koji smo u crkvi treba da mu postavimo ovo pitanje zato što želimo Božiju slavu u svetu. Prema Isusovim rečima iz Jovana 17, jedinstvo crkve treba da bude odraz Svete Trojice. Svet koji nas posmatra znaće da je Bog poslao Isusa kada bude video Božiju slavu u Božijem narodu (Jovan 17,20-23).

Predgovor

Treba da pitamo Boga šta on vrednuje u svojoj crkvi, ne samo zato što želimo njegovu slavu, nego i zato što volimo njegovog Sina i veoma cenimo njegovog Svetog Duha. Isus je ustanovio crkvu; ona je njegova i on je neguje, a nije naša da svojevoljno upravljamo njome. Isus je kupio crkvu, kao što je rečeno u Delima 20,28: „Napasajte Božiju crkvu, koju je on stekao svojom krvlju." Crkva je i izabrano prebivalište Božijeg Svetog Duha (Prva Korinćanima 3,16-17; Efescima 2,19-22).

Treba da pitamo Boga šta on vrednuje u svojoj crkvi, jer mi volimo njegovo evanđelje i želimo da izvršimo njegov zadatak u svetu. Crkva je sredstvo koje je Bog uspostavio za odbranu, pokazivanje i objavljivanje evanđelja. Bog je odredio da ova prepoznatljiva zajednica zvana crkva ispunjava potrebe njegovog naroda dok širimo njegovu milost među svim narodima.

Zbog svega toga treba da čujemo Božiju reč o njegovoj volji za crkvu, koja mu pripada. Mi želimo da je čujemo i čeznemo za njom i zbog toga sam zahvalan Bogu za ovu knjigu. Kao pastir koji pliva u moru načela i praktičnih postupaka za crkveno zdravlje i rast, mogu da kažem da je ova knjiga uticala na moje shvatanje crkve mnogo više nego bilo koja druga. Takav uticaj pripisujem utemeljenosti ove knjige na Božijoj reči. Možda ne smatrate da devet odlika o kojima se govori u ovoj knjizi spada među ključne odlike crkve. Možda smatrate da su neke od njih upitne, a neke podložne raspravi, ali, brate ili sestro, one su biblijske i zato su tako vredne.

Mark Dever nije napisao ovu knjigu pokušavajući da ugodi omiljenim pristupima našeg vremena. Napisao ju je trudeći se da bude veran Božijoj istini koja nadilazi sva vremena. Veoma se radujem što vidim još jedno njeno izdanje i verujem da je ona svedočanstvo svevremenosti Božije reči koju odražava. Osim toga, ova knjiga je svedočanstvo o pastiru i pastvi u Baptističkoj crkvi na Kapitol Hilu *(Capitol Hill Baptist Church)* u Vašingtonu. Oni bi ponizno priznali da nisu savršena crkva, ali nakon mnogih sati pred mnoštvom naroda i mnogih dana iza pozornice sa ovim

Predgovor

pastirom i nakon slavljenja, molitve i služenja s ovom pastvom mogu s pouzdanjem da vam preporučim ne samo ovu knjigu nego i ovog pastira i ovaj Božiji narod. Jednostavno rečeno, oni zajedno sačinjavaju jasan, samilostan, dirljiv, snažan, divan i iznad svega biblijski portret Hristove neveste.

Stoga se nadam i molim da se ovih devet odlika u sve većoj meri nađe u crkvi u kojoj sam ja pastir, u crkvama širom naše zemlje i u crkvama širom sveta. Hajde da odbacimo sva omalovažavanja crkve i da vrednujemo crkvu onako kako to zaslužuje Božija milost prema nama, kako bi kroz nas odjekivala Božija slava. „A Onome koji svojom silom, koja u nama deluje, može da učini neuporedivo mnogo više nego što smo mi u stanju da zamolimo ili da pomislimo, njemu slava u Crkvi i u Hristu Isusu kroz sva pokolenja doveka. Amin" (Efescima 3,20-21).

Uvodna reč uz treće izdanje (2013)

Mali broj pisaca dobije treću priliku da pokuša svojim čitaocima da saopšti istu poruku. Dok završavam s prerađivanjem knjige, ujedno zaokružujem i dvadeset godina pastirske službe u istoj zajednici. Kada sam prvi put propovedao ovaj niz propovedi u našoj crkvi, bio sam tamo pastir tačno pet godina. Moja porodica je tada bila mlada, naša crkva je bila mala, a njeni članovi stariji ljudi. Sada je naša crkva veća i mlađa, a moja porodica je manja i starija. Stoga ponovo pristupam temi crkvenog zdravlja, ovog puta sa stanovišta ovih promena.

Za ovu priliku sam veoma zahvalan našim prijateljima u izdavačkoj kući *Crossway*. Lejn Denis, Al Fišer i mnogi drugi bili su naši saradnici u službi i pre nego što su mi predložili da napišem ovu knjigu pre petnaestak godina.

Devet odlika koje sam izabrao za pisanje danas mi se čine jednako važnima kao i onda. Moglo bi se plodno raspravljati o mnogim drugim poljima crkvenog života, ali ja želim da nastavim da ističem baš ove teme. Razgovori s pastirima i drugim crkvenim

Uvodna reč uz treće izdanje (2013)

vođama tokom godina koje su protekle od prvog izdanja nisu me doveli do promene mišljenja.

U ovom prerađenom trećem izdanju dodao sam neke argumente, na primer o ekspozicijskom propovedanju, o prirodi evanđelja i o nauci o međusobnom dopunjavanju (*komplementarijanizmu*). Osavremenio sam neke ilustracije i preradio ili dodao neke dodatke, ali osnovna struktura knjige ostala je ista.

Prilikom ovog prerađivanja knjige veliku pomoć su mi pružili prijatelji koji su suviše brojni da bih mogao sve da ih nabrojim, ali troje moram da spomenem zbog velike pažnje koju su posvetili ovom poduhvatu i velike pomoći koju su mi pružili. To su Majk Makinli, Bobi Džejmison i Džejmi Ovens. Osim njih, moja draga žena Koni ponovo je pročitala celu knjigu i zabeležila pažljivo promišljena zapažanja za njeno unapređivanje. Kao i u svim drugim izdanjima, sve greške u izražavanju i zaključivanju su samo moje, a za sve dobro što ova knjiga postigne sva slava pripada Bogu.

Mark Dever
vodeći pastir Baptističke crkve na Kapitol Hilu
Vašington
septembar 2012.

Uvodna reč uz novo prošireno izdanje (2004)

Desetogodišnjica knjige *Devet odlika zdrave crkve*

Dok pišem ovu uvodnu reč za novo prošireno izdanje knjige *Devet odlika zdrave crkve*, istovremeno se spremam da proslavim deset godina od kako služim kao pastir u istoj zajednici. Nekima od vas to zvuči kao večnost, a neki od vas bi rekli da sam tek počeo. Da budem iskren, imam osećaj da je i jedno i drugo istina.

Priznajem da pastirsko staranje o crkvi ponekad doživljavam kao težak rad. Bilo je razdoblja kada moje suze nisu bile radosnice, nego su tekle zbog ozlojeđenosti, tuge, pa čak i iz gorih razloga. Često su najviše vremena zahtevali baš oni koji su bili najnezadovoljniji i koji su, odlazeći, najviše govorili drugima o svom nezadovoljstvu. To njihovim sagovornicima često nije bilo ni na izgradnju ni na ohrabrenje. Malo su razmišljali o tome kako njihovi postupci utiču na druge – na pastira, na pastirovu porodicu, na ljude koji ih vole i rade s njima, na mlade hrišćane koji su zbunjeni i na druge s kojima su razgovarali kako ne treba. Ima

Uvodna reč uz novo prošireno izdanje (2004)

ciljeva oko kojih se trudim, a ne ostvare se, i ciljeva do kojih mi je stalo, ali niko drugi ne mari za njih. Neke nade se ne ispune, a ponekad se dogode čak i tragedije. Ovcama je u prirodi da zalutaju, a vukovima da jedu. Ako nisam u stanju da se izborim sa tim, onda verovatno treba da istupim iz službe jer podbacujem kao pastir.

Ali da budem iskren, najveći deo mog rada je veoma uzbudljiv. Zahvaljujem Bogu za sve one brojne prilike u kojima sam doživeo suze radosnice. Božijom milošću, broj ljudi koji nezadovoljno napušta zajednicu veoma je mali u poređenju s brojem ljudi koji odlazi u suzama zahvalnosti i brojem onih koji pristupaju crkvi. Naša zajednica raste brzinom koja nije dramatična kad se pogleda godišnji rast, ali me zapanjuje kad zastanem i osvrnem se. Doživeo sam kako mladići postaju hrišćani i vremenom stupaju u službu. Dvojica članova našeg sadašnjeg pastirskog tima bili su moji prijatelji dok još nisu bili vernici. Proučavao sam s njima Evanđelje po Marku i po Božijoj milosti doživeo da obojica upoznaju Gospoda. Sada sedim u crkvi i slušam ih kako drugima propovedaju večno evanđelje. Oči mi süze dok pišem ove reči.

Cela naša crkva je napredovala. Rekao bih da se jasno vidi da je zdrava. Napetost u međuljudskim odnosima se rešava na pobožne načine. Mislim da je kultura učeništva pustila koren. Ljudi iz crkve odlaze na teološke fakultete ili obavljaju svoj rad kao učitelji, arhitekte ili poslovni ljudi s većom rešenošću, kako u svom poslu, tako i u evangelizaciji. Među nama su započeli mnogi brakovi i mlade porodice. Politički ostrašćeni pojedinci su među nama uravnotežili svoj pogled na svet. Hrišćani svih životnih poziva su u našoj crkvi primili pomoć za potpunije shvatanje evanđelja. Crkvena stega se primenjuje ne bi li oni koji sami sebe zavaravaju postali slobodni. Više je radosti nego bola i izgleda da Božija milost prema nama raste sa svakom osobom koju sretnemo.

Dok smo poučavali iz Božije reči, glad zajednice za dobrim poučavanjem je rastao. U našoj zajednici se razvila atmosfera

Uvodna reč uz novo prošireno izdanje (2004)

iščekivanja koja se može osetiti. Dok se zajednica okuplja, može da se oseti uzbuđenje. Staramo se za starije vernike kada ih stignu teški dani. Jedna grupa mladih iz crkve je proslavila devedeset šesti rođendan jednog dragog starca tako što su ga odveli u Mekdonalds, njegov omiljeni restoran. Ranjeni brakovi primaju pomoć, a ranjeni ljudi doživljavaju Božije isceljenje. Mladi ljudi su zavoleli stare duhovne pesme, a stariji ljudi srčano pevanje novih pesama. Bezbrojni sati se provode u tihoj službi izgradnje drugih. Molili smo se za hrabre odluke, doneli ih i slavili zbog toga. Nova prijateljstva se sklapaju svakog dana. Mladići koji su boravili među nama sada su pastiri zajednica u Kentakiju, Mičigenu, Džordžiji, Konektikatu i Ilinoju. Neki od njih propovedaju na Havajima i u Ajovi. Davanje novca za misiju je poraslo od nekoliko hiljada dolara godišnje na nekoliko stotina hiljada dolara godišnje, a naše saosećanje za izgubljene je sve veće. Mogao bih i dalje da nabrajam, jer Bog je očigledno bio dobar prema nama i zato znamo za zdravlje.

Moja neočekivana promena

Nisam sve ovo očekivao kad sam došao. Nisam došao da sve ovo sprovedem na osnovu nekog svog nauma ili programa, nego sam došao s predanjem Božijoj reči, da se posvetim poznavanju Svetog pisma, verovanju u njega i poučavanju iz njega. Shvatao sam da crkva boluje zbog toga što među njenim članovima ima neobraćenih ljudi, ali nisam imao podrobno razrađenu strategiju za suočavanje s tim problemom.

Po Božijem proviđenju uradio sam doktorat o jednom puritancu po imenu Ričard Sibs. Dopadali su mi se njegovi spisi o hrišćanima kao pojedincima, ali njegovu popustljivost u crkvi sam vremenom počeo da smatram sve manje mudrom. Nezdrave crkve izazivaju malo problema najzdravijim hrišćanima, ali su veoma loše okruženje za rast najmlađih i najslabijih hrišćana. Njihov plen su oni koji slabo razumeju Sveto pismo. One

Uvodna reč uz novo prošireno izdanje (2004)

zavode duhovnu nejač. Uništavaju i onu neobičnu nadu nehrišćana da možda postoji bolji način života. Loše crkve su užasno delotvorna protivmisionarska sila. Duboko sam ožalošćen grehom u sopstvenom životu i zajedničkim umnožavanjem greha u životu tako velikog broja crkava. Izgleda da oni Isusa predstavljaju kao lažova, jer on je obećao puninu života (Jovan 10,10). Sve to mi je postalo mnogo važnije kada sam 1994. godine postao vodeći pastir zajednice u kojoj sada služim. Ta odgovornost me je pritiskala u mislima. Stihovi poput Jakova 3,1 („strože suditi") i Jevrejima 13,17 („polagati račun") sve jače su odjekivale u mom umu. Okolnosti su se splele da mi naglase koliko Bog vrednuje mesnu crkvu. Setio sam se izjave jednog škotskog pastira iz devetnaestog veka, koji je bio učitelj drugim pastirima, a zvao se Džon Braun. Evo šta je napisao u pismu gde savetuje svog učenika koji je tek bio postavljen u jednoj maloj zajednici:

> „Znam sujetu tvoga srca i znam da osećaš veliku sramotu zbog toga što je tvoja zajednica veoma mala u poređenju sa zajednicama tvoje braće u okolini, ali budi siguran u ovo što ti govori jedan starac – kada budeš o njima polagao račun Gospodu Hristu, koji će sedeti na svojoj sudijskoj stolici, tada ćeš misliti da ih je bilo sasvim dovoljno."[1]

Dok sam razmišljao o zajednici za koju sam bio zadužen, osećao sam težinu tog računa koji ću morati da položim Bogu.
 Ali konačna promena je došla kroz propovedanje ekspozicijskih propovedi. Propovedao sam knjigu za knjigom u nizovima propovedi i tada su mi sva biblijska učenja o crkvi postala mnogo važnija. Postalo mi je jasno da je neozbiljno da tvrdimo da smo hrišćani, a ne volimo jedni druge. Propovedi iz Evanđelja po Jovanu i iz Prve Jovanove poslanice, proučavanje Svetog pisma sredom uveče na kom smo proučavali Jakovljevu poslanicu tri

Uvodna reč uz novo prošireno izdanje (2004)

godine i razgovori o članstvu i o crkvenim zavetima – sve to je imalo uticaja.

Novozavetni odlomci u kojima se nalaze reči „jedni drugima" postali su mi tako živi, jer otelotvoruju teološke istine o Božijem staranju za crkvu koja mu pripada. Dok sam propovedao kroz Poslanicu Efescima 2-3, postalo mi je jasno da je crkva središte Božijeg nauma za obznanjivanje njegove mudrosti nebeskim bićima. Kada je Pavle razgovarao sa efeskim starešinama, za crkvu je rekao da ju je Bog „stekao sopstvenom krvlju" (Dela 20,28). Naravno, kada je u prošlosti, na putu za Damask, Savle prekinut u progonu hrišćana, vaskrsli Hristos ga nije pitao zašto progoni hrišćane ili zašto progoni crkvu, nego se Hristos toliko poistovetio sa svojom crkvom da je optužujuće pitanje koje mu je postavio glasilo: „Savle, Savle, zašto me progoniš?" (Dela 9,4). Jasno je da crkva igra glavnu ulogu u Božijem večnom naumu, da je značajno povezana s njegovom žrtvom i da se on neprestano stara za nju.

Vremenom sam shvatio da se ljubav u najvećoj meri ispoljava na mesnom nivou. Upravo se u mesnoj crkvenoj zajednici ljubav pokazuje tako da ceo svet može da je vidi. Zato je u Jovanu 13,34-35 Isus ovako učio svoje učenike: „Novu zapovest vam dajem – da volite jedan drugoga. Kao što sam ja voleo vas, tako i vi volite jedan drugoga. Po ovom će svi znati da ste moji učenici: ako budete imali ljubavi jedan za drugoga." Znam za neke prijatelje crkve, pa čak i za cele porodice koje su se otuđile od Hrista, jer su mesnu crkvu koju su pohađali doživeli kao neprijatno mesto. S druge strane, znam za prijatelje crkve i članove porodica verujućih koji su došli Hristu jer su videli upravo ovu ljubav o kojoj je Isus poučavao i koju je živeo – međusobnu ljubav. To je ona vrsta nesebične ljubavi koju je Isus pokazao i oni su osetili prirodnu privlačnost ka njoj. Stoga je crkvena zajednica – skup Božijeg naroda koji služi kao zvučnik Božije reči – zauzela važniju ulogu u mom shvatanju evangelizacije i načina na koji treba da je planiramo i da se

Uvodna reč uz novo prošireno izdanje (2004)

molimo za nju. Mesna crkva je Božiji naum za evangelizaciju i Božiji program za evangelizaciju.

Tokom proteklih deset godina naša zajednica je zauzela važniju ulogu u mom gledištu o raspoznavanju pravog obraćenja u drugima i o pitanju kako da i sami budemo sigurni da smo obraćeni. Sećam se kako me je pogodio tekst iz Prve Jovanove 4,20-21 kada sam se pripremao da propovedam iz njega: „Ako neko kaže: »Volim Boga«, a mrzi svoga brata, lažljivac je. Jer, ko ne voli brata, koga vidi, taj ne može da voli Boga, koga ne vidi. A ovu zapovest imamo od njega: ko voli Boga, da voli i svoga brata." Prvo i drugo poglavlje Jakovljeve poslanice poručuju isto. Ova ljubav nije stvar izbora.

Nedavno je ovo razmišljanje o glavnoj ulozi crkvene zajednice unelo u moje stavove novo poštovanje prema crkvenoj stezi u mesnoj crkvenoj zajednici – kako za stegu koja oblikuje, tako i za onu koja popravlja. Imali smo i neke bolne slučajeve i neke divne oporavke. Jasno je da su na svima nama radovi stalno u toku, ali postalo je savršeno jasno da stega mora biti deo učeništva ako u svojim zajednicama želimo da se oslanjamo jedni na druge. Da bi se u crkvi upražnjavala stega kakvu vidimo u Novom zavetu, moramo se međusobno poznavati i biti posvećeni jedni drugima. Isto tako, moramo se donekle osloniti na autoritete. O svim praktičnim stranama oslanjanja na autoritete u braku, domu i crkvi odlučuje se na mesnom nivou. Pogrešno shvatanje ovih pitanja, odbojnost prema autoritetima i njihovo odbacivanje veoma podseća na suštinu čovekovog Pada. Nasuprot tome, ispravno shvatanje ovih pitanja veoma je blisko suštini Božijeg milostivog dêla kojim je uspostavio svoj odnos s nama, u kome istovremeno postoje i autoritet i zajednička ljubav. Shvatio sam da odnos sa mesnom crkvom igra glavnu ulogu u ličnom učeništvu. Crkva nije neobavezni dodatak našem životu, nego obrazac po kom ideš za Isusom. To sada shvatam veoma drugačije nego pre svog dolaska u ovu crkvu. Mislim da već nazirem zdravlje koje je Bog namenio mesnim crkvama.

Uvodna reč uz novo prošireno izdanje (2004)

Šta ova knjiga nije

Treba još da kažem šta ova knjiga nije i da što pre izazovem vaše razočaranje. Ona izostavlja mnogo toga i mnoge od naših omiljenih tema možda uopšte neće biti obrađene. Pošto sam sada ponovo pročitao ovu knjigu nakon mnogih godina tokom kojih su je i drugi čitali, još mi je jasnije koliko toga nisam rekao. Prijatelji su mi govorili: „A gde je molitva?" ili „Gde je slavljenje?" Džon Pajper me je pitao zašto u ovoj knjizi nisam obradio misiju. Stvarno mi nije drago što sam izazvao razočaranje svojih prijatelja koji su odvojili vreme da pročitaju moju knjigu i svakako mi nije drago što sam razočarao Džona Pajpera, ali ova knjiga nije sveobuhvatna eklisiologija. Dobili smo dobre ideje i za druge odlike crkve koje bismo mogli da uvrstimo u knjigu i ovo drugo izdanje je možda baš prava prilika da se to učini.

Ali ipak smo odlučili da to ne učinimo. I dalje smatram da su česte greške koje se javljaju baš u ovih devet oblasti uzrok svega onoga što polazi naopako u našim crkvama. Rekao bih da je delotvorno, strateški dobro, verno i ispravno da nastavimo da usredsređujemo pažnju hrišćana baš na ova pitanja. Smatram da će se više misije, istrajna molitva i predivno slavljenje najbolje ohrabriti ako budemo više razmišljali o ovim osnovnim pitanjima. Niko neće verovati u ljudsku potrebu na kojoj se misija temelji ako o toj potrebi nisu poučeni iz Božije reči. Niko neće ići u misiju ako ne shvati Božiji veliki naum da za sebe otkupi narod i neće se valjano baviti misijom ako ne razume evanđelje.

Ako ljudi počnu pažljivije da razmišljaju o obraćenju, to će uticati na njihovu molitvu. Ako naša praksa evangelizacije bude vernije utemeljena na Svetom pismu, onda ćemo više vremena provoditi u molitvi za neverujuće i bolje ćemo razumeti zašto treba da se molimo za obraćenje ljudi. Ako bolje shvatimo biblijsko crkveno članstvo, onda će nam i naše zajedničke molitve postati važnije. Biće bolje posećene, srčanije, više će oživljavati našu veru, dovešće u pitanje naše prioritete i promeniće njihov redosled.

Uvodna reč uz novo prošireno izdanje (2004)

Ako ponovo počnemo da cenimo značaj crkvene stege, vreme koje provedemo zajedno slaveći Boga biće ispunjeno većim osećanjem divljenja za Božiju milost. Ako naše crkve budu sve više praktikovale učeništvo i ako članovi crkava budu duhovno napredovali, postojaće veće iščekivanje i uzbuđenje prilikom pevanja hvalospeva i zajedničko ispovedanje greha će rasti. Ako budemo radili na tome da naše vođe budu ljudi koji zadovoljavaju biblijska merila, zajednička radost i pouzdanje će rasti, jedni prema drugima ćemo se ophoditi s više slobode i živosti i naša poslušnost će biti doslednija.

Ova knjiga ne sadrži sveobuhvatan skup svih znaka crkvenog zdravlja, nego je zamišljena kao spisak ključnih odlika koje omogućuju crkvi da postigne potpuno zdravlje.

Crkva koja je okrenuta ka spoljašnjem svetu

Kad bih morao da dodam još jednu odliku, to ne bi bili misija, molitva ili slavljenje, ali ticala bi se svih njih. Mislim da bih dodao da naše zajednice treba da budu okrenute ka spoljašnjem svetu. Treba da budemo usredsređeni naviše, na Boga, ali smatram da treba da odražavamo i Božiju ljubav, gledajući ka drugim ljudima i drugim zajednicama. To se može ispoljiti na mnoge načine. Čeznem da zajednica u kojoj služim bolje poveže našu viziju za svetsku misiju i napore koje preduzimamo u mesnoj evangelizaciji. Ako smo bili spremni da se obavežemo na pomoć u evangelizaciji neke nedosegnute grupe ljudi u inostranstvu, zašto se onda nismo više potrudili da pronađemo pripadnike te grupe u našim velikim gradovima? Zašto naša misija i evangelizacija nisu bolje povezani?

Pastiri u našoj crkvi se svake nedelje mole za napredak evanđelja u drugim zemljama i u drugim mesnim crkvama. Upravo se spremamo da u naš tim dovedemo nekoga ko će nam pomoći da osnujemo još jednu crkvu. Kao crkva novčano pomažemo službu *9Marks*[2] i kroz nju pomažemo mnogim crkvama. Krajem sedmice

Uvodna reč uz novo prošireno izdanje (2004)

imamo posebne sastanke na kojima dočekujemo gostujuće pastire, starešine, studente teoloških fakulteta i druge crkvene vođe koji dolaze da s nama provedu vikend. Oni prisustvuju našim starešinskim sastancima i sastancima za pouke članova. Priređujemo posebna predavanja i zatim pozivamo prisutne u svoje domove na obrok i razgovor. Imamo i pripravnički program za one koji se pripremaju za pastirsku službu. Za taj program imamo napisane materijale i već gotova predavanja. Sve ovo služi izgradnji drugih zajednica. Kao pastir shvatam da je mesna crkva pred Bogom odgovorna da podigne sledeće pokolenje vođa. Nijedan biblijski fakultet, biblijski kurs ili teološki fakultet ne mogu to da postignu. Odgoj novih vođa koje će služiti ovde i u inostranstvu treba da bude jedan od ciljeva naše crkve.

Kada se osvrnem, ohrabrim se kad vidim šta je Bog učinio kod nas i u mnogim drugim zajednicama. U životu naše zajednice jasno sam video kako napreduje zdravlje koje donosi radost i proslavlja Boga.

Neki ljudi smatraju da zdravlje nije dobra slika pošto je suviše usredsređena na čoveka ili je suviše terapeutska. Razmišljao sam o tome i sve više mi se čini da je zdravlje u stvari veoma dobra slika za očuvanost, celovitost i ispravnost.

Isus je koristio zdravlje tela kao sliku našeg duhovnog stanja (vidite Matej 6,22-23; Luka 11,33-34; uporedite Matej 7,17-18). Rekao je da „nije zdravima potreban lekar, već bolesnima" (Matej 9,12; Marko 2,17; Luka 5,31). Isus je ljudima vraćao telesno zdravlje da bi ukazao na zdravlje koje nudi njihovoj duši (Matej 12,13; 14,35-36; 15,31; Marko 5,34; Luka 7,9-10; 15,27; Jovan 7,23). Učenici su u Delima apostolskim nastavili istu ovu službu davanja zdravlja i veličanja Hrista (Dela 3,16; 4,10).

Pavle je za crkvu upotrebio sliku Hristovog tela i opisao njen napredak koristeći slike rasta organa i napretka zdravlja. Na primer, Pavle je napisao: „...držeći se istine, u ljubavi, u svemu ćemo izrasti u njega, koji je Glava – u Hrista. On čini da celo Telo – povezano i ujedinjeno svakim podupirućim zglobom –

Uvodna reč uz novo prošireno izdanje (2004)

raste i izgrađuje se u ljubavi, srazmerno delotvornosti svakog pojedinog dela" (Efescima 4,15-16). Pavle je u Titu 2,1 ispravnu nauku nazvao „zdravom naukom" (Čarnić). Jovan je pozdravio druge hrišćane rečima: „Dragi moj, želim da ti u svemu bude dobro i da budeš zdrav, kao što je tvojoj duši dobro" (Treća Jovanova 2, Čarnić).

Ništa od toga ne znači da je Božija volja da njegova deca dožive dobro fizičko zdravlje u ovom životu, nego prosto znači da je zdravlje prirodna slika koju je sam Bog proglasio ispravnom, slika za nešto što je ispravno i baš onako kako treba da bude. Kao što sam već rekao, neki hrišćani ne žele da koriste ovakve slike jer se brinu zbog pogrešne terapeutske kulture koja danas vlada, ali zloupotreba jezika ne treba da nas sprečava da ga koristimo na pravi način. Ako budemo imali ispravno shvatanje zdravlja, pre svega njegove veze sa životom i napretkom, i ako budemo ispravno razumeli objektivna zdravstvena merila o tome šta je dobro i ispravno i ako shvatimo koliku radost zdravlje donosi i kakva nega se mora preduzeti da se ono održi, tada ćemo shvatiti da je mudro što čeznemo za duhovnim zdravljem naših duša i što radimo na zdravlju crkve. Zbog toga je ova knjiga i napisana i zbog toga se molim da je Bog sada upotrebi u vašem životu i u životu vaše crkve.

Mark Dever
Vašington
Jun 2004.

Uvod

Pisac i teolog Dejvid Vels izvestio je javnost o zanimljivim zaključcima istraživanja koje je sprovedeno 1993. godine na sedam teoloških fakulteta. Jedno od tih istraživanja je ostavilo poseban utisak na mene: „Ovi studenti su nezadovoljni trenutnim stanjem crkve. Smatraju da je izgubila svoju viziju i žele od nje da prime više nego što im sada daje." I sam Vels se složio s tim: „Ni njihova želja ni njihov sud po ovom pitanju nisu pogrešni. Tek kada doživimo sveto nezadovoljstvo trenutnim stanjem stvari, možemo posejati seme reforme. Naravno, samo nezadovoljstvo nije dovoljno."[3]

Slažem se da samo nezadovoljstvo nije dovoljno, jer nezadovoljstvo crkvom nalazimo na svakom koraku. Police u knjižarama škripe pod težinom knjiga s receptima za lečenje crkve. Govornici na konferencijama žive od bolesti crkvenih zajednica za koje se čini da uvek prežive njihove lekove. Pastiri se oduševljavaju iz pogrešnih razloga i zatim tragično pregore, zbunjeni i nesigurni. Hrišćani, prepušteni sebi, lutaju poput ovaca bez pastira. Ali nezadovoljstvo nije dovoljno – potrebno nam je nešto više. Potrebno je da potvrdnim rečenicama ponovo ustanovimo šta crkva treba da bude. Šta je crkva? Koja je njena priroda i šta je njena suština? Po čemu je prepoznatljiva?

Uvod

Za istoričare

Hrišćani često govore o „odlikama crkve". U svojoj prvoj knjizi, koja je objavljena pod naslovom *Men with a Message*, Džon Stot je ovako sažeo poruku koju je Hristos uputio crkvama u Otkrivenju: „Ovo su, dakle, odlike savršene crkve – ljubav, patnja, svetost, zdravo učenje, nelicemernost, evangelizacija i poniznost. Hristos čezne da ih nađe u svojim crkvama dok hoda među njima."[4] Ali ovaj način izražavanja ima i zvaničniju istoriju. Nju moramo uzeti u obzir pre nego što se upustimo u ovaj zadatak koji će imati obim čitave knjige, a tiče se „devet odlika zdrave crkve".

Hrišćani već dugo govore o „odlikama crkve". Ovde, kao i u mnogim drugim primerima razmišljanja o crkvi – od ranih definicija Hrista i Svete Trojice do Džonatana Edvardsa i njegovog dela *Musings Upon the Work of the Spirit*[5] – pitanje kako razlikovati istinu od neistine dovodi do jasnijeg definisanja istine. Tema crkve je tek u vreme reformacije došla u središte javne teološke rasprave u širim krugovima. Crkva je pre XVI veka bila pojam koji se pretpostavlja, a ne o kom se raspravlja. Smatrana je sredstvom milosti na kom počiva sva ostala teologija. U rimokatoličkoj teologiji se koristi izraz „misterija crkve" da bi se pokazalo kako dubina prirode crkve nikada ne može u potpunosti da se istraži. Rimska crkva za sebe tvrdi da je istinita, vidljiva crkva, i to temelji na tvrdnji da je naslednik Petra, rimskog episkopa.

Rasprava o prirodi crkve postala je neizbežna kada su se u XVI veku pojavili Martin Luter i drugi koji su počeli oštro da prigovaraju ovakvom poimanju crkve. Jedan stručnjak je to rekao na sledeći način: „Reformacija je učinila da merilo prave crkve bude evanđelje, a ne crkveno ustrojstvo."[6] Kalvin je dovodio u pitanje tvrdnju rimske crkve kako je ona prava crkva zbog apostolskog prejemstva: „Ništa nije besmislenije, posebno kada govorimo o ustrojstvu crkve, nego držati se samo prenošenja prejemstva s osobe na osobu, a pri tome zanemariti učenje."[7] Od tog

27

Uvod

vremena, dakle, *notae, signa, simbola, criteria,* to jest *odlike* crkve dolaze u žižu rasprave.

Godine 1530. Melanhton je sastavio Augsburško veroispovedanje, gde u Članu 7 piše sledeće: „...Crkva je zajednica svetih u kojoj se evanđelje ispravno poučava i svete tajne obavljaju na ispravan način. A što se tiče istinskog jedinstva Crkve, dovoljno je imati jedinstvo u verovanju što se tiče poučavanja evanđelja i obavljanja svetih tajni."[8] Melanhton je ponovio ovu ideju i u svom delu *Loci Communes* (1543): „Odlike po kojima se crkva raspoznaje su čisto evanđelje i ispravna upotreba svetih tajni."[9] Od reformacije nadalje protestanti su uobičajeno smatrali da ove dve odlike – propovedanje evanđelja i ispravno obavljanje svetih tajni – čine razliku između prave i prevarantske crkve.

Godine 1553. Tomas Kranmer je napisao *Četrdeset dva člana vere* Anglikanske crkve u Engleskoj. Iako ovaj spis nije bio zvanično objavljen sve do pred kraj tog veka, kada je objavljen u sklopu Elizabetanskog pomirenja, on pokazuje kako je ovaj veliki engleski reformator razmišljao o crkvi. U Članu 19 piše isto što i danas stoji u *Trideset devet članaka* vere: „Vidljiva Hristova crkva je zajednica vernih ljudi u kojoj se propoveda čista Božija reč, a svete tajne se valjano obavljaju u skladu sa svim Hristovim zapovestima koje su za to neophodne."[10]

U Kalvinovoj knjizi *Nauk hrišćanske vere* pitanje razlike između lažne i prave crkve obrađeno je u Knjizi 4. On je u devetom odlomku prvog poglavlja napisao sledeće: „Gde god vidimo da se Božija reč čisto propoveda i sluša i da se svete tajne obavljaju u skladu s onim što je Hristos ustanovio, tamo nesumnjivo postoji Božija crkva."[11]

Treća odlika crkve, ispravna crkvena stega, često je od tada dodavana uz prve dve, iako ljudi naširoko smatraju da se ona podrazumeva u drugoj odlici – u ispravnom obavljanju svetih tajni.[12] U Članu 29 Belgijskog veroispovedanja *(The Belgic Confession,* 1561) stoji sledeće:

UVOD

"Ovo su odlike po kojima se raspoznaje istinska Crkva: Ako se tamo propoveda čista evanđeoska nauka; ako se u njoj svete tajne obavljaju na čist način, onako kako ih je ustanovio Hristos; ako se crkvena stega sprovodi kažnjavajući za greh; ukratko, ako se sve radi u skladu sa čistom Božijom rečju, a sve što joj je protivno se odbacuje, i ako se Isus Hristos priznaje kao jedina Glava Crkve."[13]

Edmund Klauni je sažeo ove odlike kao „verno propovedanje Reči; ispravno obdržavanje svetih tajni i verno obavljanje crkvene stege."[14] U ove dve odlike – u objavljivanju evanđelja i obdržavanju svetih tajni – vidimo i stvaranje i očuvanje crkve, koja je izvor Božije istine i divna posuda koja je sadrži i pokazuje. Crkva nastaje ispravnim propovedanjem Božije reči, a održava se i prepoznaje po ispravnom obavljanju krštenja i Gospodnje večere. (Kod ove druge odlike se pretpostavlja i sprovođenje crkvene stege.)

Današnja crkva odražava svet

Ova knjiga nije dostojna da se nazove razmatranjem ovih odlika crkve. Prihvatam tradicionalno protestantsko shvatanje crkve po kom se ona može razlikovati od lažne crkve na osnovu ispravnog propovedanja Božije reči i ispravnog obavljanja svetih tajni. Ali kada sagledamo skup svih pravih mesnih crkava, vidimo da su neke zdravije od ostalih. Ova knjiga opisuje neke odlike po kojima se zdravije crkve razlikuju od pravih, ali bolesnijih crkava. Stoga ova knjiga ne pokušava da izloži sve što bi moglo da se kaže o crkvi. Da upotrebim teološki način izražavanja – ovo nije potpuna eklisiologija. Ili da se slikovito izrazim, ovaj spis je sličniji lekarskom receptu nego sveobuhvatnom udžbeniku iz opšte anatomije Hristovog tela.

Nema sumnje da nijedna crkva nije savršena, ali hvala Bogu što mnoge nesavršene crkve jesu zdrave. Ipak, plašim se da je mnogo

Uvod

veći broj onih koje to nisu – čak i među onim crkvama koje veruju da je Hristos potpun Bog i veruju u vrhovni autoritet Svetog pisma. Zašto je ovo slučaj? Neki kažu da je loše zdravlje mnogih današnjih crkava povezano s raznim bolestima današnje kulture, koja je zarazila crkvu. Karl Braten je upozorio na prisustvo subjektivnog, neistorijskog novopaganizma u nekim crkvama.[15] Os Ginis je u svojoj provokativnoj knjižici *Dining with the Devil* izneo stav da je problem posvetovljavanje crkve. Ginis piše da su čak i teološki konzervativne crkve, koje se svesno opiru posvetovljavanju, nesvesno ipak postale uporišta posvetovljenog oblika hrišćanstva i da su „dva najlakše uočljiva obeležja posvetovljavanja u Americi uzdizanje brojeva i uzdizanje metoda."[16]
Među najčešćim dežurnim krivcima bile su ustanove koje pripremaju ljude za razne vidove službe. Ričard Maler je opisao nedostatak koji je video na teološkim fakultetima u vezi sa njihovim upravljanjem:

> „Teološki fakulteti su krivi za stvaranje nekoliko pokolenja sveštenika i učitelja koji su u stvari neznalice i ne poznaju teološku građu, a spremni su da tvrde (u svoju odbranu) da je klasično proučavanje teologije nevažno za praktično vršenje službe. Nažalost, crkva je zbog toga na mnogim mestima izgubila ključnu ulogu koju je imala u društvu, a kulturno i intelektualno bogati sveštenici zamenjeni su skupinom izvršilaca i rukovodilaca koji mogu da urade gotovo sve, sem da dobro razumeju teološku poruku crkve u savremenom okruženju."[17]

Dakle, ova knjiga predstavlja plan za obnovu biblijskog propovedanja i crkvenog vođstva u vreme kada preveliki broj crkvenih zajednica tavori u zamišljenom i nazivnom hrišćanstvu, sa svim pragmatizmom i sitničavošću koje ono sa sobom nosi. Proslavljanje Boga je prestalo da bude svrha prevelikog broja evanđeoskih crkava i ustupilo je mesto brojčanom rastu. Pri tome se pretpostavlja da brojčani rast proslavlja Boga, kako god bio postignut.

Uvod

Pragmatizam sam poništava svoju svrhu, što pokazuje da umanjivanje vizije stvara teološke, pa čak i praktične probleme:

„Ako je cilj crkve da raste, onda je, da bi se to postiglo, najbolje učiniti da se ljudi osećaju dobro. Ali kada ljudi otkriju da postoje i drugi načini da se osećaju dobro, odlaze iz crkve, koja im više nije potrebna. Celishodna crkva seje seme sopstvene necelishodnosti i na kraju gubi svoje sopstvo. Današnje glavno pitanje glasi kako u crkvu vratiti pokolenje koje je rođeno posle Drugog svetskog rata, koje tehnike i metodi će uspeti u tome. Sprovode se ankete o tome šta oni žele i crkve se takmiče trudeći se da to obezbede."[18]

Neopaganizam, posvetovljavanje, pragmatizam i neznanje su ozbiljni problemi s kojima se današnje crkve suočavaju. Ali uveren sam da problem leži na još dubljem nivou, u pojmu koji hrišćani imaju o crkvi. Preveliki broj crkava pogrešno razume prvenstvo koje treba da dâ Božijem otkrivenju i prirodi preporoda koji Bog u svom otkrivenju nudi. Ovo ponovo treba sagledati i to sagledavanje treba uvrstiti u sva rešenja za probleme današnjih crkava.

Popularni modeli crkve

U savezu crkava kom pripada naša crkva, a to je Savez južnih baptista *(Southern Baptist Convenion),* postoje tri modela crkve, a ti modeli crkve postoje i u mnogim drugim crkvenim savezima. Ove modele možemo sažeto nazvati liberalnim, prilagođenim za tražitelje i tradicionalnim.

Ako na kratko budemo razmišljali u grubim crtama, onda ćemo shvatiti da je Fridrih Šlajermaher zaštitnik liberalnog modela. U pokušaju da bude uspešan u evangelizaciji Šlajermaher je pokušao da pretoči evanđelje u savremene pojmove.

Sličan cilj možemo naći i u modelu crkava koje su prilagođene tražiteljima, što možemo videti u spisima i službi Bila Hajbelsa i njegovih saradnika u crkvi *Willow Creek*[19] i u mnogim crkvama

Uvod

koje su povezane s njima. Oni su, poput liberala, pokušali ponovo da definišu crkvu s ciljem evangelizacije uvek na umu, razmišljajući spolja ka unutra, u pokušaju da svima pokažu važnost evanđelja.

Moglo bi se reći da je zaštitnik tradicionalnih evanđeoskih crkava Bili Grejam (ili možda jedan od nekoliko drugih velikih evangelizatora današnjeg ili prethodnog pokolenja). I ovde je motiv biti uspešan u evangelizaciji, a mesna crkva se smatra redovnim skupom za podršku evangelizaciji. U stvari, tradicionalna evanđeoska crkva u Americi veoma liči na crkvu prilagođenu za tražitelje, samo što je usmerena ka starijoj kulturi – onoj od pre pedeset ili sto godina – tako da se, kao u skečevima u crkvi *Willow Creek*, u tradicionalnim crkvama smatra da će ženski pevački trio privući neverne u crkvu.

Iako između ove tri vrste modela postoje važne razlike po pitanju nauke, sve tri imaju mnogo toga zajedničkog. Sve smatraju da su vidljiva celishodnost i vidljive reakcije ključni pokazatelji uspeha. Društvene službe liberalne crkve, muzika crkve koja je prilagođena tražiteljima i programi tradicionalnih evanđeoskih crkava – svi treba da rade kako treba i da budu delotvorni *odmah* da bi se smatrali celishodnim i uspešnim. U zavisnosti od vrste crkve, uspeh može da znači da je određeni broj ljudi nahranjen, da je određeni broj ljudi bio uključen ili da je određeni broj ljudi spasen, ali sve ove crkve pretpostavljaju da je plod uspešne crkve jasno vidljiv.

Ova pretpostavka deluje neizmerno opasna, i biblijski i istorijski. U Svetom pismu saznajemo da je Božija reč prepuna slika odloženog blagoslova. Bog radi svojih nedokučivih ciljeva proverava i iskušava svoje Jovove i Josife, svoje Jeremije, pa čak i samog Isusa. Jovove provere, Josifovo batinanje i prodavanje u Egipat, zatvaranje i ismevanje Jeremije, Isusovo odbacivanje i razapinjanje, sve nas to podseća da Bog radi na čudne načine. On nas pre svega poziva da živimo sa njim u odnosu poverenja, a ne da potpuno razumemo njega i njegove puteve. Mnoge

Uvod

Isusove priče govore kako Božije carstvo počinje na iznenađujuće male načine, ali raste do slavne viđenosti. Biblijski gledano, moramo shvatiti da je veličina koju naše oči vide retko kada dobar pokazatelj veličine koju Bog vidi. Istorijski gledano, bilo bi dobro da zapamtimo da izgled može da vara. Kada je neka kultura zasićena hrišćanstvom i poznavanjem Svetog pisma, kada su Božija opšta milost, pa čak i njegova posebna milost široko rasprostranjeni, tada ljudi mogu da vide očigledne blagoslove. U takvim okolnostima možda gotovo svi podržavaju biblijsku moralnost. Crkva tada bude ugledna u širokim društvenim krugovima, a Sveto pismo se možda poučava čak i u svetovnim školama. U takvim vremenima može biti teško razlikovati pojavno od stvarnog.

Ali u vremenima kada se ljudi naširoko i ubrzano odriču hrišćanstva, kada se evangelizacija smatra netolerancijom, pa čak i zločinom mržnje, shvatamo da se stanje stvari promenilo. S jedne strane, kultura kojoj bismo hteli da se prilagodimo kako bismo postali celishodni postaje tako neodvojivo upletena s protivljenjem evanđelju da prilagođavanje takvoj kulturi za sobom nužno povlači gubitak samog evanđelja. S druge strane, postaje još teže da nazivno hrišćanstvo napreduje. U takva vremena treba ponovo da čujemo Sveto pismo i ponovo da definišemo pojam uspešne službe kao službu koja nije nužno odmah plodna, nego koja se jasno može pokazati kao verna Božijoj reči.

Veliki misionari koji su išli u nehrišćanske kulture to su sigurno znali. Kada su išli na mesta gde nije bilo vidljivih „polja koja su žuta za žetvu", nego samo godine, pa čak i decenije odbacivanja, mora da su imali neki drugi izvor snage da nastave. Vilijam Keri je bio veran u Indiji, a Adoniram Džadson u Burmi, ne zbog toga što su doživeli trenutni uspeh koji bi im pokazao da su zaista celishodni. Bili su verni zato što ih je Božiji Duh, koji je bio u njima, ohrabrivao na poslušnost i pouzdanje. Mi na svetovno nastrojenom Zapadu treba da povratimo osećaj zadovoljstva zbog

Uvod

takve biblijske vernosti, a posebno treba da ga povratimo u svom zajedničkom hrišćanskom životu u crkvama.

Potreban je drugačiji model

Treba nam novi model crkve. U stvari, model koji nam je potreban nije nov, nego stari. Iako pišem knjigu o tome, nisam baš potpuno siguran kako da ga nazovem – „čista Crkva", „istorijska Crkva" ili „biblijska Crkva"?

Jednostavno rečeno, potrebne su nam crkve koje su svesno drugačije od kulture. Potrebne su nam crkve u kojima glavni pokazatelj uspeha nisu vidljivi plodovi, nego istrajna biblijska vernost. Potrebne su nam crkve koje će nam pomoći da povratimo one strane hrišćanskog života koje su drugačije od sveta i koje nas ujedinjuju.

Ono što sledi nije potpuni portret ovog novog, to jest starog modela crkve, nego preko potreban recept za ozdravljenje crkve. On se usredsređuje na dve osnovne potrebe u našim crkvama: propovedanje poruke i predvođenje Hristovih učenika.

Propovedanje poruke

Prvih pet odlika zdrave crkve koje ćemo razmatrati tiču se ispravnog propovedanja Božije reči. *Prva odlika* je o samom propovedanju. U pitanju je odbrana prvenstva ekspozicijskog propovedanja kao prirodne posledice postavljanja Božije reči u središte.

Zašto Božija reč treba da ima glavnu ulogu? Zašto treba da bude ključno sredstvo za stvaranje vere? Božija reč treba da ima glavnu ulogu i da bude ključna zato što nam ističe predmet naše vere. Ona nam saopštava Božija obećanja, od raznih vrsta ličnih obećanja (kroz celo Sveto pismo) pa sve do velikog obećanja, velike nade, velikog predmeta naše vere, samog Hrista. Božija reč nam saopštava u šta treba da verujemo.

Uvod

Zatim, u poglavlju *Druga odlika* razmatramo okosnicu ove poruke – biblijsku teologiju. Božiju istinu treba da razumemo kao doslednu celinu koja je pre svega otkrivenje samog Boga. Pitanja ko je Bog i kakav je Bog nikada se ne smeju smatrati nevažnima u praktičnim pitanjima crkvenog života. Različita shvatanja Boga će učiniti da ga slavimo na različite načine. Stoga će, ako su neka od naših shvatanja pogrešna, i neki od načina na koje mu pristupamo verovatno biti pogrešni. To je jedna od glavnih tema u Svetom pismu, mada je u današnje vreme potpuno zanemarena.

U poglavlju *Treća odlika* razmotrićemo srce hrišćanske poruke: potrudićemo se da razumemo evanđelje na biblijski način. Koliko je samo drugih poruka koje naše crkve predstavljaju kao spasonosnu radosnu vest o Isusu Hristu? I koliko dobro mi sami razumemo evanđelje? Koliko dobro ga poučavamo? Kako obučavamo druge da ga saopštavaju? Da li je naša poruka, iako je zaslađena hrišćanskim pobožnim izrazima, u osnovi poruka samospasenja ili sadrži nešto više? Da li se naše evanđelje sastoji od opštih etičkih istina za primenu u svakodnevnom životu ili su osnova naše poruke posebna, istorijska, spasonosna dela koja je Bog u Hristu učinio jednom za svagda?

To nas dovodi do primanja ove poruke u poglavlju *Četvrta odlika: Biblijsko shvatanje obraćenja*. Jedan od najbolnijih zadataka s kojima se pastiri suočavaju je popravljanje štete koju su počinili lažni obraćenici koje su evanđelisti prebrzo i lakomisleno uverili da su zaista hrišćani. Tako milosrdan postupak može da dovede do kratkih izliva uzbuđenja, do uključenosti u život crkve i do povećanog zanimanja, ali ako obraćenje s takvim pokazateljima ne donese i plod promenjenog života, onda počinjemo da shvatamo da su ti evanđelisti bili nesvesno okrutni kada su ubedili takve ljude da su potpuno istražili svu nadu koju Bog za njih ima u životu tako što su jednom molili nekakvu molitvu. Stoga će oni možda nakon takvog razgovora zaključiti: „Ako to nije uspelo, onda hrišćanstvo nema više ništa da mi ponudi, ni više nade, ni više života. Pokušao sam, ali nije uspelo." Potrebne su nam crkve

Uvod

koje razumeju i poučavaju ono što Sveto pismo poučava o obraćenju. Poglavlje *Peta odlika* izlaže biblijsko shvatanje evangelizacije.

Ako prilikom evangelizacije između redova saopštavamo da čovek može da postane hrišćanin svojim naporima, onda prenosimo svoje pogrešno i razarajuće shvatanje evanđelja i obraćenja. Džon Brodus, poznati stručnjak za Novi zavet i propovednik iz XIX veka, napisao je katihizis biblijskog učenja i u njemu postavio sledeće pitanje: „Da li vera nastupa pre novog rođenja?" Odgovorio je: „Ne, nego se novo srce istinski kaje i veruje."[20] Brodus je razumeo da prilikom evangelizacije treba da budemo saradnici sa Svetim Duhom, pri čemu mi saopštavamo evanđelje, ali se oslanjamo na Božijeg Svetog Duha, da on istinski osudi, ubedi i obrati. Da li su vaša lična evangelizacija i evangelizacija u vašoj crkvi u skladu s ovom velikom istinom?

Predvođenje Hristovih učenika

Drugi splet problema u današnjim crkvama vezan je za ispravno upravljanje granicama i obeležjima hrišćanskog identiteta. Da to kažem malo uopštenije, to su problemi vezani za predvođenje Hristovih učenika.

Prvo, u poglavlju *Šesta odlika* obrađujemo okosnicu hrišćanskog učeništva – biblijsko shvatanje crkvenog članstva. U prethodnom veku su gotovo svi hrišćani zanemarivali biblijsko učenje o zajedničkoj prirodi hodanja za Hristom. Naše crkve su prepune samoljublja, usredsređenosti na sebe i preteranog individualizma koji se krije iza tankog vela načinjenog od raznovrsnih materijala, od „spiska darova" do „strogo usmerenih crkava" koje „nisu za svakoga". Kada čitamo Prvu Jovanovu poslanicu ili Evanđelje po Jovanu, vidimo da Isus nikada nije nameravao da budemo samostalni hrišćani i da je zamislio da naša ljubav prema ljudima koji se razlikuju od nas pokazuje da li zaista volimo Boga.

Uvod

Mnoge današnje crkve pogrešno definišu Hristovog učenika. Stoga u poglavlju *Sedma odlika* istražujemo biblijsko shvatanje crkvene stege. Da li postoje neki oblici ponašanja koje crkva ne treba da trpi? Da li su neka učenja neprihvatljiva u našim crkvama? Da li naše crkve pokazuju zabrinutost za bilo šta izvan granica svog sopstvenog preživljavanja i širenja? Da li smo svesni da nosimo Božije ime i da treba da pazimo živimo li na njegovu čast ili na njegovu sramotu? Potrebne su nam crkve koje će ponovo uspostaviti crkvenu stegu koja će se sprovoditi redovno, mudro i s mnogo ljubavi.

U poglavlju *Osma odlika* ispitaćemo hrišćansko učeništvo i hrišćanski rast. Evangelizacija čiji plod nije učeništvo ne samo da je nepotpuna, nego je u potpunosti pogrešno postavljena. Rešenje nije u većoj količini evangelizacije, nego u drugačijem načinu evangeliziranja. Nije dovoljno samo da kažemo ljudima da dođu u crkvu nakon što smo se s njima molili, nego treba da im kažemo da dobro izračunaju cenu pre nego što izgovore tu molitvu!

Konačno, u poglavlju *Deveta odlika* usredsređujemo se na potrebu da obnovimo biblijsko shvatanje crkvenog vođstva. Vođstvo u crkvi ne treba da se daje ljudima na osnovu njihovih svetovnih darova, svetovnih položaja ili porodičnih veza, niti kao priznanje zbog dužine služenja u crkvi. Vođstvo u crkvi treba da se poveri onima u čijim životima postoje dokazi da ih Sveti Duh izgrađuje i osveštava i koji to mogu da donesu i u život cele zajednice.

Krajnji cilj svega ovoga je da se Bog proslavi kad ga obznanjujemo. Kroz čitavu istoriju vidimo Božiju želju da se obznani. Zato je izbavio Izrael iz Egipta u vreme Izlaska i zato ih je ponovo predao u vavilonsko izgnanstvo. Mnoštvo biblijskih odlomaka opisuje Božiju želju da se obznani (na primer Izlazak 7,5; Ponovljeni zakoni 4,34-35; Jov 37,6-7; Psalam 22,21-22; Psalam 106,8; Isaija 49,22-23; Isaija 64,4; Jezekilj 20,34-38; Jezekilj 28,25-26; 36,11; 37,6; Jovan 17,26). On je stvorio svet i sve što je učinio učinjeno je da bi se on proslavio.

Uvod

Kalvin je ovaj svet nazivao pozorištem Božijeg veličanstva. Drugi su istoriju nazivali velikom priredbom čiji vrhunac je Božija slava. Mark Ros je to rekao na sledeći način:

„Mi smo jedan od glavnih Božijih dokaza... Pavle se veoma brinuo [u Efescima 4,1-6] da li će crkva odražavati i pokazivati Božiju slavu na način koji opravdava Božiju narav nasuprot klevetama koje potiču iz demonskih sfera, kleveta da Bog nije dostojan da se za njega živi... Bog je svojoj Crkvi poverio slavu svoga imena."[21]

Svi ljudi – i crkvene vođe i oni koji to nisu – stvoreni su na Božiju sliku. Treba da budemo hodajuće slike Božije moralne prirode i njegove pravedne naravi i treba da je odražavamo u čitavom svemiru, tako da je svi vide – posebno kroz naše jedinstvo sa Bogom kroz Hrista. To je, dakle, Božiji poziv za nas i razlog tog poziva. On nas poziva da se udružimo s njim i da se udružimo u našim zajednicama – za njegovu slavu, a ne našu.

Ova knjiga

Ova knjiga je nastala od niza propovedi. Prema Džordžu Barni, propovedi treba da budu lakše razumljive, manje apstraktne, spontanije i kraće; treba da sadrže više priča iz propovednikovog ličnog iskustva i treba da se dozvoli čak i učestvovanje slušalaca.[22] Barna nije jedini koji predlaže da treba nešto da učinimo kako bismo ublažili jednostranost pukog obraćanja razumu kojim se odlikuju tako brojne propovedi, posebno ekspozicijske. Isto predlaže i Dejvid Hilborn u delu *Picking up the Pieces*[23]. Ali dozvolite mi da kažem da jednostranost propovedanja nije samo opravdana, nego je i važna. Ako predstavljamo Boga dok propovedamo i kroz njegovog Duha saopštavamo njegovom narodu njegovu Reč, onda je bez sumnje prikladno da propovedanje bude jednostrano – ne u tom smislu da onoga ko propoveda nikad ne treba dovoditi u pitanje, nego da nam prilikom propovedanja jednoglasna narav

Uvod

Božije reči dolazi kao monolog, ne u nadi da će stvoriti zanimanje i pokrenuti na učestvovanje, nego zahtevajući da se odazovemo. Ova strana njene prirode mora biti delimično zadržana u propovedi. To ne znači da propoved mora namerno da bude dosadna, nejasna ili apstraktna. Nadam se da ćete kroz ove propovedi, koje su se maskirale u poglavlja ove knjige, bar donekle moći ozbiljno da razmotrite velike istine Svetog pisma i naše današnje okruženje.

Šta sledi
Prva odlika: Ekspozicijsko propovedanje

Ekspozicijsko propovedanje
Glavna uloga Božije reči
   Uloga Božije reči u donošenju života
   Uloga Božije reči u propovedanju
   Uloga Božije reči u našem osveštavanju
   Uloga propovednika Božije reči

Prva odlika

EKSPOZICIJSKO PROPOVEDANJE

Jednog nedavnog januarskog nedeljnog jutra ovako sam započeo propoved:

„I, kako ste? Da li ste se noćas dobro naspavali? Da li ste jutros teško našli dobro parking mesto? Da li je put do crkvenih vrata bio jasno obeležen? Da li su vam ljudi poželeli dobrodošlicu kad ste ušli u crkvu? Da li vam je zgrada izgledala lepo i sređeno? Pitam se da li vam je ime crkve otežalo odluku da uđete ili ste možda baš zbog imena i ušli?

„I kad ste ušli, da li su ljudi bili prijateljski nastrojeni i srdačni? Da li ste uspeli negde u crkvi da ostavite decu bez teškoća? A šta mislite o našem vitražu? Znam da ga ja najbolje vidim, ali stvarno je lep, zar ne? A ipak, možda je suviše tradicionalan za vas?

„Da li su vam klupe udobne? Da li sa svog mesta imate dobar pogled na sva dešavanja? Da li sve jasno vidite? Da li dobro čujete? Da li vam je dovoljno toplo? Da li se osećate fino i udobno?

„A crkveni program? Zar nije lep, jasan, jednostavan i neposredan? Nije suviše komplikovan. Možda je malo preozbiljan. Da li ste primetili obaveštenja u njemu? Da li ste videli sve naše

Ekspozicijsko propovedanje

programe koji su nabrojani na crkvenom letku? Ima ih mnogo, zar ne? Verovatno više nego što ste ikad videli. Naravno, lako je čitati, ali možda su slova suviše mala i nema nikakvih slika. Font nije čitljiv. To vam verovatno dosta govori o našoj crkvi, zar ne? Verovatno mislite da je ovo crkva u kojoj bi ljudi radije rekli hiljadu reči nego stavili jednu sliku, zar ne?

„A ljudi koji sede oko vas, da li biste baš s takvima voleli da idete u crkvu? Znam da se ustručavate da baš sada pogledate oko sebe, ali vi znate ko su oni. Šta mislite? Da li su iste starosti kao vi? Da li vam odgovara njihova rasa? Da li vam odgovara njihov društveni stalež? Da li su baš kao vi?

„Kako vam se sviđa dosadašnji deo službe? Da li vam je suviše teško pala promena između dve pesmarice? Jer znate, većina crkava koristi samo jednu pesmaricu, a mi dve. Nekad morate da otvorite zelenu, a nekad i ovu krem. Da li vam je vođa delovao informisano, kao sveznalica, kao stručnjak, ali koji ipak ne preteruje? Nije bilo baš mnogo obaveštenja na službi, zar ne? Mislim da ovog jutra i nije. Da li su molitve bile srčane? Da li ste uključili i srce i um?

„U današnje vreme je neobično da se u crkvi toliko pročita iz Svetog pisma, zar ne? Ne susrećete se baš često s tim?

„Naravno, tu je i muzika. Znate, još pokušavamo da sredimo neke stvari, kao što ste mogli da vidite, i da raščistimo pitanje da li da imamo savremenu ili tradicionalnu, klasičnu ili moderniju, liturgijsku ili opušteniju muziku. Verovatno ima nekih ljudi koji su ranije dolazili u ovu crkvu, a koji ovog jutra razgledaju druge crkve jer bi želeli drugačije muzičko iskustvo. Takvih ljudi ima u svakoj crkvi u Americi. I znate, neki ljudi su verovatno i dalje tu delimično samo zato što im se ovde dopada muzika.

„A kako vam se dopalo skupljanje dobrovoljnog priloga? Zar je stvarno moguće da smo ovako javno skupili dobrovoljni prilog iako na službi ima i posetilaca? Na današnjim teološkim fakultetima vam kažu da to nikako ne biste smeli da činite. Kako ste se osećali zbog toga? Da li ste se zbog toga osećali kao da je crkva puna ljudi koji žele da zgrabe što više novca i samo žele da vas iskoriste kada dođete?

„Zašto ste danas ovde? Bilo da dolazite u ovu crkvu već pedeset godina ili je ovo vaša prva nedelja, pitanje je zašto ste došli.

Prva odlika

„I naravno, znate šta sada sledi, a možda je već i počelo. Propoved. To je ono što neki ljudi moraju da odsede i istrpe da bi došli do dobrog dela službe – možda do još pevanja ili do upoznavanja i razgovora s ljudima na kraju.

„Propovednik ima težak posao, zar ne? To treba da bude neko za koga osećate da s njim možete da ostvarite kontakt i da s njim možete da razgovarate, s kim možete da se opustite i da mu bar donekle verujete. Ali on istovremeno treba da deluje sveto. Ali ne presveto. Treba da bude znalac, ali ne sveznalica. Treba da ima samopouzdanje, ali ne preveliko. Treba da bude samilostan, ali ne suviše. Njegova propoved treba da bude dovoljno dobra i celishodna, zabavna, zanimljiva i svakako dovoljno kratka.

„Toliko toga treba uzeti u obzir kada procenjujete crkvu, zar ne? Da li ste nekada zastali da razmislite o svemu ovome? Postoji toliko toga o čemu treba razmišljati i pošto se Amerikanci danas stalno sele, potrebno je da procenjujemo crkve. To se stalno dešava. Treba da se zapitamo šta crkvu čini stvarno dobrom.

„Dok sam ovo proučavao, čitao sam policu za policom i hrpu za hrpom knjiga koje se bave baš tim pitanjem: Šta crkvu čini dobrom? Začudili biste se koliko se odgovori međusobno razlikuju. Raspon je ogroman – od prijateljske nastrojenosti crkve preko finansijskog planiranja, čistih toaleta, prijatnog okruženja, živahne muzike, osetljivosti za posetioce, dovoljno mesta za parking, uzbudljivog programa za decu, veoma raznovrsnih mogućnosti za nedeljnu školu za odrasle, ispravnog računarskog softvera, pa sve do jasnih oznaka o srodnim zajednicama. U prodaji ćete naći knjige koje zastupaju svaki od ovih predloga kao ključ dobre crkve.

„A šta vi mislite, šta crkvu čini zdravom? Treba to da znate. Ako ste danas samo posetilac i tražite crkvu gde možete redovno da dolazite i kojoj možete da se posvetite, treba da razmotrite ovo pitanje. Čak i ako već jeste član ove crkve, treba da razmislite o ovom pitanju, jer možda ćete se uskoro odseliti. Treba da znate šta crkvu čini zdravom čak i ako više nikada nećete promeniti crkvu. Ako ćete ostati u ovoj crkvi i učestvovati u njenoj izgradnji i oblikovanju, zar ne treba da znate šta to pokušavate da izgradite i kako želite da vaša građevina izgleda i šta je vaš cilj i šta je temelj svega što radite?

Ekspozicijsko propovedanje

„Budite veoma pažljivi u odgovaranju na ova pitanja, jer kao što sam rekao, naići ćete na razne stručnjake koji će vam nuditi odgovore u širokom rasponu, od toga da je neophodno da vam način izražavanja bude slobodan od crkvenih izraza, pa sve do toga da zahtevi članstva treba da budu nevidljivi.

„Dakle, šta mislite? Da li su bezbedne prostorije za decu, blistajući toaleti, uzbudljiva muzika i zajednica sličnih ljudi zaista put za crkveni rast i zdravlje? Da li to crkvu zaista čini dobrom?"

I tako sam započeo niz propovedi od kog je nastala ova knjiga – *Devet odlika zdrave crkve*. Cilj ove knjige je da pruži odgovor na pitanje: „Po čemu se jasno raspoznaje zaista dobra crkva?" Predlažem devet odlika po kojima se raspoznaje zdrava crkva i njihov spisak možete naći u sadržaju ove knjige. Ovo svakako nisu jedine odlike zdrave crkve. One nisu nužno čak ni najvažnije što bi se moglo reći o crkvi. Na primer, ja samo u prolazu spominjem krštenje i pričest, iako su to ključni obredi biblijske crkve i zapovedio ih je sam Hristos. Ova knjiga nije potpuna eklisiologija, nego se usredsređuje na određena ključna polja zdravog crkvenog života koja su postala retka u današnjim crkvama. Iako se često mogu pogrešno razumeti, krštenje i Gospodnja večera nisu nestali iz većine naših crkava, ali mnoge odlike koje ćemo razmotriti na ovim stranicama *jesu*.

Naravno, ne postoji savršena crkva i svakako ne tvrdim da će bilo koja crkva u kojoj ikad budem služio kao pastir biti savršena. Ipak, to ne znači da naše crkve ne mogu da budu zdravije i cilj mi je da ohrabrim takvo zdravlje.

Ekspozicijsko propovedanje

Prva odlika zdrave crkve je ekspozicijsko propovedanje. Ono nije samo prva, nego je i daleko najvažnija od svih devet odlika. Kad je ona na svom mestu, sve ostale odlike dolaze za njom. Ovo poglavlje će vam pomoći da shvatite čemu pastiri treba da

Prva odlika

se predaju i šta zajednice treba da zahtevaju od njih. Ekspozicijsko propovedanje je moj glavni zadatak i glavni zadatak bilo kog pastira.

Kad biste njega izostavili, a ostalih osam odlika sproveli ispravno, to bi u neku ruku bila slučajnost, jer je ono od ključne važnosti za sve ostale odlike. To bi bila puka slučajnost. Ostale odlike bi verovatnije bile iskrivljene, jer nisu nikle iz Božije reči, i ne bi se neprestano preoblikovale i obnavljale Božijom rečju. Ali ako uspostavite prvenstvo Božije reči, onda ste na svoje mesto stavili najvažniju oblast crkvenog života i sve veće zdravlje je gotovo zajemčeno, jer je Bog odlučio da deluje svojim Duhom kroz svoju reč.

Dakle, šta je ekspozicijsko propovedanje, ta toliko važna odlika crkve? Ono se obično stavlja nasuprot tematskom propovedanju. Tematska propoved je kao ovo poglavlje – bavi se jednom temom, a ne uzima za svoj predmet neki određeni tekst iz Svetog pisma. Tematska propoved počinje nekim pitanjem o kom propovednik želi da propoveda. Tema takve propovedi mogu da budu molitva ili pravda ili roditeljstvo ili svetost, pa čak i ekspozicijsko propovedanje. Kada se postavi tema, propovednik zatim sastavlja razne tekstove iz raznih delova Svetog pisma i povezuje ih pomoću slikovitih priča i anegdota. Materijal se povezuje i upreda oko ove jedne teme. Tematska propoved se ne gradi oko jednog teksta Svetog pisma, nego oko ove izabrane teme ili ideje.

Tematska propoved može da bude ekspozicijska ako izaberem da propovedam o nekoj temi i ako uzmem jedan odlomak Svetog pisma koji govori baš o njoj. Mogu da propovedam i koristeći nekoliko tekstova koji se bave baš mojom temom, ali to je i dalje tematska propoved, jer propovednik unapred zna šta želi da kaže i pristupa Svetom pismu da vidi šta ono govori o izabranoj temi. Na primer, kada sam izlagao jednu verziju ovog materijala kao propoved, uglavnom sam unapred znao šta želim da kažem, a kada propovedam ekspozicijski, to obično nije slučaj. Kada se pripremam za normalnu ekspozicijsku propoved, često se donekle

Ekspozicijsko propovedanje

iznenadim onim što otkrijem u odlomku koji proučavam. Uopšteno govoreći, ne biram niz ekspozicijskih propovedi zbog određenih tema za koje smatram da crkva treba da ih čuje, nego pretpostavljam da je čitavo Sveto pismo sve vreme važno za sve nas. Naravno, verujem da Bog može da me vodi do određenih knjiga, ali kada radim na nekom tekstu i kada ga čitam prilikom svoje svakodnevne pobožnosti tokom sedmice pre propovedanja i kada radim sa njim veoma ozbiljno u petak, veoma često otkrijem stvari koje uopšte nisam očekivao. Nekada se iznenadim poentom odlomka, a ona mora da postane i poenta moje propovedi.

Ekspozicijsko propovedanje nije samo usmeni komentar na neki odlomak Svetog pisma, nego je u pitanju pristup u kom glavna poenta određenog odlomka Svetog pisma postaje glavna poenta propovedi. To je sve. Propovednik otvara Božiju reč i obrazlaže je Božijem narodu. Ovo poglavlje nije takvo, ali to je najčešće moja namera kad nedeljom stupam za propovedaonicu.[24]

Ekspozicijsko propovedanje je propovedanje u službi Božije reči. Ono pretpostavlja verovanje u autoritet Svetog pisma – verovanje da je Biblija zaista Božija reč. Ali u pitanju je nešto više od toga. Predanost ekspozicijskom propovedanju je predanost da *čujemo* Božiju reč – ne samo da priznamo da je Biblija Božija reč, nego da joj se zaista i potčinimo. Starozavetni proroci i novozavetni apostoli nisu bili poslati da govore šta oni hoće, nego su primili i određenu poruku koju treba da saopštavaju. Tako i hrišćanski propovednici imaju autoritet da govore od Boga samo ukoliko govore njegovu poruku i obrazlažu njegove reči. Koliko god neki propovednici bili rečiti, nije im zapoveđeno samo da idu i propovedaju, nego im je data veoma određena zapovest da idu i propovedaju Božiju reč.

Mnogi pastiri rado prihvataju autoritet Božije reči i ispovedaju da veruju u nepogrešivost Svetog pisma, ali ipak, ako ne budu redovno ekspozicijski propovedali, ubeđen sam da nikada neće propovedati više nego što su znali kada su počeli s propovedanjem. Propovednik može da pročita neki odlomak Svetog pisma

Prva odlika

i da zatim zajednici govori o temi koja je važna, ali nije vezana za glavnu poentu tog odlomka. Možete sada uzeti svoje Sveto pismo, zatvoriti oči, otvoriti ga na bilo kom mestu, staviti prst na neki stih, otvoriti oči i pročitati ga. Tako možete da doživite veliki blagoslov u svojoj duši, ali verovatno još nećete saznati šta je Bog želeo da kaže kroz taj odlomak. Ono što je najvažnije u trgovini nekretninama najvažnije je i u razumevanju Svetog pisma: lokacija, lokacija, lokacija. Odlomak Svetog pisma treba protumačiti u skladu s tekstom koji ga okružuje, to jest u kontekstu u koji je bogonadahnuto smešten.

Propovednikov um treba sve više da se oblikuje Svetim pismom i on ne treba da koristi Sveto pismo samo kao izgovor za ono što želi da kaže. Kad neko redovno propoveda na neki način koji nije ekspozicijski, tada njegove propovedi obično budu vezane samo za teme koje njega zanimaju. Zbog toga i propovednik i zajednica iz Svetog pisma čuju samo ono što su već znali i pre nego što su otvorili taj tekst. Ništa novo se ne dodaje njihovom znanju (ili razumevanju). Oni ne doživljavaju nove izazove iz Svetog pisma.

Kada se posvetimo propovedanju nekog odlomka Svetog pisma u skladu s njegovim kontekstom i kada želimo da propovedamo ekspozicijski – što znači da kao glavnu poentu svoje poruke uzimamo glavnu poentu odlomka – onda ćemo od Boga čuti stvari koje nismo očekivali kada smo počeli da proučavamo taj odlomak. Bog nas ponekada iznenadi. Od vašeg pokajanja i obraćenja, pa sve do poslednje stvari kojoj vas je Sveti Duh naučio, zar upravo to nije bio smisao hrišćanskog života? Zar ne vidite kako vas Bog iznova i iznova stavlja pred izazove i uverava vas u neke stvari o kojima pre godinu dana ne biste ni pomislili i počinje da otkopava istinu vašeg srca i istinu svoje reči? Ako duhovno nadgledništvo nad crkvom poverimo nekome ko svojim delima ne pokazuje revnost da čuje Božiju reč i da iz nje poučava, sputaćemo rast crkve i dozvolićemo joj da raste samo do mere pastirovog rasta. Ta crkva će se uskoro saobraziti pastirovom, a ne Božijem umu.

Ekspozicijsko propovedanje

Ali mi želimo i kao hrišćani žudimo za Božijim rečima. Želimo da čujemo i da svojom dušom usvojimo ono što je on rekao.

Glavna uloga Božije reči

Propoved bi uvek (ili gotovo uvek) trebalo da bude ekspozicijska zato što u njenom središtu treba da bude Božija reč koja je usmerava. U stvari, Božija reč bi trebalo da bude u središtu svake crkve, da i nju usmerava. Bog je izabrao da upotrebi svoju reč da bi doneo život. Taj obrazac vidimo i u Svetom pismu i u istoriji.

Bio sam prisutan na jednom prijemu kad se poveo razgovor o knjizi koja je nedavno bila objavljena. Ja sam je bio pročitao jer je na tom prijemu trebalo da održim govor na temu iz nje. Naš domaćin, koji je bio rimokatolik, takođe je pročitao tu knjigu, jer je trebalo da napiše osvrt. Pitao sam ga šta misli o toj knjizi.

„O, veoma je dobra", rekao je on, „osim što je prezasićena piščevim ponavljanjem te stare protestantske greške da je Biblija stvorila Crkvu, a svi u stvari znamo da je Crkva stvorila Bibliju."

Mogu vam reći da sam se našao zatečenim. To je bio njegov skup, a ja sam bio gost. Šta da kažem? Pred očima mi se odigrala čitava protestantska reformacija!

Na kraju sam odlučio: ako on može tako ljubazno da bude tako isključiv, onda i ja mogu da budem otvoren i iskren koliko god želim. Zato sam odmah rekao: „Besmislica!" Zatim sam nastavio, pokušavajući da produžim s izražavanjem svog neslaganja na što prijatniji način: „Božiji narod nikada nije stvarao Božiju reč. Božija reč je od samog početka stvarala njegov narod. To vidimo u Postanju 1, gde je Bog svojom Rečju doslovno stvorio sve što postoji, uključujući i svoj narod. Tako je i u Postanju 12, gde je Bog pozvao Avraama iz Ura rečju svog obećanja, i u Jezekilju 37, gde je Bog Jezekilju dao viđenje o velikom vaskrsenju koje će se dogoditi Božijom rečju da ga podeli s izraelskim izgnanicima u Vavilonu. To vidimo i kod najuzvišenijeg slanja Božije reči u Isusu

Prva odlika

Hristu, Reči koja je postala telo, i u Rimljanima 10, gde čitamo da nam je duhovni život došao Božijom rečju. Bog je uvek stvarao svoj narod svojom rečju. Nikada nije bilo obrnuto – Božiji narod nikada nije stvarao Božiju reč." Ne sećam se baš tačno šta se dogodilo u ostatku tog razgovora, ali se ovog odlomka sećam veoma jasno, jer mi je nakon toga postalo savršeno jasno da Božija reč ima glavnu ulogu. Hajde da pratimo ovaj put kroz Sveto pismo i da vidimo šta nam ono govori o glavnoj ulozi Božije reči u našem životu. Zatim ćemo razmotriti šta to znači za prirodu i važnost propovedanja u našim crkvama. Želim da se usredsredim na četiri tačke: na ulogu koju Božija reč ima donoseći nam život, na ulogu Božije reči u propovedanju, na ulogu Božije reči u našem osveštavanju i ulogu koju propovednik Božije reči stoga treba da ima u crkvi.

Uloga Božije reči u donošenju života

Hajde da počnemo na početku, gde i samo Sveto pismo počinje. U Postanju 1 vidimo da je Bog upravo svojom rečju stvorio svet i sav život na njemu. On je govorio i njegova reč se ispunjavala. U Postanju 3 vidimo sumornu priču o čovekovom padu koji se desio nakon toga. Tamo vidimo da su naši praroditelji zgrešili i da su posle toga izbačeni iz Božijeg prisustva. Oni su doslovno izgubili Boga iz vida, ali u Božijoj velikoj milosti nisu izgubili svu nadu. Iako Bog više nije bio u njihovom vidokrugu, milostivo im je slao svoj glas i reči obećanja. U Postanju 3,14-15 Bog je prokleo zmiju i upozorio je da će je ženino potomstvo satrti. To je prva reč nade koju su Adam i Eva čuli nakon svog greha.

U Postanju 12 saznajemo da je Avraam bio pozvan iz Ura Haldejskog upravo Božijom rečju. Reč Božijeg obećanja, koja je zabeležena u prvih nekoliko stihova Postanja 12, bila je ta privlačna sila, to privlačno obećanje koje je doslovno pozvalo Avraama da iz Ura pođe za Bogom. Tako je stvoren Božiji narod

Ekspozicijsko propovedanje

– postao je vidljiv – slušajući reč obećanja, odazivajući se na nju i krećući za njom. Božiji narod je stvoren Božijom rečju.

Avraam nikada nije obrazovao odbor za sastavljanje Božije reči, nego je učinjen ocem Božijeg naroda zato što je Božija reč došla posebno njemu i zato što je poverovao u nju. Poverovao je Bogu i njegovim rečima. Zatim čitamo kako se broj Avraamovih potomaka uvećao u obećanoj zemlji, kako su zatim sišli u Egipat i na kraju pali u ropstvo koje je trajalo vekovima. I baš kada je izgledalo da će to ropstvo biti trajno, Bog je poslao svoju reč. U Izlasku 3-4 Bog je počeo pozivajući Mojsija. Bilo je izvanredno gledati goruči grm, ali on, sam po sebi, ne bi Mojsiju rekao ništa. Ni stručnjaci se ne slažu po pitanju simbolike gorućeg grma. Suština je da je Bog govorio iz grma, da je Mojsiju izrekao svoje reči i da ga je pozvao svojom rečju. Božija reč nije došla samo Mojsiju i njegovim naslednicima, nego je došla celom izraelskom narodu i pozvala ga da bude Božiji narod.

U Izlasku 20 čitamo da je Bog svom narodu dao svoj zakon i da su oni, prihvatajući Božiji zakon, postali Božiji narod. Izraelski narod je upravo Božijom rečju postao Božiji poseban narod.

Nastavljajući kroz Stari zavet, vidimo da je Božija reč služila i za stvaranje novih početaka, ali i kao osnova podele. Neki ljudi su je slušali, a neki su odbijali da je slušaju. Na primer, razmislite o priči o Iliji iz Prve o carevima 18: „Posle mnogo vremena, treće godine, reč GOSPODNJA dođe Iliji: »Idi i pojavi se pred Ahavom, a ja ću poslati kišu na zemlju«" (18,1). Izraz „reč GOSPODNJA dođe" i slični izrazi pojavljuju se u Starom zavetu više od tri hiljade osamsto puta. Reč Gospodnja je dolazila dok je Gospod stvarao i vodio svoj narod, a Božiji narod su bili oni koji su čuli Božije reči obećanja i odazvali se u veri. Božija reč je u Starom zavetu uvek dolazila kao sredstvo koje zahteva veru i na neki način je bila drugostepeni predmet vere. Naravno, Bog je uvek prvi predmet naše vere – mi verujemo u Boga – ali to ne znači baš mnogo ako taj predmet nije definisan. A kako definišemo ko je Bog i na šta nas je pozvao? Mogli bismo to da izmislimo ili bi naš Bog mogao

Prva odlika

to da nam kaže. Verujemo da nam je Bog to rekao. Verujemo da je sam Bog zaista govorio. Njegovoj reči treba verovati i treba se uzdati u nju svom verom kojom bismo verovali u samog Boga.

Tako u Starom zavetu vidimo da je Bog vodio svoj narod svojom rečju.

Da li razumete zašto Božija reč ima glavnu ulogu kao sredstvo stvaranja vere? Ona nam saopštava ko je Bog i koja su njegova obećanja za nas – od raznih obećanja pojedincima na koja nailazimo kroz Stari i Novi zavet, pa sve do onog velikog obećanja i velike nade, velikog predmeta naše vere – samog Hrista. Božija reč nam pokazuje šta treba da verujemo.

Brzina zvuka (Božija reč koju čujemo) je za hrišćane na određeni način veća nego brzina svetlosti (ono što možemo da vidimo). U ovom palom svetu budućnost poimamo prvo ušima, a tek onda očima.

U veličanstvenom viđenju iz Jezekilja 37 najupečatljivije vidimo da život dolazi kroz Božiju reč:

„Ruka GOSPODNJA bila je na meni i GOSPOD me izvede svojim Duhom i postavi me usred jedne doline pune kostiju. Potom me povede po celoj dolini, i ja videh da ima mnogo kostiju u dolini i da su sasvim suve. On me upita: »Sine čovečiji, mogu li ove kosti da ožive?«

„A ja rekoh: »Gospode GOSPODE, to jedino ti znaš.«

„Tada mi on reče: »Prorokuj ovim kostima i reci im: 'Suve kosti, čujte reč GOSPODNJU! Ovako kaže Gospod GOSPOD ovim kostima: Učiniću da u vas uđe dah, i vi ćete oživeti. Daću vam žile i meso i prekriti vas kožom, staviti dah u vas, i vi ćete oživeti. Tada ćete znati da sam ja Gospod GOSPOD'«" (Jezekilj 37,1-6).

Ovo je tako ohrabrujuće viđenje! Ako ste ikad bili pozvani da služite kao pastir u crkvi koja izgleda kao da je na samrti ili ako se sećate sopstvenih osećanja duhovne bespomoćnosti pre nego što ste doživeli spasenje, onda sigurno vidite zašto je ovo odlomak velike nade.

Ekspozicijsko propovedanje

U stihovima 7-10 vidimo šta se dogodilo kada se Jezekilj poslušno odazvao na ovo viđenje:

„I ja prorokovah kako mi je bilo zapoveđeno. A dok sam prorokovao, začu se buka, neko kloparanje, i kosti se sastaviše, kost uz kost. Pogledah, a ono – na njima žile i meso, a zatim ih prekri koža. Ali u njima još nije bilo daha.

„Tada mi GOSPOD reče: »Prorokuj dahu, prorokuj, sine čovečiji, i reci mu: 'Ovako kaže Gospod GOSPOD: Daše, dođi sa četiri strane sveta[25] i dahni u ove pobijene, da ožive.'« I ja prorokovah kako mi je zapovedio, i dah uđe u njih i oni oživeše i stadoše na noge – golema vojska."

Bog je zatim Jezekilju protumačio ovo viđenje. Rekao je da te kosti predstavljaju čitav izraelski narod, koji govori: „Naša nada iščeznu" (11. stih). Božiji odgovor Izraelu isti je kao i odgovor suvim kostima, a glasi: „Udahnuću svog Duha u vas i oživeću vas" (14. stih, NSRP). Kako je on to učinio? *Svojom rečju*. Da bi ova istina postala savršeno jasna, Bog je zapovedio Jezekilju da počne da propoveda ovoj gomili suvih kostiju i da im propovedanjem Božije reči donese život. Bog je rekao Jezekilju da ovim kostima govori Božiju reč dok su bile mrtve i kada je to učinio, one su oživele!

Viđenje o suvim kostima je slika Božijeg poziva Jezekilju da govori narodu koji neće da ga sluša. To nas podseća i na to kako je Bog govorio u prazninu i stvorio svet – silom svoje reči. Osim toga, ovo nas podseća na ono što se desilo kad je Božija reč došla na svet u osobi Isusa Hrista: „Bio je na svetu i svet je kroz njega postao, ali ga svet nije prepoznao" (Jovan 1,10). Ali Bog je ipak kroz tu Reč, kroz Gospoda Isusa, počeo da stvara svoju novu zajednicu na zemlji. Bog je rekao Jezekilju da govori suvim kostima i život je došao kroz dah. Duh je putovao kroz govor i ta Božija reč, njegov dah, dala je život. Da li vidite tu blisku vezu između života, daha, Duha, govora i reči? To nas podseća na određena razdoblja Isusove službe: „Tamo mu dovedoše jednog gluvog

PRVA ODLIKA

čoveka... Isus... diže pogled ka nebu i, duboko uzdahnuvši, reče mu: ...»Otvori se!« I čoveku se odmah otvoriše uši..." (Marko 7,32, 34-35). Isus je govorio gluvom čoveku i njegove uši su se otvorile. Život se vratio u njegove uši! Isus je sebi pozvao svoj narod na isti način na koji je Jezekilj prorokovao: „Staviću svoga Duha u vas i učiniti da živite po mojim uredbama i da pomno izvršavate moje zakone" (Jezekilj 36,26). Ovo je slavna stvarnost koju smo mi hrišćani iskusili. Kao što sam rekao jednom radniku Jehovinih svedoka, hrišćani znaju da su sami po sebi duhovno mrtvi i znamo da nam je potreban Bog da u nama pokrene život. Potreban nam je Bog da iščupa naše staro, kameno srce i da u nas stavi novo, mesnato srce koje je puno ljubavi prema njemu – srce koje je mekano i prijemčivo za njegovu Reč. Isus Hristos upravo to čini za nas. On stvara drugačiju *vrstu* ljudi u kojima se vidi Božiji život dok slušaju njegovu reč i po njegovoj milosti se odazivaju na nju.

To nas dovodi do najuzvišenije slike Božije reči koja donosi život:

„U početku je bila Reč, i Reč je bila kod Boga, i Reč je bila Bog... Sve je kroz nju postalo i bez nje nije postalo ništa što je postalo. U njoj je bio život i taj život je ljudima bio svetlost" (Jovan 1,1, 3-4).

Upravo u Hristu nam je Božija reč došla potpuno i konačno. Isus je kroz sopstvenu službu pokazao obrazac te velike stvarnosti. Na samom početku svoje službe, kad su mu njegovi učenici rekli da ga mnogi ljudi traže jer žele da za njih učini još čuda i da ih isceli, Isus je odgovorio: „Hajdemo negde drugde – u obližnja sela – da i tamo *propovedam*, jer sam *radi toga* došao" (Marko 1,38). Dok nastavljamo da čitamo Evanđelje po Marku, saznajemo da je Isus znao da je došao da položi svoj život za naše grehe (vidite Marko 10,45), ali da bi ljudi shvatili taj događaj, prvo je morao da poučava.

Ekspozicijsko propovedanje

Upravo Božiju reč je Petar propovedao na Pedesetnicu u Delima 2 i Bog je doneo život kroz svoju reč. Ljudi su čuli istinu o Bogu, o svojim gresima i o tome da se Bog postarao poslavši Isusa. Kada su čuli tu poruku, potresli su se u srcu i povikali su: „Šta da radimo, braćo?" (Dela 2,37). Božija reč stvorila je njegov narod – Crkva je osnovana Božijom rečju. Ne želim da steknete utisak da je hrišćanstvo samo skup reči – ali reči jesu važne. U Svetom pismu vidimo da Bog deluje, ali on ne čini samo to. Nakon što deluje, Bog i govori. On tumači ono što je učinio da bismo mogli da razumemo njegova dela. Bog ne dozvoljava da njegova dela govore sama za sebe, nego govori da bi nam protumačio svoja velika spasonosna dela.

Ova „usmena" Božija priroda uklapa se s načinom na koji nas je stvorio. Razmislite o međuljudskim odnosima. Kako se međusobno upoznajemo? Možemo se upoznati kroz posmatranje; muževi i žene mogu da upoznaju jedno drugo kroz telesnu bliskost. Ali postoji jedan duboki deo našeg međusobnog upoznavanja koji može da se ostvari jedino kroz određenu vrstu umnog opštenja; reči su važne u međuljudskim odnosima.

Možda ćete mi reći da imate sjajan odnos sa svojim psom (jer on je čovekov najbolji prijatelj)! Možete mi reći i da volite svog psa iako on nikada ne može da razgovara s vama niti da komunicira s vama na umnom nivou. Dođete kući i on maše repom. Trči prema vama i želi da vas lizne. Vi ga pogledate u oči i vidite da su one tako saosećajne. On razume život i nikada vas neće napustiti i vi smatrate da je to ljubav i da za to nisu potrebne reči.

Ali reči su važne. Kad bi vas vaš pas, kad jedne nedelje dođete kući, pogledao i opušteno rekao: „I? Kako je danas bilo u crkvi?", siguran sam da biste promenili odnos prema njemu. To bi vam pokazalo koliko su reči važne u odnosima.

Pošto smo se svojim grehom odvojili od Boga, on mora da nam govori da bismo ga upoznali. Zato je rad Karla F. H. Henrija, jednog od nekadašnjih članova naše crkve, bio toliko važan. U svom

PRVA ODLIKA

životnom delu koje se zove *God, Revelation and Authority*[26], koje ima šest tomova, on govori upravo tu istinu – da ne možemo poznavati Boga ako Bog ne govori i da ga ne bismo mogli poznavati da nije govorio Reč na koju možemo da se oslonimo. Bog mora da se otkrije. To je suština Svetog pisma. Zbog svojih greha nikako ne bismo mogli da upoznamo Boga na drugi način. Ili će on govoriti ili ćemo mi zauvek ostati izgubljeni u tami sopstvenih nagađanja.

Ovo jasno vidimo u celom Novom zavetu. Razmislite o Rimljanima 10,17: „Vera, dakle, dolazi slušanjem poruke, a poruka Hristovom rečju." Ova „Hristova reč" je velika poruka evanđelja: da nas je Bog stvorio da ga poznajemo, ali da smo zgrešili i odvojili se od njega; da je zbog toga Bog, iz svoje velike ljubavi, došao u osobi Isusa Hrista, koji je živeo savršenim životom uzevši na sebe naše telo i naše slabosti; da je Isus umro na krstu kao zamena za sve one koji će mu se ikad okrenuti i verovati u njega; da ga je Bog podigao iz mrtvih kao dokaz da je prihvatio ovu žrtvu i da nas sada poziva da se pokajemo i da verujemo u njega kao što je i Avraam verovao u Božiju reč kada mu je došla u Uru Haldejskom pre mnogo vekova.

Pavle je neposredno pre toga zapisao u Rimljanima 10,9: „Ako, dakle, svojim ustima priznaješ[27] da je Isus Gospod i srcem veruješ da ga je Bog vaskrsao iz mrtvih, bićeš spasen."

Verovanje u istinu da je Bog podigao Isusa Hrista iz mrtvih i oslanjanje na nju jedini je put spasenja, put do uključenja u Božiji narod. Tako ponovo vidimo da je Bog uvek stvarao svoj narod govoreći svoju reč, a njegova najveća reč je Hristos. Kao što je pisac Poslanice Jevrejima rekao na početku svog pisma:

> „Bog je u prošlosti mnogo puta i na razne načine govorio našim praocima preko proroka, a u ove poslednje dane progovorio je nama preko Sina, koga je odredio da bude naslednik svega, čijim posredstvom je stvorio i svet" (Jevrejima 1,1-2).

Ekspozicijsko propovedanje

Kao vernici koji žive u razdoblju između Pada i Nebeskog grada, živimo u vremenu kada je vera ključna, pa stoga i Božija reč mora biti ključna – jer Božiji Sveti Duh stvara svoj narod svojom rečju! Mi možemo da stvorimo neki narod i na drugi način i to je veliko iskušenje za crkve. Možemo da stvorimo narod okupljajući ga po etničkoj osnovi ili oko horskog programa svih nivoa; možemo da nađemo narod koji će se uzbuditi po pitanju izgradnje neke građevine ili oko denominacijskog identiteta; možemo stvoriti narod oko niza grupa za podršku, gde svako oseća da je voljen i da se za njega neko stara; možemo stvoriti narod oko projekata za služenje društvenoj zajednici, oko stvaranja društvenih prilika za mlade majke ili oko krstarenja Karibima za samce; možemo stvoriti narod oko muških grupa, a možemo ga stvoriti čak i oko ličnosti propovednika. Bog svakako može da upotrebi sve što sam nabrojao, ali na kraju krajeva, Božiji narod, Božija crkva, može da bude stvorena jedino oko Božije reči.

Kada su ga pitali o svemu što je postigao kao reformator, Martin Luter je rekao: „Ja sam samo poučavao, propovedao i pisao Božiju reč: nisam učinio ništa osim toga... Božija reč je učinila sve."[28] Božija reč donosi život.

Uloga Božije reči u propovedanju

Najveći novozavetni odlomak koji obrađuje pitanje kako treba da izgleda hrišćanski sastanak nalazi se u Prvoj Korinćanima 11-14. Pavlova glavna briga je dobro sažeta u 14,26: „Neka sve to bude za izgrađivanje." Ovo se proteže kroz celu Prvu Korinćanima kao Pavlovo merilo na osnovu kog se odlučuje šta treba da se radi u zajednici. Stoga sledi da ovo merilo treba posebno da se primeni na propovedanje – za koje smo rekli da ima glavnu ulogu u hrišćanskoj zajednici. Kakvo propovedanje će najviše izgraditi crkvu? Odgovor svakako mora biti: poučavanje koje Božijem narodu izlaže Božiju reč.

Prva odlika

Nema sumnje da postoji i propovedanje koje nije biblijsko. Džon Brodus se jednom našalio: „Kad bi neke propovedi imale boginje, biblijski tekst se nikad ne bi zarazio."²⁹ Da li imate ikakve sumnje da ekspozicijsko propovedanje treba da bude osnovni oblik propovedanja u vašoj zajednici? Kada je Bog Mojsiju dao uputstva za careve koji će jednog dana sigurno zavladati u Izraelu, da li se sećate šta je Bog zahtevao od njih? U Ponovljenim zakonima 17,18-20 čitamo sledeće reči: „Kada dođe na carski presto, neka od sveštenikâ, koji su Leviti, sebi na svitak prepiše ovaj zakon. Neka ga drži kod sebe i neka ga čita celog svog života, da bi naučio da se boji Gospoda, svoga Boga, i držao se svih reči ovog zakona i ovih uredbi i izvršavao ih, a ne da sebe smatra boljim od svojih sunarodnika, pa skrene od ove zapovesti desno ili levo. Tako će on i njegovi potomci dugo vladati nad svojim carstvom u Izraelu." I šta je odlika pravednika u Psalmu 1? „...nego uživa u Zakonu Gospodnjem i o njegovom Zakonu dan i noć razmišlja" (Psalam 1,2). Odjek ovog uživanja nalazimo u redu za redom velikog Psalma 119: „Sedam te puta dnevno hvalim zbog tvojih zakona pravednih" (Psalam 119,164); „Tvojih propisa se držim i silno ih volim" (Psalam 119,167); „Za tvojim spasenjem žudim, Gospode, i u tvom Zakonu uživam" (Psalam 119,174). Kada uzmemo u obzir ovo uživanje u Božijoj reči, onda saopštavanje te reči treba da shvatimo kao predivan teret hrišćanskog propovedanja.

Osim toga, živimo u razdoblju pismenosti, kada je štampani tekst svima poznata pojava i kada je Božija reč podeljena na poglavlja i stihove, prevedena na mnoge jezike i lako dostupna mnogima. Zašto da to ne iskoristimo u svom propovedanju? U ranijim razdobljima, kad su propovednici imali malo ovih prednosti, Jovan Zlatousti, Avgustin i ostali propovednici propovedali su nizove propovedi iz određenih celina Svetog pisma. U svojoj propovedi *Treća propoved: Lazar i bogataš*, Jovan Zlatousti je rekao: „Često vam mnogo dana unapred kažem temu o kojoj ću govoriti da biste mogli da uzmete tu knjigu u danima

Ekspozicijsko propovedanje

koji prethode propovedi i da prođete kroz ceo odlomak, da saznate šta je tu rečeno, a šta nije rečeno, i da se na taj način, uvećavši svoje shvatanje teksta, pripremite za učenje kada budete slušali ono što ću govoriti u propovedi."[30]
Takvim predanjem da svojoj zajednici prenese Božiju reč Jovan Zlatousti je išao stopama Mojsija, koga je Jitro zadužio da narod poučava Zakonu (vidite Izlazak 18,19-20). Mojsija je sledio i Josija, koji narodu „pročita... sve što piše u Knjizi saveza, koju su našli u Domu GOSPODNJEM" (Druga letopisa 34,30), a Josiju su sledili Ezra i Leviti koji su se vratili iz izgnanstva i koji su „čitali... iz Knjige Božijeg zakona, obrazlažući je i objašnjavajući smisao da bi narod razumeo šta se čita" (Nemija 8,8).

Ovaj obrazac u kom poučavanje Božijoj reči zauzima glavno mesto na skupu Božijeg naroda nastavio se i u Hristovo vreme. U sinagogama Isusovog vremena Sveto pismo se čitalo u lekcionarskim ciklusima koji su trajali godinu ili dve. Oni koji čitaju Božiju reč bi nešto rekli o tekstu, kao što je Isus učinio u Luki 4. Nemoguće je tačno odrediti koliko su prve crkve bile ustrojene prema obrascu sastanaka iz sinagoge tog vremena, ali ekspozicijski nizovi propovedi koji su preživeli od Jovana Zlatoustog i ostalih hrišćanskih propovednika rane crkve nagoveštavaju da je ekspozicijsko propovedanje uzastopnih tekstova u nizovima bio široko rasprostranjen obrazac. U Novom zavetu je zabeležen mali broj propovedi (ili njihovih sažetaka), a u njima se vidi težnja da poruka bude prikladna za kulturu slušalaca i da, na još dubljem nivou, bude ukorenjena u Svetom pismu. Naravno, rani hrišćani nisu imali neke od naših prednosti, poput lako dostupnog teksta u koji se može gledati čak i tokom propovedi, što znači da je ekspozicijsko propovedanje moralo češće da se oslanja na veštine pamćenja poput ponavljanja biblijskog teksta. Ipak, izgleda da je Petrova propoved na Pedesetnicu u stvari bila razmišljanje, izlaganje i primena odlomaka iz Joila 2, Psalma 16 i Psalma 110. Pisac Poslanice Jevrejima isto piše duge odlomke poučavajući iz Psalma 95 (Jevrejima 3-4) i Psalma 110 (Jevrejima 7).

Prva odlika

U svemu tome vidimo da je dobro propovedati istinu, a još je bolje propovedati tako da ljudi mogu da vide odakle ta istina potiče. Kao što je to rekao Čarls Kranfild, nekadašnji profesor teologije u Daramu: „Već dugo verujem da propovedanje kroz cele biblijske knjige, redom, odlomak po odlomak, može da bude izvanredno korisno za crkvu, ako slušaoci prate pažljivo i s razumevanjem."[31] Ovo je istina bez obzira na to da li su u pitanju tekstovi iz Starog ili Novog zaveta i da li je u pitanju jedan stih ili duži odlomak.

Sviđa mi se ono što je Hjuz Old rekao o Džonu Makarturu i njegovom ekspozicijskom propovedanju: „Evo propovednika koji nije nimalo upečatljiv kao ličnost, nije dobrog izgleda i koji nema šarma. On nam ne nudi nikakvo prefinjeno govorničko pakovanje i niko ga ne bi nazvao majstorom govorništva. Ali izgleda da on ima svedočanstvo o pravoj vlasti. On priznaje da je Sveto pismo Božija reč i kada propoveda, ljudi čuju Sveto pismo. Reči Džona Makartura nisu posebno zanimljive, nego Božija reč izaziva najveće zanimanje. Zato ga ljudi slušaju."[32]

Uloga Božije reči u našem osveštavanju

Treba da razmotrimo i ulogu Božije reči u našem osveštavanju. Božija reč mora da bude u središtu našeg života – i kao pojedinaca i kao crkve – jer Božiji Duh koristi Božiju reč da u nama stvori veru i da čini da rastemo. Ovu istinu nećemo tako podrobno istražiti kao prethodnu, ali ona je u Svetom pismu jednako jasna. Kao što je Isus odgovorio Satani citirajući iz Ponovljenih zakona: „»Zapisano je«, odgovori mu Isus, »'Čovek ne živi samo od hleba, nego i od svake reči koja izlazi iz Božijih usta'«" (Matej 4,4, citat iz Ponovljenih zakona 8,3). A znamo i one čuvene reči psalmiste: „Tvoja reč je svetiljka mojim nogama i svetlost mojoj stazi" (Psalam 119,105).

Kada razmatramo istoriju Izraela i Jude u Starom zavetu iznova i iznova, vidimo osveštavajuću silu Božije reči. Tokom

Ekspozicijsko propovedanje

vladavine cara Josije, u danima kada je carevina Juda bila u opadanju (Druga letopisa 34), Zakon – pisana Božija reč – bio je ponovo otkriven i pročitan pred njim. Josija je, čuvši Zakon, pocepao svoju odeću u znak pokajanja i zatim uredio da se ova Božija reč pročita narodu. Kada se Božija reč čula, nastupila je obnova naroda. Bog je upotrebio svoju reč da osvešta svoj narod i učini ga sličnijim sebi.

O tome je poučavao i Gospod Isus. Ovako se molio u svojoj prvosvešteničkoj molitvi: „Osveštaj ih istinom – tvoja Reč je istina" (Jovan 17,17). I Pavle je napisao: „Muževi, volite svoje žene kao što je i Hristos zavoleo Crkvu i samoga sebe predao za nju, da je osvešta, očistivši je kupanjem u vodi i rečju..." (Efescima 5,25-26).

Božija reč nam je potrebna da bismo se spasli, ali nam je potrebno i da nas neprestano stavlja pred izazove i da nas oblikuje. Božija reč nam ne daje samo život, nego nas usmerava i stalno nas oblikuje prema slici Boga koji nam govori.

U vreme Reformacije rimokatolička crkva je imala jednu latinsku frazu koja je postala nekakvo geslo: *semper idem*, što znači „uvek ista". Ali i reformisane crkve su imale jedno geslo koje počinje rečju *semper – ecclesia reformata, semper reformanda secundum verbum Dei*, što znači: „Reformisana crkva se neprestano reformiše u skladu s Božijom rečju." Zdrava crkva je crkva koja je čula Božiju reč i koja nastavlja da sluša Božiju reč. Takva crkva se sastoji od pojedinačnih hrišćana koji su čuli Božiju reč i koji nastavljaju da je slušaju; od hrišćana koje Božija reč stalno iznova oblikuje i koja ih stalno čisti i osveštava Božijom istinom.

I za naše lično zdravlje i za zajedničko zdravlje crkve važno je da nastavimo da se preobražavamo na nove i dublje načine; treba da se preobražavamo u skladu s Božijim naumom za naš život, a ne u skladu s našim naumima. Bog nas kroz svoju reč čini sličnijima sebi, čisteći nas, obnavljajući nas i preobražavajući nas.

To nas dovodi do četvrte važne tačke.

Prva odlika

Uloga propovednika Božije reči

Ako tražite dobru crkvu, uloga propovednika Božije reči je najvažnija stavka koju treba da razmotrite. Nevažno je da li mislite da su članovi crkve prijateljski nastrojeni ili ne, niti šta mislite o kvalitetu muzike, jer sve se to može promeniti, ali ako Božija reč ima glavnu ulogu u zajednici, to dolazi spreda, od propovednika, od onoga koga je Bog posebno obdario i pozvao u tu službu. To je najvažnije što treba da razmotrite i što treba da tražite u nekoj crkvi.

U knjizi *Dining with the Devil* Os Ginis citira članak iz magazina *The New Yorker*[33] oplakujući prirodu velikog broja današnjih propovednika koji se povode za slušateljstvom:

„Umesto da razmišlja o svetu, propovednik razmišlja o javnom mnenju i pokušava da ustanovi šta bi javnost volela da čuje. Zatim daje sve od sebe da to usvoji i da svoj gotov proizvod plasira na tržištu na kom i drugi pokušavaju da učine isto što i on. Javnost koja se okreće kulturi naše crkve da sazna nešto o svetu otkriva da tamo nema ničeg sem njenog odraza."[34]

Ne bi trebalo da bude tako. Propovednici nisu pozvani da propovedaju ono što je omiljeno prema najnovijim istraživanjima, jer ljudi sve to već znaju. Kakav život će to doneti? Nismo pozvani da propovedamo upućujući puke moralne podsticaje, istorijske lekcije ili društvene komentare (iako sve to može da bude deo dobre propovedi). Pozvani smo da Božijoj crkvi i svima u Božijoj tvorevini propovedamo Božiju reč. Tako Bog donosi život. Svaka osoba koja čita ovu knjigu, uključujući i mene koji sam je napisao, kriva je pred Bogom zbog svojih prestupa i greha. Strašno je i što zbog svoje pale prirode imamo jaku sklonost da tražimo opravdanja za svoje grehe protiv Boga; svi bismo voleli da znamo kako da se odbranimo od Božijih optužbi. Stoga smo u očajničkoj potrebi da nam neko iskreno izloži Božiju reč, ne samo ono što želimo da čujemo, nego sve što je Bog zaista rekao.

Ekspozicijsko propovedanje

Ne zaboravite, sve ovo je važno zato što Božiji Sveti Duh stvara Božiji narod Božijom rečju. Zato je Pavle rekao Timoteju da „osnuje odbor". Je l' tako? Naravno da ne! Da sprovede anketu? Ne! Pavle nikada nikome nije rekao da sprovede bilo kakvu anketu. „Istroši se posećujući ljude"? „Pročitaj knjigu"? Ne! Pavle nikada nije rekao mladom Timoteju da učini bilo šta od toga.

Pavle je Timoteju jasno i glasno rekao: „Propovedaj Reč" (Druga Timoteju 4,2). To je jedna od najvažnijih zapovesti. Zato su apostoli u prošlosti, kada je bilo problema s jednakom podelom novčane pomoći u Jerusalimu, odlučili da crkva treba da nađe druge koji će rešiti te probleme, jer oni treba da se posvete „molitvi i služenju Reči" (Dela 6,3-4). Zašto su tome dali prvenstvo? Zato što Božija reč jeste „Reč života" (Filipljanima 2,16). Veliki zadatak svakog propovednika jeste da pruži Reč života ljudima kojima je ona potrebna za dušu.

Neki današnji kritičari smatraju da nam je umesto ovog drevnog načina saopštavanja Božije istine u kom jedna osoba stoji ispred drugih i drži monolog potreban drugačiji način, koji će biti manje uman, a više umetnički, manje autoritativan i ne samo za povlašćene, nego više za zajedničko učestvovanje slušalaca. Kažu da su nam potrebni video isečci, razgovori i bogoslužbeni ples. A ipak, u ovom drevnom metodu postoji nešto ispravno i dobro što ga čini prikladnim, možda čak i posebno prikladnim za našu današnju kulturu, koja je subjektivistička i u kojoj su ljudi međusobno otuđeni, gde svako gleda samo svoja posla, gde postoji protivljenje svakom obliku vlasti i gde su svi zbunjeni i zbunjuju druge. U takvoj kulturi je celishodno da se okupimo i slušamo nekoga ko predstavlja Boga i saopštava nam njegovu reč, reč kojoj mi ništa ne doprinosimo sem što je slušamo i što smo joj poslušni. Ovakav pristup, sam po sebi, sadrži jedan važan simbol.

Naravno, doći će dan kada će vera ustupiti mesto gledanju i više neće biti propovedi. Dozvolite da vam kažem da se tome niko ne raduje više nego ja i većina mojih sadrugova, propovednikâ.

Prva odlika

Kada nam više ne bude trebala vera zbog toga što ćemo moći da vidimo Gospoda – to će biti vrhunac Svetog pisma. „Gledaće njegovo lice" (Otkrivenje 22,4). U tom trenutku će ovaj stari štap za hodanje zvan vera moći da se odbaci i mi ćemo potrčati i videti ga sopstvenim očima. Ali još nismo tamo. Još se mučimo pod uticajem posledica greha naših praroditelja i naših sopstvenih greha. Tog dana vera će konačno ustupiti mesto gledanju, ali za sada smo u drugim vremenima. Ali, Božijom milošću, ovo nisu vremena potpunog očaja. Bog nam daje svoju reč i daje nam veru. Živimo u razdoblju vere i stoga se poput naših praroditelja – poput Noja, Avraama, Izraelaca i drevnih apostola – i mi oslanjamo na Božiju reč.

~

Šta sve ovo znači za naše crkve? To znači da propovedanje Božije reči mora da bude u samom središtu. Zdravo ekspozicijsko propovedanje često je pokretač rasta u crkvi. Dozvolite da se u vašoj crkvi uspostavi dobra služba ekspozicijskog propovedanja i gledajte šta će se dogoditi. Zaboravite šta stručnjaci govore; gledajte kako gladni ljudi doživljavaju preobražaj života kroz silu Božije reči dok im živi Bog govori. I Martin Luter je doživeo da pružanje tako pomne pažnje Božijoj reči jeste put spasenja i često početak reformacije. Kao što je Pavle rekao: „Pošto svet svojom mudrošću nije upoznao Boga u Božijoj mudrosti, Bogu se svidelo da ludošću propovedanja spase one koji veruju" (Prva Korinćanima 1,21).

To ne znači da će takva služba uvek biti omiljena i blagoslovena sve većim brojem ljudi koji slušaju i koji se krštavaju, ali znači da će uvek biti ispravna i da će hraniti Božiju decu hranom koja im je potrebna. „Čovek ne živi samo od hleba nego i od svake reči koja izlazi iz Gospodnjih usta" (Ponovljeni zakoni 8,3).

Da li radite neki posao u kom primate veliki broj telefonskih poziva? Znate da na neke od tih poziva nikad ne morate da

Ekspozicijsko propovedanje

odgovorite, na neke možete odgovoriti tokom sledeće sedmice ili meseca, ali na neke od njih morate da odgovorite odmah. Šta bi bilo kad bi vas sam Gospod nazvao telefonom? Mislim da biste odmah skočili na telefon. Tvrdimo da verujemo da je Sveto pismo Božija reč kroz koju nam Bog govori, a ipak ga tako često zanemarujemo, sklanjamo ga u stranu i odbijamo da mu posvetimo vreme i da razmišljamo o njemu. Naši životi su obuzeti izlascima s prijateljima na večeru, gledanjem televizije ili čitanjem drugih knjiga. Ništa od toga nije loše, ali šta onda znači naša tvrdnja da je Biblija Božija reč? Znači da treba da je slušamo i poslušamo.

Tako je velik broj ljudi koji u ovim čudnim danima nema nameru da posluša Sveto pismo, čak i među onima koji kažu da ono jeste Božija reč. Onda nas ne iznenađuje kad čujemo da trideset pet odsto ljudi koji tvrde da su nanovo rođeni hrišćani još traži smisao života – potpuno isti postotak kao i kod nehrišćana. Šta vredi što smatrate da je Biblija Božija reč kad nećete da joj posvetite pažnju, da je čitate, da se molite nad njom i da joj pokorite svoj život?

Propoved treba da ima određeni sadržaj i jasan oblik. Ljudi koji slušaju propovedi trebalo bi da znaju da slušaju Božiju reč. Članovi crkve bi trebalo da ohrabruju propovednike, da se mole za njih, da traže takvo propovedanje i da zahvaljuju Bogu kad se tako propoveda. Dobro je propovedati istinu i propovedati je tako da ljudi mogu da vide odakle ona potiče. To je ono što hrišćanima treba više nego išta drugo.

Dakle, šta čini stvarno dobru crkvu?

Važnije od svega – od parkinga i klupa, od pozdrava i programa, od prostora za decu i od muzike i od svega onoga o čemu sam vas pitao na početku ovog poglavlja – važnije od svega je ono što se propoveda, a to je Božija reč, jer „čovek ne živi samo od hleba, nego i od svake reči koja izlazi iz Božijih usta" (Matej 4,4).

ŠTA SLEDI
DRUGA ODLIKA: BIBLIJSKA TEOLOGIJA

Bog Svetog pisma je Bog stvoritelj
Bog Svetog pisma je sveti Bog
Bog Svetog pisma je veran Bog
Bog Svetog pisma je Bog koji voli
Bog Svetog pisma je svevladajući Bog

Druga odlika

BIBLIJSKA TEOLOGIJA

Sećam se kako sam jednom sedeo na nekom teološkom seminaru i kako sam nešto rekao o Bogu na osnovu Svetog pisma. Bil, takođe učenik u toj grupi, odgovorio je na to ljubazno, ali čvrsto, i rekao da on Boga doživljava prilično drugačije. Smatrao je da je Bog mudar, ali da se ne petlja u tuđe poslove; da je saosećajan, ali se nikad ne ponaša nadmoćno; da uvek ima rešenje, ali nas nikad ne prekida. „Više mi se sviđa da tako doživljavam Boga", rekao je Bil.

Odgovorio sam mu možda malo oštrije nego što treba: „Hvala ti, Bile, što si nam rekao tako mnogo o sebi, ali mi ovde zaista želimo da saznamo kakav je Bog, a ne da slušamo šta se kome sviđa." Polaznici seminara su za trenutak utihnuli, noseći se sa mojim nedostatkom ljubaznosti, ali su istovremeno razmišljali o mojoj tvrdnji. Bilu sam izrekao još nekoliko reči kako bih pokazao da ga cenim i zatim smo nastavili raspravu o tome šta nam Sveto pismo otkriva o Božijoj prirodi i naravi.

Šta vi mislite, kakav je Bog? Ne pitam kakav biste *želeli* da bude, nego pitam kako pomirujete Boga Božića sa Bogom Velikog suda koji će biti održan na poslednji dan? Možda nekima od vas cela ova rasprava izgleda besmisleno. Zašto bismo uopšte trošili snagu na pitanje šta razni ljudi veruju o nekom nevidljivom biću?

Druga odlika

Shvatam da neki sumnjaju u važnost Božije prirode. Verska uverenja se u današnjem svetu u mnogome čine nevažna. Na televiziji gledamo rimokatolike kako se ulaguju papi, a zanemaruju njegovo učenje o kontracepciji i abortusu. Južni baptisti, koji su bili poznati po javnom osuđivanju vanbračnog seksa, droge i rokenrola – da slučajno ne bi doveli do plesa, pića i igranja karata – danas spadaju među one hrišćane koji smatraju da su milošću oslobođeni od moralnog zakona i pomirili su se s moralnošću čije geslo glasi: „Sve mi je dozvoljeno."

Ovaj nedostatak zanimanja za ispravno verovanje je u skladu s nestrpljenjem koje u našoj kulturi vlada prema bilo kakvim detaljima. Verovanja su u današnjem društvu postala lična stvar i više ne raspravljamo o njima, a mnogi više ni ne mare za njih. Na kraju krajeva, smatramo da su mnoga verska uverenja samo prolazna moda ili trenutni izraz želja ili čežnje pojedinaca. Amerikanci izumljuju religije i stvaraju vere koje podsećaju na švedski sto: „Uzmem malo iz hinduizma, malo iz hrišćanstva i malo od moje babe..." Tako nastaju privatne religije. Ljudi danas *veruju* da je istina ono što oni *žele* da bude istina.

Hrišćanska uverenja u koja se dugo verovalo su preoblikovana, od uverenja o Božijoj prirodi do uverenja o moralnosti, i mnogi ljudi ih smatraju nevažnima. Ona su sklonjena u stranu u ime stvaranja celishodnijeg hrišćanstva, hrišćanstva koje je opipljivije i prihvatljivije današnjim slušaocima.

Koliko su vam lična uverenja važna za svakodnevni život? Koliko ste obratili pažnju na reči molitava kad ste prošli put sedeli u crkvi? Koliko ste razmišljali o rečima pesama koje ste pevali? Koliko ste razmišljali o rečima koje ste čuli iz Svetog pisma? Da li vam je zaista važno jesu li reči koje ste pevali u crkvi istina ili ne?

Koliko je istina uopšte važna ako idem u crkvu, ako sam prijateljski nastrojen prema ljudima, ako se osećam ohrabrenim, ako odvajam svoje vreme da dođem u crkvu, ako čak dajem i svoj novac? Koliko je sve to uopšte važno ako u svom srcu zapravo ne

Biblijska teologija

verujem u sve to što ljudi oko mene govore, a možda čak ni u ono što ja govorim? Koliko znam, moj jedini čuveni rođak je Samjuel Morze, izumitelj telegrafskog koda koji nosi njegovo ime. Koliko su mi rekli, on je bio rođak majke oca majke moje majke. (I nemojte mi reći da njegovi roditelji nisu imali braće i sestara!) U februaru 1999. godine, nakon što je bila u upotrebi više od devedeset godina, Morzeova azbuka je napuštena kao zvaničan oblik komunikacije među brodovima i zamenjena je brodskim satelitskim sistemom. Naravno, neophodno je da postoji sistem po kom brodovi mogu da se upravljaju, bilo da je u pitanju Severnjača ili sateliti za određivanje položaja.

Takvi sistemi nisu važni samo za brodove, nego i za pojedince i za crkve. Potrebno nam je ono što ljubitelji književnosti nazivaju „metanarativ" – smisao ili sistem poimanja. Danas nailazimo na zanemarivanje, pa čak i na protivljenje takvoj vrsti sveobuhvatnog sistema. To protivljenje nije nova pojava koja je nastupila s postmodernizmom, nego postoji već dugo. Karl Poper je pre više od pedeset godina napisao svoje veliko delo, *Otvoreno društvo i njegovi neprijatelji*[35]. Poslednje poglavlje je izričito posvetio poricanju ideje da istorija ima ikakav smisao. Poper je bio ubeđen da je izjava da istorija ima značenje opasna. To je smatrao zbog toga što je bio austrijski Jevrejin koji je pobegao pred nacističkom okupacijom Beča. Nacisti, kao i marksisti, opravdavaju svoja dela svojim shvatanjem smisla istorije.

Razmišljajući o Poperovoj knjizi i o temi biblijske teologije – teologiji cele Biblije – uvideo sam demonsku ironiju postmoderne tvrdnje da nas sveobuhvatni sistemi porobljavaju. Postmodernisti veruju da je svaki metanarativ „totalitaran", što znači da nas tlači tako što nas primorava da sve gledamo sa baš te tačke gledišta. Mnogi danas sve metanarative nazivaju tlačiteljskim, ali Božiji metanarativ ne tlači – on oslobađa!

U prethodnom poglavlju smo razmotrili važnost ekspozicijskog propovedanja, ali ne treba da se bavimo samo pitanjem

DRUGA ODLIKA

kako poučavamo, nego – što je još važnije – treba izričito da se bavimo pitanjem *čemu* poučavamo. Potrebni su nam pastiri koji propovedaju iz Božije reči, ali treba pažljivo da slušamo šta pastir govori i da prosudimo da li je to što govori u skladu sa Božijom rečju. Ne trebaju nam propovednici koji samo tvrde da govore iz Božije reči, nego pastiri čije propovedi su jasno usklađene sa sadržajem Božije reči. To je posebno važno kada govorimo o poučavanju o prirodi i naravi samog Boga. Biblijsko shvatanje Boga, njegove naravi i načina na koji postupa s nama je jedna od najvažnijih odlika zdrave crkve.

Zato ćemo u ovom poglavlju pokušati da otkrijemo najvažnije niti velike biblijske priče – njen metanarativ, ako se slažete da ga tako nazovemo. Ako jasnije shvatimo te glavne niti, mnogo jasnije ćemo shvatiti i Boga iz Svetog pisma. Biblijsko učenje o Bogu možemo sažeti u pet izjava: on *stvara*; on je *svet*; on je *veran*; on *voli*; on je *svevladar*.

Sada ćete imati priliku da razmotrite kako Sveto pismo obrađuje svaku od ovih pet istina. Nakon toga pokušajte da zamislite šta bi se promenilo kada bilo koja od ovih tvrdnji ne bi bila istinita.

Bog Svetog pisma je Bog stvoritelj

Od samog početka Svetog pisma vidimo da Bog jeste stvoritelj. Saznajemo da je stvorio svet i da je u svetu za sebe načinio poseban narod.

Sveto pismo nam ponekad predstavljaju kao zbirku plemenitih etičkih stavova, ali ako ste ikada čitali Bibliju, znate da je puna istorije. Veći deo te istorije zauzima dugačka priča o dešavanjima između Boga i sveta koji je stvorio. Znam da se neki ljudi isključe čim čuju reč *istorija*, ali biblijska istorija je zadivljujuća. Ona počinje ničim, a zatim ništa postaje nešto. To je najčudniji pojam u istoriji ljudskog poimanja. Zatim, nakon što je ni iz čega postalo nešto, Bog je stvorio prvu bezličnu

Biblijska teologija

tvorevinu, a zatim je nastao život. Bog je zatim, konačno, stvorio muškarca i ženu na svoju sopstvenu sliku. Bog nam je dao priču o Edenskom vrtu i zatim priču o Padu. Od te tačke stvari su počele da idu nizbrdo od Kaina do Noja. Zatim čitamo o Potopu. Ljudi su se nakon Noja ponovo širili po zemlji sve do vremena vavilonske kule.

Zatim je Bog pozvao Avraama i tu počinje veoma posebna priča o tome kako je Bog za sebe načinio poseban narod, Izrael. Začetak njegovog naroda je doživeo kratko razdoblje blagostanja, ali je zatim potpao pod vekove ropstva. Mojsije je predvodio Izrael prilikom Izlaska, kada je Bog izbavio svoj narod iz ropstva. Nakon toga im je dao Zakon i ovaj narod je na kraju ušao u obećanu zemlju.

Tako vidimo da nam Stari zavet ne pruža nekakvo neuobličeno učenje o Bogu i da to nije samo spisak filozofskih ideja, nego veoma određeno, prizemno otkrivenje o tome ko je Bog i kakav je.

Priču sa svim ovim temama nalazimo i u Novom zavetu, iako vidimo i važne tačke prekida. U Novom zavetu čitamo o narodu koji je u potpunosti nastao Božijom milošću i koji u potpunosti zavisi od njegovih obećanja.

Kad poslodavci reklamiraju novo radno mesto, prijave raznih mogućih zaposlenika pljušte kao kiša. Svaki šef zna da je jedno čitati sažetak radne biografije, a drugo zaista raditi s nekom osobom. Zato poslodavci zovu preporučioce prijavljenih kako bi saznali kako izgleda stvarni međuodnos sa nekom osobom. Bog nam u Starom zavetu nije dao samo sažetak nekih apstraktnih istina o sebi, nego nam je pružio izveštaj o tome kako izgleda stvaran život sa njim, šta znači poznavati ga i komunicirati sa njim. Dok čitamo ovu istoriju, saznajemo šta znači biti Božiji narod i saznajemo mnogo o pitanju kakav je Bog.

Treba da shvatimo istinu koju nam Sveto pismo saopštava o Bogu i o nama. Ispravna nauka u našim crkvama mora da bude jasno utemeljena u nauci Svetog pisma, bez obzira na to što je mnoge crkve zanemaruju. Ako želimo da naučimo ispravnu nauku

DRUGA ODLIKA

Svetog pisma, treba da proučavamo čak i ona učenja koja su teška i koja mogu da dovedu i do podele, ali su od temeljnog značaja za naše poimanje Boga. Teologija nije zamršena i apstraktna i nije rezervisana samo za akademski svet. Biblijska teologija je odlika zdrave crkve.

Iz ovog našeg kratkog pregleda Svetog pisma o Bogu kao stvoritelju jasno je da je on stvorio i izabrao jedan narod da bude njegov poseban narod. Neki kažu da je takav Božiji izbor bio donekle nepravičan, ali „nepravično" nije kategorija koju bi trebalo da pripisujemo Bogu. Čak i kad bi nepravičnost mogla da se pripiše Bogu, ko smo mi da to učinimo? Mi smo suviše usredsređeni na sebe da bismo sebi dozvolili da budemo toliko arogantni da odredimo kada je Bog, stvoritelj svemira, pravičan ili nepravičan.

Istorija koja je zabeležena u Svetom pismu nam veoma jasno pokazuje da naš Bog stvara i da naš Bog izabira. Čak i ako ne možemo u potpunosti da razumemo ove istine, Sveto pismo neporecivo uči da naše spasenje u krajnjoj liniji potiče od Boga, a ne od nas, čak i ako trenutno ne možemo u potpunosti da shvatimo sve posledice ove istine.

Treba da priznamo da je Bog veliki pokretač, veliki davalac, stvoritelj sveta, stvoritelj svog naroda i tvorac naše vere. Takav je naš Bog. On je Bog koji stvara.

Bog Svetog pisma je sveti Bog

Ako želimo da razumemo celu priču Svetog pisma, onda nije dovoljno da razumemo samo da naš Bog jeste stvoritelj. Treba da razumemo i da Bog nije nezainteresovan za moral, kao da je samo načinio sat, navio ga i onda otišao, pustivši ga da radi sam. Bog nije nezainteresovan za svoju tvorevinu. Čitajući stranice Svetog pisma, vidimo Boga koji strastveno želi svetost.

Kada naša crkvena porodica slavi Gospodnju večeru, tada slušamo sledeće Isusove reči: „Ova čaša je novi savez mojom

Biblijska teologija

krvlju" (Luka 22,20). Ovaj jezik saveza potiče neposredno iz Starog zaveta. Teolozi ponekad kažu da takvo izražavanje zvuči hladno ili suvoparno, ali ideja saveza uopšte nije takva. Savez nije samo još jedan u nizu zakonskih odnosa. U Starom zavetu saznajemo da je jezik saveza u stvari jezik ličnih odnosa. Razmislite o sopstvenom životu. Odnosi koje uređujete savezom spadaju među najvažnije, najdublje i najnežnije odnose vašeg života. Bračni odnos je najistaknutiji primer odnosa koji ima oblik saveza u koji stupate pred Bogom, obećavajući da ćete da volite, da se starate i da dajete. A kada u Svetom pismu čitamo o Božijoj strastvenoj čežnji za svetošću, ti tekstovi se nalaze u kontekstu njegovog saveza s nama.

Božija strastvena čežnja za svetošću s druge strane stvara problem u njegovom odnosu s ljudima, jer mi nismo sveti, nego grešimo – a pozvani smo da živimo u zajednici sa svetim Bogom. Stoga Sveto pismo govori o *pomirenju*, koje nam je potrebno da bismo stupili u odnos sa svetim Bogom. Mi smo grešnici i time smo sami sebe odvojili od Boga. Zato nam je potrebno pomirenje s njim. Svako treba da se zapita: „Kako mogu da živim u zajednici sa svetim Bogom?"

Potrebno nam je pomirenje zato što nas greh odvaja od Boga (Poslovice 15,29; Isaija 59,2; Avakum 1,13; Kološanima 1,21; Jevrejima 10,27). Prema Svetom pismu, svi ljudi su grešnici (Prva o carevima 8,46; Psalam 14,3; Poslovice 20,9; Propovednik 7,20; Marko 10,18; Rimljanima 3,23) i ne mogu sami da se reše greha (Rimljanima 3,20; Galaćanima 2,16). Greh, kao prekršaj Božijih zapovesti, zahteva obeštećenje.

Ideja pomirenja je u Starom zavetu povezana sa žrtvama, koje su bile sredstvo koje je Bog dao za izvršenje tog obeštećenja i za obnovljenje odnosa s njim. To ne znači da treba na jadan način da pokušavamo da umilostivimo nekakav vulkan kao u nekom romanu ili filmu. Starozavetni pojam žrtve ne obuhvata ljudske napore da zarade Božiju naklonost, nego je Bog svom narodu otkrio kako može da ga upozna i kako može da pronađe

Druga odlika

svoj put do njega uprkos svom grehu. Živi Bog je govorio i na taj način se postarao za sredstvo pomirenja. Izgleda da je pojam žrtve oduvek bio prisutan u Svetom pismu. Kain i Avelj su prineli žrtve. Pashalno jagnje (Izlazak 12), koje je trebalo da bude bez mane, klalo se i prinosilo kao žrtva. Njegova krv je služila kao znak na kućama u kojima je Bog poštedeo život prvenaca (koji su predstavljali celu porodicu) koji bi inače bio uzet. Bog je rekao: „Kada vidim krv..." (Izlazak 12,13). Jasno je da je Božije zadovoljenje bilo cilj ove žrtve.

U Levitskoj čitamo o mnogim žrtvama, a ta knjiga poučava narod da ih greh čini nečistima, da košta života i da nas odvaja od Boga. Sveti Bog mora da bude odvojen od grešnog naroda. Ove žrtve su pokazale Božijem narodu da je svetost neophodna i da im treba pomirenje jer nisu sveti. Trebao im je način da se pomire s Bogom. Ove žrtve su ukazivale na obnovu odnosa između naroda i Boga. Sve žrtve je trebalo da se prinose dobrovoljno, da budu skupe, da pripadaju lično prinosiocu i da se prinesu uz priznavanje greha u skladu sa Božijim propisima.

Postoji značajna razlika između žrtava u Svetom pismu i drugih drevnih žrtava. Žrtve u Svetom pismu nisu prinosili zahvalni, nego krivi; nisu ih prinosili neuki, nego poučeni. Bog je u zamenu za život krivog prinosioca zahtevao život žrtvovane životinje, simbolizovan njenom krvlju. Žrtve su pokazivale da je greh ozbiljan i da košta života. Sve žrtve je trebalo da se prinose dobrovoljno, da budu skupe i da pripadaju prinosiocu. Možda je Bog na ovaj način u svest svoga naroda simbolično ugrađivao pojam nedužnog koji strada umesto krivog. Ove žrtve su poučavale narod da ih greh čini nečistima. Zato je Hram bio osmišljen upravo na onaj način, sa ograničenim pristupom Svetinji nad svetinjama, što je pokazivalo da greh zatvara pristup svetom Bogu. Žrtve su pokazivale da je potrebno očišćenje i da je greh toliko ozbiljan da je potrebna smrt da bi se zbog njega izvršio obred pomirenja. Spasenje i oproštenje su veoma skupi.

Biblijska teologija

Cenu oproštenja posebno jasno vidimo dok razmatramo Dan pomirenja. Tog dana je bilo propisano da ceo Izrael posti. U središtu Dana pomirenja je bila posebna žrtva za očišćenje celog naroda. Ona je služila kao podsetnik da sve druge redovne žrtve za očišćenje ne mogu potpuno da donesu pomirenje za greh (vidite Levitska 16). Prvosveštenik, predstavnik naroda, ulazio je u Svetinju nad svetinjama samo tog jednog dana u godini i tamo pristupao Bogu, jer je ovaj obred pomirenja morao da se izvrši u samom Božijem prisustvu. Prvosveštenik je sa sobom nosio krv jarca, žrtve za očišćenje (uporedite Jevrejima 9,7). Prvosveštenik bi prvo izvršio obred pomirenja za sebe, jer je i on lično morao da bude čist, a zatim za narod. A kada bi uneo krv u Svetinju nad svetinjama, ko je mogao da je vidi? Jedino Bog. Svrha ove žrtve i svrha ovog obreda pomirenja bila je da se Bog pomiri sa svojim narodom.

Posebno je zanimljivo što je ovaj obred pomirenja ponavljan svake godine. Drugi narodi su grozničavo prinosili mnoštvo žrtava kad su smatrali da se okolnosti razvijaju loše po njih, ali Izrael je od početka bio poučen da mora jednom godišnje da prinese ovu žrtvu bez obzira na to koliko dobro ili loše njihove okolnosti izgledaju – ona je trebalo da ih podseti da su neprestano u grešnom stanju, da ih greh odvaja od Boga, da nikada ne mogu da prinesu savršenu žrtvu i da se Bog lično postarao za način da mu se pristupi tako što će im opraštati grehe.

Šta sve ovo znači za nas? Mislim da nam se nameće jedno veoma praktično pitanje: Kakvi smo kao ljudi? Da li smo loši poput ljudi u Starom zavetu i da li je za nas potreban tako složen žrtveni sistem? Da li su ljudi u osnovi zli ili dobri? Naši odgovori će uticati na naš stav o pitanju šta crkve treba da čine. Ako su ljudi u osnovi dobri, onda je crkva mesto gde ljudi treba da dobijaju ohrabrenja ili podsticaj da još bolje misle o sebi. Onda ljudi treba da iskoriste dobro koje je u njima i da grade na njemu. S druge strane, ako su ljudi u korenu pokvareni, ako smo duhovno mrtvi, krivi pred Bogom i odvojeni od njega,

DRUGA ODLIKA

onda crkve treba da rade drugačije. Crkve treba da predstavljaju evanđelje na jasan način i treba ljudima da govore kako da nađu oproštenje za svoje grehe i novi život.

Kako ćemo voditi crkvu i kako će izgledati naš crkveni život zavisi od toga kako shvatamo Boga i kako shvatamo sebe. Da bismo bili u skladu sa Svetim pismom, treba da znamo da je naš Bog sveti Bog, a da smo mi po svojoj prirodi mrtvi u svojim gresima i prestupima i da smo pravično pod njegovom osudom.

Bog Svetog pisma je veran Bog

Naš Bog je Bog koji stvara i sveti je Bog. Osim toga, on je i veran Bog. To nas dovodi do glavne zagonetke Starog zaveta. U Izlasku 34,6-7 Gospod je rekao Mojsiju nešto začuđujuće – posebno kada uzmemo u obzir da je Bog veliki tvorac koji je stvorio svet i da je naš greh zatim stvorio pukotine u njegovoj tvorevini. Razmislite o Božijoj strastvenoj čežnji za svetošću i razmislite kako se ona slaže sa sledećim odlomkom u kome je Bog Mojsiju otkrio sebe i svoju narav:

> „GOSPOD, GOSPOD, sažaljiv i milostiv Bog, spor da se razgnevi, prepun ljubavi i istine, koji pokazuje ljubav hiljadama, oprašta opakost, pobunu i greh, ali krivca ne ostavlja nekažnjenog, nego za greh očeva kažnjava decu i unuke do trećeg i četvrtog kolena."

Kako međusobno pomiriti poslednjih nekoliko izraza? Gospod je „prepun ljubavi i istine... pokazuje ljubav hiljadama, oprašta opakost, pobunu i greh", ali „krivca ne ostavlja nekažnjenog."

Ako hoćemo da shvatimo Boga iz Svetog pisma, moramo da shvatimo ovaj odlomak. Ovo je obećanje nade za otkupljenje Božijeg naroda. Sveto pismo nam Gospoda ne predstavlja kao Boga kome nije stalo i koji neumoljivo kažnjava. Bog nije samo svet i pravičan u svom nepokolebljivom predanju da se suprotstavi grehu i kazni ga, nego je istovremeno i veran svojim obećanjima. Bog je naumio i obećao da će otkriti svoju slavu svom

Biblijska teologija

narodu. Ali kako Gospod može istovremeno da „oprašta opakost" i da „krivca ne ostavi nekažnjenog"?

Odgovor na ovo pitanje ne nalazimo u Izraelcima, nego u Bogu i njegovom obećanju – posebno u osobi koju je obećao. Nada je u Starom zavetu zahtevala pomirenje putem prinošenja žrtve, umilostivljenja koje smiruje Božiji pravedni gnev. Nada je zahtevala zamenu koja uključuje patnju i smrt nedužnog umesto zaslužene kazne krivoga, a izgleda i da je nada zahtevala određeni odnos između prinosioca i žrtve.

Ljudi se u Hristovo vreme nisu pitali da li će Pomazanik doći, nego su to prihvatali zdravo za gotovo. Prva poglavlja svakog evanđelja pokazuju da su ljudi čekali Pomazanika za kog je Gospod obećao da će doći. Gospod je rekao preko Mojsija da će podići proroka (vidite u Ponovljenim zakonima 18,15-19), ali kad je ovaj prorok – Isus – došao, iznenadio je sve, jer nije ispunio samo carska proroštva o Pomazaniku (koja su bila prihvatljiva većini ljudi), nego i proroštva o Pomazaniku koji pati, koji će biti odbačen i koji će stradati umesto svog naroda.

U stvari, i Stari i Novi zavet nas uče da je naša jedina nada u tom Pomazaniku koji je i car i stradalnik. Isus je rešio zagonetku iz Izlaska 34. On je pokazao kako Bog može da oprosti našu opakost, a da istovremeno kazni krivca.

Da bismo ispravno shvatili Isusa Hrista, neophodno je da ispravno shvatimo razlog njegovog dolaska. Došao je kao onaj kroz koga vi i ja možemo da obnovimo svoj odnos sa Bogom. On je onaj na koga je Božiji narod dugo čekao. Tamo gde su Adam i Izrael bili neverni, Isus je podneo iskušenja i nije zgrešio. On je bio prorok koga je obećao Mojsije, car čija praslika je bio car David i božanski „Sin čovečiji" iz Danila 7. Sve se to steklo u Isusu iz Nazareta. On je Božija reč koja je postala telo. On je naša zamena najavljena praslikama. On je Jagnje Božije koje je zaklano za grehe svog naroda.

Isus Hristos je verno ispunjenje Božijih obećanja. Naš Bog stvoritelj i naš sveti Bog istovremeno je i izvanredno veran Bog.

Druga odlika

Bog Svetog pisma je Bog koji voli

Ideja Božije vernosti tesno je povezana s činjenicom da je on i Bog koji voli i koji gaji posebnu ljubav prema narodu s kojim je u savezu. Bog nas je stvorio da odražavamo njegovu sliku i da budemo u savezu s njim. Dakle, kako može Gospod da „oprašta opakost", a da „krivca ne ostavlja nekažnjenog"? Odgovor, kao što smo videli ranije, nalazimo u Isusu. On je taj koji je uzeo našu krivicu i bio kažnjen za nju iako nije bio kriv. Upravo tome je Isus učio svoje učenike u Luki 24:

„I počevši od Mojsija i svih proroka, objasni im šta je o njemu rečeno u celom Pismu... Potom im otvori um da razumeju Pisma, pa im reče:» Ovako je zapisano: Hristos će stradati i trećeg dana ustati iz mrtvih, i u njegovo ime će se propovedati pokajanje i oproštenje greha svim narodima, počevši od Jerusalima" (24,27, 45-47).

„Ovako je zapisano" – ove reči se odnose na ono što je Gospod predskazao – da će pokazati svoju ljubav svom narodu na ovaj veoma određen način. Setite se onih čuvenih predskazanja iz Isaije 53:

„On je uzeo naše slabosti
 i poneo naše boli,
 a mi smo mislili da ga to Bog kažnjava,
 udara i muči.
Bio je proboden zbog naših prestupa,
 satrven zbog naših zlodela;
 njega je snašla kazna koja nas učini celima
 i njegovim ranama smo isceljeni.
Svi smo kao ovce zalutali,
 svako je išao svojim putem.
A Gospod je zlodela svih nas
 natovario na njega" (Isaija 53,4-6).

Biblijska teologija

To je Hristos učinio u svojoj ljubavi! Ovako je poučavao svoje učenike: „Sin čovečiji nije došao da mu služe, nego da služi i da svoj život dâ kao otkupninu za mnoge" (Marko 10,45).

I Pavle je opisao Hrista Isusa ovako:

„On, koji je u Božijem obličju,
nije smatrao plenom
svoju jednakost s Bogom,
nego je samoga sebe učinio ništavnim
uzevši obličje sluge,
postavši sličan ljudima.
I kada je po spoljašnosti postao sličan čoveku,
ponizio je samoga sebe
postavši poslušan do smrti,
i to smrti na krstu" (Filipljanima 2,6-8).

Trećeg dana Hristos je ustao iz mrtvih, a njegovi učenici, ispunjeni Svetim Duhom, počeli su da propovedaju. U prvoj hrišćanskoj propovedi Petar je rekao sledeće:

„Izraelci, čujte ove reči: Isusa Nazarećanina – čoveka koga vam je Bog potvrdio delima sile, čudima i znamenjima koja je, kao što i sami znate, preko njega učinio među vama – njega ste vi, kada vam je u skladu sa čvrstom Božijom odlukom i predznanjem bio predat, ubili rukama bezakonikâ prikovavši ga na krst. Ali, Bog ga je vaskrsao, oslobodivši ga smrtnih muka, jer je bilo nemoguće da ga smrt zadrži" (Dela 2,22-24).

Dakle, u Novom zavetu vidimo da Bog ispunjava sva svoja obećanja zbog svog saveza ljubavi koji je sklopio sa svojim narodom. Mi smo danas hrišćani zbog toga što Bog i dalje ispunjava ta obećanja.

Šta znači postati deo naroda s kojim je Bog sklopio savez, to jest biti hrišćanin? Šta se dešava kada neko postane hrišćanin? Da li se tu radi samo o donošenju određene odluke ili o moljenju

Druga odlika

jedne molitve? Da li treba da se pokajemo? Da li treba da verujemo? Ako se pokajemo i poverujemo, kako je moguće da smo to mogli ako smo toliko zli kao što Sveto pismo kaže? Ako smo mrtvi u svojim gresima i prestupima, kako je onda moguće da se iznenada pokajemo i poverujemo? U krajnjoj liniji, naše pokajanje i vera imaju više veze sa Bogom nego sa nama samima. To što smo spaseni pokazuje nam nešto veoma važno o Bogu: „U ovome je ljubav: ne u tome da smo mi zavoleli Boga, nego da je on zavoleo nas i poslao svoga Sina kao žrtvu pomirnicu za naše grehe... Mi volimo zato što je on prvi zavoleo nas" (Prva Jovanova 4,10, 19). Bog Svetog pisma je Bog izvanredne ljubavi!

Bog Svetog pisma je svevladar

Na kraju vidimo da je Bog Svetog pisma svevladajući Bog i da će u njegovoj svevladavini čitava tvorevina biti uključena u njegovu obnavljajuću ljubav.

Molitva kojoj je Isus naučio svoje učenike čvrsto ukorenjuje njihovu veru u Božijoj vladavini, jer treba da bude njegova volja. „...neka dođe Carstvo tvoje, neka bude volja tvoja, kako na nebu, tako i na zemlji" (Matej 6,10). Da li ste se nekad zapitali šta to znači?

Neki ljudi namerno ograničavaju svoju nadu na današnje vreme i na stvari koje mogu da obećaju i ispune svojom sopstvenom moći i snagom – na stvari u koje mogu da budu sigurni. Oni ne žele da usmere svoja srca ni na šta drugo, jer su se opekli prevelik broj puta. Oni se neće osloniti na neko obećanje za čije ispunjenje ne mogu da jemče.

Ali hrišćanstvo nikada nije bilo takvo. Hrišćani su uvek gajili nadu koja ih nadilazi i koja prevazilazi sve što bismo ikad mogli da učinimo svojom silom. Petar je napisao: „Stoga, dragi moji, pošto to iščekujete, potrudite se da vas naš Gospod zatekne u miru, bez ljage i besprekorne" (Druga Petrova 3,13). To ukazuje

Biblijska teologija

na ispunjenje te prve i konačne nade iz Svetog pisma – nade da će čitav svet biti popravljen tako što se naum Boga svevladara sprovodi, šireći se od Hrista ka narodu s kojim je sklopio savez i dalje ka čitavoj tvorevini. Ovu nadu nalazimo i na samom kraju Svetog pisma. Jovanovo otkrivenje nastavlja proročko predanje Starog zaveta, ali s nekim izmenama. Otkrivenje opisuje svršetak Božijih nauma da stekne narod koji je u ispravnom odnosu s njim. Kada crkva koja se bori pobedi u borbi, nebo i zemlja će ponovo biti stvoreni (vidite Otkrivenje 21,1-4; 21,22–22,5). To je vrhunac ispunjenja svih Božijih obećanja datih njegovom narodu. Božiji narod će tada konačno zaista biti svet i zaista će biti s njim. Edenski vrt će biti povraćen, a Bog ponovo prisutan u svom narodu. Sveti grad (21,2) će biti u obliku kocke, poput starozavetne Svetinje nad svetinjama, gde je Bog bio prisutan – samo što će sada uključivati sav Božiji narod, iz svih razdoblja i sa svih mesta. Čitav svet će postati Svetinja nad svetinjama.

To je ta radosna vest koju hrišćani mogu da ponude. To je naša vizija za budućnost – ne zato što smo je mi smislili ili zato što ju je negde sastavio neki odbor; ne zato što je baš to naša želja (kao kod mog prijatelja Bila) – nego zato što nam je Bog baš tako otkrio.

Pošto živimo u razdoblju čekanja, prikladno je što se Novi zavet završava ovom knjigom. Otkrivenje je napisao starac čiji život je bio na samom kraju. Bio je u progonstvu, krajnje očajan i nesamostalan, a ipak pun nade u svevladajućeg Boga, jer je znao da onaj koji sedi na prestolu u Rimu, ko god bio, ne donosi konačnu odluku o tome šta će se desiti u svetu. On je znao da postoji Bog koji sedi na nebu i koji će ispuniti sva svoja obećanja. Jovan je mogao da čeka na Patmosu pun nade jer je znao kakav je Bog.

Ovakva biblijska teologija je praktična i daje stvaran doprinos. Božije obećanje da će ispuniti zemlju poznanjem svog Tvorca ispuniće se u novoj tvorevini. Bog Svetog pisma daje obećanja i ispunjava ih jer ima svu vlast.

DRUGA ODLIKA

Da li razumete zašto je to važno? Kao hrišćani treba da znamo da će Bog nastaviti da se stara o nama i da njegovo neprestano staranje nije zasnovano na našoj vernosti, nego na njegovoj. Zakratko nam može biti uzbudljivo da trčimo unaokolo pretvarajući se da je svet nekakva velika duhovna video igrica u kojoj se odvija nadmetanje između sila tame i sila svetlosti. Svakako da postoje veoma stvarne sile zla s kojima se hrišćani suočavaju u svetu i u svojim srcima, ali ishod nije neizvestan, jer naš Bog ima vrhovnu vlast. Jovan, pisac Otkrivenja, nije imao nadu zato što je znao šta će *on* učiniti, nego ju je imao zato što je znao šta će *Bog* učiniti.

Ova pitanja nisu namenjena samo knjiškim teolozima ili mladim studentima teologije, nego su važna za svakog hrišćanina. Naše poimanje Boga utiče na naš način života i na kvalitet naših crkava. Moramo imati biblijsko poimanje Boga.

Mi koji smo pastiri to treba posebno dobro da znamo. Kada bismo promenili svoje poimanje bilo koje Božije osobine, promenili bismo način na koji radimo svoj posao. Drugačije bismo vršili pastirsku službu. Nećemo razumeti ništa iz Svetog pisma ako ne budemo razumeli Boga o kom ono govori.

Naše razumevanje biblijske nauke o Bogu je od ključnog značaja. Videli smo da je Bog iz Svetog pisma Bog koji stvara, koji je svet, koji je veran, koji voli i koji je svevladar. Ovo poslednje, njegova svevlast, često se iz nekog razloga poriče čak i u crkvi. Ali kao ljudi koji ispovedaju da su hrišćani, treba da budemo veoma pažljivi, jer opirati se ideji Božije svevlasti u stvaranju ili spasenju znači koketirati s pobožnim paganizmom. Mnogi hrišćani imaju iskrena pitanja o Božijoj svevlasti, ali trajno, uporno poricanje Božije svevlasti bi trebalo da nas zabrinjava. Krstiti nekoga ko se protivi ideji Božije svevlasti značilo bi krstiti osobu koja u svom srcu još nije voljna da veruje Bogu. Ali baš to je glavno pitanje vezano za Božiju svevlast. Da li smo spremni da mu verujemo? Da li smo spremni da konačno priznamo da nismo Bog, da nismo Sudija i da ne odlučujemo šta je

Biblijska teologija

pravično a šta nepravično? Da li smo spremni da stavimo celokupne svoje živote u Božije ruke i da mu zaista verujemo? To je srž rasprave o Božijoj svevlasti.

Opiranje Božijoj svevlasti je opasno po duhovni život svakog hrišćanina, ali ono postaje još opasnije kad se nađe kod vođe neke zajednice. Postaviti za vođu nekoga ko sumnja da je Bog svevladar ili ko veoma pogrešno shvata biblijsku nauku o ovoj temi značilo bi postaviti pred ljude kao uzor osobu koja u sopstvenom srcu možda još nije spremna da veruje Bogu. Takvo vođstvo će sigurno omesti crkvu u zajedničkoj veri u Gospoda.

Treba da poimamo Boga na osnovu njegovog samootkrivenja, a ne na osnovu sopstvenih predosećaja, želja i omiljenih predstava o njegovoj prirodi i naravi. Danas prečesto govorimo kao da je evangelizacija puko reklamiranje i objašnjavamo rad Svetog Duha kao da govorimo o marketingu. Neki čak govore kao da je Bog načinjen na čovekovu sliku, a ne obrnuto.

Ako želimo da nam crkve budu zdrave u ovakvim vremenima, moramo s posebnom pažnjom da se molimo da u crkvi postoje vođe koje imaju biblijsko poimanje Božije svevlasti i koje su zbog toga iskusile poverenje u Boga. Zdrava crkva se odlikuje zdravom naukom koja je u punoj biblijskoj slavi.

Razočaranja imaju svoju svrhu. Sveto pismo je puno priča o propalim naumima koji su često bili put do istinitog Boga i dobra koje on ima za nas. Izraelove nade u dolazak Pomazanika stalno su iznova dovodile Izrael do tačke potpunog poverenja u Boga. „Trn u telu" podsticao je Pavla da se predaje Bogu na službu, da se uzda i osloni na njega i da uvidi da je Bog pouzdan onako kako to nikada ne bi shvatio bez tog trna.

Ako ćemo iskreno, znamo da takvo poverenje nije naša prirodna sklonost. Mi se svom snagom držimo onoga što imamo u ovom svetu, kao da će to trajati večno. Ali ništa što sada fizički posedujemo neće trajati večno u svom sadašnjem obliku. A ako smo Božija deca, znamo da on za nas ima pripremljeno nešto mnogo bolje.

DRUGA ODLIKA

U poslednjem pasusu poslednje knjige serijala *Letopisi iz Narnije*, K. S. Luis je zapisao sledeće reči:

„I dok je [Aslan] govorio, više im nije izgledao kao lav. Ali stvari koje su posle toga počele da se odvijaju bile su tako velike i divne da ih ne mogu opisati. Ovo je za nas kraj svih priča i možemo zaista reći da su svi zauvek srećno živeli. Ali za njih je to bio tek početak prave priče. Ceo njihov život na ovom svetu i sve njihove pustolovine u Narniji bile su samo korica i naslovna strana, a sada su konačno započeli Prvo poglavlje Velike priče, koju niko na zemlji nije čitao, koja nikad ne prestaje i u kojoj je svako poglavlje bolje od prethodnog."[36]

Ako ste Božije dete, Bog za vas sprema nezamislivo dobar kraj. Kao što je Jovan napisao: „Dragi moji, sada smo Božija deca, a još se nije pokazalo šta ćemo biti. Ali znamo da ćemo, kada se on pojavi, biti slični njemu, jer ćemo ga videti onakvog kakav jeste" (Prva Jovanova 3,2). Apostol Pavle se, razmišljajući o istoj temi, prosto rastopio u hvalospev: „O, dubino Božijeg bogatstva i mudrosti i znanja! Kako su nedokučivi njegovi sudovi i neistraživi njegovi putevi!" (Rimljanima 11,33).

To je Bog Svetog pisma – Bog koji stvara, koji je svet, veran, koji voli i koji ima svu vlast. On je glavna tema Svetog pisma. Ono govori o obećanjima koja je Bog dao i koja je ispunio. Bog nas kroz Bibliju poziva da se odazovemo na njegov poziv, verujući njemu i njegovoj reči.

On nas poziva da mu se odazovemo verujući u njega i tako učinimo baš ono što Adam i Eva *nisu* učinili u Edenskom vrtu, a upravo ono što Isus *jeste* činio celog svog života, posebno u Getsimanskom vrtu. Dok slušamo Božiju reč i verujemo u nju, počinje da se oblikuje taj odnos s njim za koji nas je i stvorio. Bog Svetog pisma je verodostojan i neće nas razočarati.

Priča Svetog pisma je jedna priča jer se svi njeni likovi, zapleti, pisci i objedinjujuća tema tiču jednog istinitog Boga koji stvara, gubi, spasava i održava jedan narod, čineći sve to za svoju slavu. To je biblijska teologija.

ŠTA SLEDI
TREĆA ODLIKA: EVANĐELJE

Radosna vest ne glasi „S nama je sve u redu"
Radosna vest ne glasi samo „Bog je ljubav"
Radosna vest ne glasi samo „Isus hoće da bude naš prijatelj"
Radosna vest ne glasi samo „Bog će obnoviti tvorevinu"
Radosna vest i naš odaziv
Pokajanje i vera
Zaključak

Treća odlika

Evanđelje

Vesti su danas veoma unosan posao. Sociolozi su moćnu elitu koja je na pomolu u Americi nazvali „informacijski stalež", jer su informacije očigledno roba koju oni najviše cene. Ta roba je danas rasprostranjenija nego ikad; vesti se u Americi nude putem vebsajtova posvećenih vestima i preko društvenih mreža; mnogi tokom celog dana primaju naslove članaka putem Tvitera, a i dalje imamo tradicionalne medije; televizijske mreže su dostupne dvadeset četiri časa dnevno, i preko antene i preko kablova; postoji mnoštvo časopisa posvećenih vestima i hiljade dnevnih novina.

Izgleda da vesti nemaju životni značaj samo za one koji od njih zarađuju za život, nego i za one koji provode život konzumirajući vesti. U vestima, kažu, učimo o svemu – o predsedničkim izborima, o zatvaranju elektrana, o skorašnjim katastrofama i o važnim trendovima. Neki ljudi su toliko zavisni od vesti da se čovek pita da li bi mogli da žive bez njih.

Često imamo taj osećaj da treba da budemo u toku i pratimo najnovije vesti. Jednom sam u avionu seo iza nekoga ko strastveno prati vesti. Gutao je novine čitajući priču o samom sebi! Karijere se dižu i padaju zbog brzine kojom se informacije primaju i šire. Držanje ukorak s vestima je za neke ljude jednako važno kao jelo.

Evandelje

Zato i gutaju razne nacionalne i pokrajinske novine. Za njih bivstvovanje znači saznavanje. Os Ginis je primetio da „jurnjava za celishodnošću postaje glavni izvor površnosti, zabrinutosti i pregorelosti. (Kao što je neko rekao: 'Pakao će biti pun novina, s novim izdanjem svakih trideset sekundi, tako da niko nikad neće imati osećaj da je u toku.')"[37] Ali šta da radite kada „sve vesti koje su prikladne za štampu" (zaboravljena izreka!) stalno stižu u sve većem broju i sve većom brzinom? Tačnost je, naravno, jedina osobina vesti koja je važnija od njihove brzine. Stoga mora biti da je urednik jednih engleskih dnevnih novina pre više od sto godina bio prestravljen kad je otvorio svoje već odštampane i rasprodate novine da bi u njima otkrio najsramotniju nenamernu slovoslagačku grešku koja je dovela do mešanja dve priče. Jedna priča je bila o patentiranoj spravi koja ubija svinje i pravi kobasice, a druga o lokalnom svešteniku, dr Madžu, kome je bila uručena palica sa zlatnom drškom. Evo odlomka iz ove čuvene pobrkane priče:

„Nekoliko prijatelja sveštenika dr Madža prišlo mu je juče i nakon razgovora s njima ta svinja koja ništa nije slutila uhvaćena je za zadnju nogu i povučena duž grede dok nije došla do kade sa vrelom vodom... Tada je on istupio i rekao da su to trenuci kada osećanja preplave čoveka i da on stoga jedino želi da zahvali ljudima oko sebe što je tako velika životinja bila isečena u komadiće na prosto neverovatan način. Dr Madž je završavao svoj govor kada ga je mašina zgrabila i u tren oka ta svinja je bila isečena u komadiće i pretvorena u ukusnu kobasicu. Dr Madžovi prijatelji će dugo pamtiti ovaj slučaj kao jedan od najdivnijih događaja u svom životu. Najbolji komadi se mogu nabaviti po ceni od deset penija za pola kilograma i sigurni smo da će se oni koji su tako dugo slušali njegove pouke radovati što je s njim postupljeno na tako divan način."

Kada u nedelju ujutro odlučite da odete u crkvu, a ne da ostanete kod kuće i gledate televiziju, možda mislite da ste odlučili

Treća odlika

da se bavite verom, a ne vestima. Ali vesti su srž hrišćanstva. Njegova srž je radosna vest – najbolja vest koju je svet ikada čuo. Ali ta vest, koja je mnogo važnija od priče o dr Madžu i patentiranoj mašini za ubijanje svinja, često zvuči jednako zbrkano i zbunjujuće. Ona prečesto bude samo kao proziran veo koji je nedovoljno raširen preko vrednosti naše kulture i koji poprima oblik prema obrisima naše kulture, a ne na osnovu istine o Bogu. Ideja da je Božija poruka o spasenju „radosna vest" nije nastala kasnije kao novo pakovanje hrišćanstva. Sam Isus je koristio taj izraz služeći se rečima iz Isaije koje su zabeležene nekoliko stotina godina pre (Isaija 52,7; 61,1). Novi zavet za Isusovu poruku spasenja upotrebljava grčku reč *evangel*, što doslovno znači „dobra vest".
Kako glasi ova radosna vest? Ako ćete se složiti samo s jednim poglavljem ove knjige, bilo bi dobro da to bude baš ovo poglavlje koje govori o radosnoj vesti iz Svetog pisma. Pogledate li sadržaj ove knjige, videćete da se ovo i naredna dva poglavlja tiču spasenja, ali da svako od njih pristupa toj temi iz donekle drugačijeg ugla. U sledećem poglavlju ćemo razmotriti sam trenutak spasenja – obraćenje; u petom poglavlju ćemo razmotriti kako saopštavati ovu veliku poruku koja nas je promenila, a u ovom poglavlju ćemo razmotriti samu poruku evanđelja. Kako glasi poruka o Hristu, ta radosna vest koju hrišćani objavljuju?
Kako glasi radosna vest? Da li glasi: „Sa mnom je sve u redu"? Ili: „Bog je ljubav"? Ili: „Isus je moj prijatelj"? Ili: „Treba da se opametim i da počnem da živim ispravno"? Kako glasi radosna vest o Isusu Hristu?

Radosna vest ne glasi „S nama je sve u redu"

Pre skoro pedeset godina objavljen je bestseler nezaboravnog naslova *Ja sam OK, ti si OK*[38]. Neki ljudi misle da je hrišćanstvo u stvari grupna terapija zasnovana na veri, gde sedimo u krugu i pokušavamo jedni drugima da pomognemo ne bismo li se osećali bolje u svojoj koži. Crkvene klupe su kauči, propovednik postavlja pitanja, a tekst koji treba da se objasni je vaše unutrašnje biće. Ali

Evanđelje

zašto se, kada zaronimo u dubine svoje duše, i dalje osećamo praznima ili čak prljavima? Da li je naš život možda nepotpun ili s njim nešto nije u redu?

Sećam se kako je Loreta Lin, neposredno nakon smrti svoje bliske prijateljice Tami Vajnet, plačući rekla u jednom intervjuu na *CNN*-u: „Zašto svi koje volim umiru?"[39] Da, zašto? To je dobro pitanje. Sveto pismo potpuno odbacuje ideju da je s nama sve u redu, da je čovekovo stanje sasvim kako treba i da svi u stvari samo treba da prihvate svoje trenutne okolnosti, svoja ograničenja i svoje nesavršenosti ili da prosto treba da gledamo svetliju stranu stvari.

Sveto pismo nas uči da smo u našim praroditeljima, Adamu i Evi, svi bili zavedeni u neposlušnost Bogu. Zbog toga nismo pravedni i nismo u dobrom odnosu sa Bogom. U stvari, prema Isusu, naš greh je toliko ozbiljan da nam je potreban potpuno novi život (Jovan 3); a prema Pavlu, potrebno je da budemo ponovo stvoreni (Prva Korinćanima 15), jer smo mrtvi u svojim gresima i prestupima (Efescima 2). „Prestup" je druga reč za greh i opisuje ga kao prekoračenje ograničenja. Mišel Fuko bi u današnje vreme živeo za kršenje ograničenja, kao Markiz de Sad pre njega. Neki tvrde da se Fuko, kad se zarazio virusom side, namerno trudio da zarazi druge. U javnim kupatilima San Franciska Fuko je prekoračivao granice – ne samo granice poštovanja seksualnosti, nego i granice poštovanja samog života.[40]

Naši prestupi možda nisu tako beskrupulozni ili gadni, ali nema sumnje da nisu ništa manje smrtonosni za naš odnos sa Bogom. Jakov nas podseća na sledeće:

„Jer, ko se drži celog Zakona, a samo u jednoj stvari posrne, kriv je za kršenje celog Zakona. Onaj, naime, koji je rekao:»Ne učini preljubu«, rekao je i:»Ne ubij«. Ako, dakle, ne učiniš preljubu, a ubiješ, postao si prekršilac Zakona" (Jakov 2,10-11).

Pavle je rekao: „Plata za greh je smrt" (Rimljanima 6,23), a odlomak iz Jakova 2 nam pomaže da malo bolje razumemo zašto

Treća odlika

je to tako. Jakov nam bliže dočarava ozbiljnost svakog greha. On kaže da Božiji zakoni nisu samo spoljašnje uredbe koje je objavio ili prihvatio nekakav sabor na nebu, nego da Božiji zakoni odražavaju Božiju narav. Oni su izraz samog Boga i stoga kršiti bilo koji Božiji zakon znači živeti protiv Boga i u sukobu s njim. Dozvolite mi da to objasnim jednim primerom iz braka. Zamislimo da me moja žena zamolila da odem u prodavnicu i kupim neke stvari, ali da sam ja namerno kupio gomilu drugih stvari. U pitanju nije greška, nego ja namerno ne uzimam potrebnu količinu jednog artikla, uzimam neke artikle koje ona nije tražila i potpuno zanemarujem neke druge stvari s njenog spiska. Šta bi tu bila srž problema? Da li bi u pitanju bili samo pojedinačni artikli koje jesam ili nisam kupio? Mislim da bi ovi moji postupci otkrivali veće i dublje probleme u mom odnosu sa ženom.

Tako je i u našem odnosu sa Bogom. Ne možemo samo da kažemo: „Dobro je, ove sedmice sam prekršio samo sedamnaest Božijih zakona – to i nije tako loše." Pitanje je šta naše bezobzirno zanemarivanje Božijih zakona govori o našem odnosu prema samom Bogu. Šta se dešava između nas i Boga?

Sveto pismo ne predstavlja Boga kao pasivnog tvorca, nego kao ljubomornog ljubavnika. On nas želi u celosti. Ako mislimo da nekad možemo da ga zanemarimo i da njega i njegove puteve stavimo na stranu kad nam to odgovara, onda to pokazuje da nismo potpuno razumeli prirodu našeg odnosa sa Bogom. Ne možemo tvrditi da smo vernici, a ipak da svesno i neprestano kršimo njegov zakon nepomućene radosti.

Ali upravo to i jeste naše stanje. Prekršili smo granice koje je Bog pravično postavio čoveku. Porekli smo i slovo i duh njegovog zakona. Ne samo da osećamo krivicu, nego *jesmo* krivi pred njim. Ne samo da osećamo sukob sami u sebi, nego *jesmo* u sukobu i sa Bogom. Mi stalno kršimo Božije zakone zbog toga što smo, kako nas Pavle podseća, mrtvi u svojim gresima i prestupima (Efescima 2). Novozavetna Poslanica Rimljanima počinje raspravom o ovom problemu. U Rimljanima 1 Pavle veoma jasno

Evandelje

izlaže da su neznabošci zgrešili. On kaže da su svi ljudi svih naroda zgrešili i prekršili Božije zakone. A zatim, da njegovi jevrejski čitaoci ne bi počeli da misle da su pravedni, on u Rimljanima 2 jasno govori da su i Jevreji zgrešili. U stvari, on jasno pokazuje da svako ko tvrdi da razlikuje šta je ispravno, a šta pogrešno dovoljno poznaje sebe da shvati da je zgrešio. Zato Pavle u Rimljanima 3 izvodi očigledan zaključak:

„Šta, dakle? Da li smo u prednosti? Nipošto! Jer, upravo smo optužili i Judeje i Grke da su pod grehom. Kao što je zapisano:

„»Nema pravednoga – nijednoga;
nema razumnoga,
nema nikoga ko traži Boga.
Svi su zastranili,
svi zajedno postali beskorisni.
Nema nikoga ko čini dobro,
nema nijednoga.«
»Grlo im je grob otvoren,
jezikom laskaju.«
»Zmijski otrov im na usnama.«
»Usta im puna psovki i gorčine.«
»Noge im žure da proliju krv,
ruševine i beda na njihovim su putevima,
a put mira oni ne poznaju.«
»Straha od Boga nema im pred očima.«

„Znamo da sve što Zakon govori, govori onima koji su pod Zakonom, da sva usta umuknu i da ceo svet bude kriv pred Bogom. Stoga se pred njim niko neće opravdati delima Zakona, jer posredstvom Zakona dolazi samo spoznanje greha" (Rimljanima 3,9-20).

Sve ovo vam se možda čini suviše tmurno da bi uopšte moglo da bude povezano s nekakvom „radosnom vešću", ali nema sumnje da je ispravno shvatanje našeg trenutnog položaja ključno da bismo stigli tamo gde treba da budemo. Jedna od ranih faza

TREĆA ODLIKA

hrišćanskog obraćenja je spoznaje da moji problemi nisu nastali zbog toga što sam zabrljao u životu ili što nisam uspeo da iskoristim svoj potencijal, nego zato što sam zgrešio, i to prvenstveno protiv Boga, a ne protiv sebe ili protiv drugih ljudi. Tada će početi da mi postaje jasno da se Bog s pravom gnevi na mene lično i da sam podložan njegovom sudu – da zaslužujem smrt, pakao, odvojenje od Boga, duhovno otuđenje od njega, pa čak i da me aktivno kažnjava i sada i doveka. To je ono što teolozi zovu *iskvarenost* ili duhovna smrt. To je smrt koja zaslužuje smrt. A ipak, da li uviđate zašto su naši gresi tako tragični? Zato što su počinjeni protiv savršenog, svetog Boga koji nas voli, a počinila su ih stvorenja koja su stvorena na njegovu sliku.

Pravo hrišćanstvo je realistično po pitanju mračne strane našeg sveta, našeg života, naše prirode i naših srca, ali ono nije pesimistično ili moralno nezainteresovano, niti nas ohrabruje da se prepustimo i da prihvatimo istinu o svom palom stanju. Vest koju hrišćani treba da objavljuju ne tiče se samo iskvarenosti koja nas toliko prožima, nego i Božijih divnih nauma za nas – jer on zna zašto nas je stvorio.

Kada počnete to da shvatate, postajete zahvalni što hrišćanstvo nije anestezija za životne boli i što cilj hrišćanstva nije da vas bolno osvesti i da vas onda uči da živite sa svojim bolom. Poruka o Isusu Hristu nas poziva da živimo s čežnjom koja nas preobražava, s verom koja raste i s pouzdanom i sigurnom nadom u ono što će doći. Evanđelje ne glasi „S nama je sve u redu".

Radosna vest ne glasi samo „Bog je ljubav"

Često čujemo kako se evanđelje predstavlja kao poruka koja glasi „Bog je ljubav." To je poput naslova u dnevnim novinama *Stilvoter njuz pres* u Oklahomi: „Hladno vreme izazvalo je pad temperature." U Oklahomi to možda predstavlja vest, ali kada pročitamo takvu izjavu, pitamo se da li je nešto izostavljeno. Sveto

Evanđelje

pismo kaže: „Bog je ljubav" (Prva Jovanova 4,8), ali da li je to cela priča? Ako ste roditelj, možda ste svojoj deci zabranili da nešto urade i zatim čuli odgovor: „Kad bi me voleo, dozvolio bi mi da to uradim." Naravno, kao odrasli znamo da ljubav ne mora nužno uvek da dozvoljava. U stvari, ljubav ponekad sprečava, a ponekad čak i kažnjava. Šta, dakle, mislimo kad kažemo: „Bog je ljubav"? Kakva je ta božanska ljubav? Osim toga, da li Sveto pismo kaže da je Bog *samo* ljubav? Zar u Bibliji ne stoji i „Bog je Duh"? Kako Duh voli? Zar Sveto pismo ne kaže da je Bog svet? Kako Sveti Duh voli? Zar Sveto pismo ne kaže da je Bog jedinstven, da nema nikoga kao što je on? Kako voli Sveti Duh koji je jedini savršen u svemiru? Kako da saznamo odgovor na ta pitanja ako nam ih Bog ne kaže?

U prethodnom poglavlju smo videli da se Bog u Svetom pismu predstavlja kao Bog koji voli, ali i kao tvorac, kao svet, kao veran i kao svevladar. Razmotrite ovaj odlomak iz *Vestminsterskog veroispovedanja,* koje opisuje biblijsko učenje *O Bogu i o Svetoj Trojici:*

„Postoji samo jedan živi i istiniti Bog, čije biće i savršenstvo su beskonačni, potpuno čist Duh, nevidljiv, bez tela, delova ili strasti, nepromenjiv, neizmeran, večan, neshvatljiv, svemoćan, najmudriji, najsvetiji, najslobodniji, najpotpuniji, koji sve radi prema svojoj nepromenjivoj i potpuno pravednoj volji, za svoju slavu; koji najviše voli, koji je najmilostiviji, koji je milosrdan, strpljiv, prepun dobrote i istine, koji oprašta opakost, prestup i greh; koji nagrađuje one koji ga marljivo traže; osim toga, on je najpravedniji i strašan je u svojim presudama; on mrzi svaki greh i nipošto ne odobrava krivcu.

„Bog je u sebi i sam po sebi imao sav život, slavu, dobrotu i blagoslov; on je, sam po sebi, sam sebi potpuno dovoljan, nema potrebu za bilo kojim stvorenjem koje je stvorio i od njih ne stiče nikakvu slavu, nego njima, u njima, kroz njih i na njima samo pokazuje svoju slavu; on je jedini izvor svega što postoji; sve je poteklo od njega, kroz njega i za njega. On ima vrhovnu

Treća odlika

vlast nad njima i može kroz njih, za njih ili na njima da učini sve što mu se svidi. Pred njim je sve otvoreno i vidljivo; njegovo znanje je beskrajno, nepogrešivo i nezavisno od tvorevine, jer za njega ništa nije uslovljeno ili neizvesno. On je potpuno svet u svim svojim odlukama, svim svojim delima i svim svojim zapovestima. Njemu pripada, od anđela i ljudi, i od svakog drugog stvorenja, svaka vrsta poklonstva, služenja ili poslušnosti koju od njih zatraži.

„U jedinstvu Svete Trojice postoje tri osobe jedne suštine, sile i večnosti: Bog Otac, Bog Sin i Bog Sveti Duh. Otac ni od koga nije rođen i ni od koga ne ishodi; Sin je večno rođen od Oca; Sveti Duh večno ishodi od Oca i Sina."⁴¹

To je Bog koji se otkrio u Svetom pismu. Ovo veroispovedanje pored njegove ljubavi navodi i mnogo toga drugog. Na primer, govori nam da Bog zahteva svetost od svih koji žele da žive s njim u odnosu ljubavi. Kao što Sveto pismo kaže: „Trudite se da živite u... svetosti, bez koje niko neće videti Gospoda" (Jevrejima 12,14).

Dubinu izjave „Bog je ljubav" počinjemo ispravno da shvatamo tek kada bar delimično shvatimo Božiju narav, njegovu pravednost i savršenstvo. Kada počnemo tako da poimamo Božiju veličinu, tek tada počinjemo da shvatamo da njegova ljubav ima dubinu, teksturu, puninu i lepotu kojima mi u našem trenutnom stanju možemo samo da se divimo.

Evanđelje ne glasi samo „Bog je ljubav."

Radosna vest ne glasi samo „Isus hoće da bude naš prijatelj"

Ponekad ljudi predstavljaju evanđelje samo kao poruku „Isus hoće da bude naš prijatelj" ili „Isus hoće da bude naš uzor." Ali hrišćansko evanđelje nije samo poruka o tome da treba da gajimo određeni odnos ili da se ugledamo na određeni uzor. Svi imamo stvarnu prošlost koja treba da se reši – stvarne grehe koje smo

Evandelje

počinili i stvarnu krivicu koju smo navukli na sebe. Šta, stoga, treba činiti? Šta će naš sveti Bog učiniti? Ako on želi da ga upoznamo, kako to može da učini a da ne žrtvuje svoju svetost? Da li će nas prosto obavestiti da naš greh protiv njega nije ništa strašno, da će nam jednostavno oprostiti i da će zaboraviti? Kada proučavamo evanđelja, dolazimo do zanimljivog otkrića: Isus je iznad svega poučavao da je došao na zemlju da umre. To je možda neobično, ali Isus je baš to predstavio kao središte svoje službe. Nije rekao da je došao da poučava ili da bude uzor, nego je rekao: „Sin čovečiji nije došao da mu služe, nego da služi i da svoj život dâ kao otkupninu za mnoge" (Marko 10,45). Isus je učio da je srž njegove službe njegova smrt na krstu, koja je bila njegov izbor i kojom je proslavio Oca. Stoga nas ne iznenađuje što je krst žiža sva četiri evanđelja.

Kako nešto tako stravično može da bude žiža vesti koja je radosna? Zato što je krst u stvari Božiji način da nas vrati sebi.

Isus je počeo da objašnjava ovaj događaj čak i pre nego što se dogodio. On je u Marku 8,27-38 upreo dve niti starozavetnog proroštva, koje, koliko ja znam, niko nije povezao pre njega: predstavio je sebe kao Sina čovečijeg o kom se govori u Danilu 7, ali i kao slugu-patnika iz Isaije 53:

> „Potom Isus i njegovi učenici odoše u sela oko Kesarije Filipove. Dok su još bili na putu, on upita svoje učenike: »Šta kažu ljudi, ko sam ja?«
> „»Jovan Krstitelj«, odgovoriše mu. »Drugi, da si Ilija, a treći, da si jedan od proroka.«
> „»A vi«, upita ih, »šta vi kažete, ko sam ja?«
> „Tada Petar reče: »Ti si Hristos!«
> „A on ih strogo opomenu da nikom o njemu ne govore.
> „Onda poče da ih uči da Sin čovečiji treba mnogo da prepati, da ga odbace starešine, prvosveštenici i učitelji zakona, da bude ubijen i da posle tri dana vaskrsne. Otvoreno im je o tome govorio, pa ga Petar povuče na stranu i poče da ga prekoreva.

Treća odlika

„A Isus se okrenu, pogleda učenike, pa izgrdi Petra i reče: »Beži mi s očiju, Satano, jer ne misliš na Božije, nego na ljudsko.« „Potom pozva k sebi narod zajedno sa svojim učenicima, pa im reče: »Ko hoće da ide za mnom, neka se odrekne samoga sebe, neka uzme svoj krst i pođe za mnom. Jer, ko hoće da spase svoj život, izgubiće ga, a ko izgubi svoj život radi mene i evanđelja, spašće ga. Šta vredi čoveku da dobije ceo svet, a svom životu naudi? Šta čovek može dati u zamenu za svoj život?»Ko se u ovom preljubničkom i grešnom naraštaju postidi mene i mojih reči, i njega će se postideti Sin čovečiji kada dođe u slavi svoga Oca sa svetim anđelima" (Marko 8,27-38).

Isusova smrt se u Novom zavetu često predstavlja kao žrtva koja uključuje i njegovu krv: „A sada ste se, u Hristu Isusu, vi koji ste nekada bili daleko, približili Hristovom krvlju" (Efescima 2,13; uporedite Rimljanima 5,9; Kološanima 1,19–20). Isus je izabrao da umre na Pashu da bi postalo jasno da je njegova smrt u stvari žrtva kojom se vrši obred pomirenja.

Kako je sve to povezano s istinom da smo robovi greha? Da bismo to otkrili, treba da proučimo *ekonomske* izraze upotrebljene u opisu Hristove smrti. Kada Sveto pismo kaže da smo otkupljeni, to znači da smo otkupljeni iz ropstva. Kao što je Bog otkupio Izrael i izveo ga iz egipatskog ropstva, tako smo i mi, hrišćani, otkupljeni i izvedeni iz ropstva grehu. Hristovom smrću je plaćena cena za našu slobodu od greha. Bog nas je upravo Hristovom smrću otkupio od našeg greha. Veći deo Pavlove Poslanice Galaćanima govori upravo o tome.

Pored ovih ekonomskih izraza, Biblija u opisu Hristove smrti koristi i izraze iz oblasti *odnosa*. Bog se Hristovom smrću pomirio s nama, pobunjenicima, koji su stvoreni na njegovu sliku, ali su uništili odnos sa njim. Zajedništvo sa Bogom je obnovljeno kroz Hristovu smrt zato što je njome uklonjen *greh* – taj koren ili osnovni uzrok neprijateljstva koje postoji između Boga i grešnika.

Novi zavet koristi i *pravosudne* izraze kada govori o Hristovoj smrti, pokazujući kako je njegova smrt rešila pitanje naše krivice

Evandelje

pred Bogom i kazne koju zaslužujemo. Novi zavet upotrebljava izraz *opravdanje* – proglašenje da „nismo krivi" – opisujući Hristovu smrt kao prenošenje kazne na njega.

Novi zavet upotrebljava i *vojne* izraze, jer vidimo da je svet prikazan kao duhovno bojno polje. Hristos je svojom smrću na krstu „razoružao poglavarstva i vlasti" (Kološanima 2,15; uporedite Marko 3,22–27; Jovan 16,33; 19,30; Rimljanima 8,39; Prva Korinćanima 15,54–57; Otkrivenje 5,5; vidite i sve priče u evanđeljima o oslobođenju opsednutih od demona). Hristovo delo opisano je kao *otkupljenje* – kao kupovina kojom se obezbeđuje sloboda potlačenih ljudi. Hristovo delo je opisano i kao *pomirenje*, gde se neprijateljstvo između dve strane razrešuje. Hristovo delo je opisano i kao *umilostivljenje* – umirivanje Božijeg pravičnog gneva protiv ljudi zbog njihovih greha. Božiji gnev se umiruje tako da on može pravično da se ophodi prema grešnicima u skladu sa svojom ljubavlju umesto u skladu sa svojim gnevom.

Nijedan od ovih načina izražavanja se u Novom zavetu ne odnosi na nešto što je samo moguće ili izborno, nego se odnosi na Boga koji je kroz Hristovu smrt stvarno postigao svoj cilj i svrhu. Sve nabrojane dobrobiti nisu samo omogućene, nego su obezbeđene Hristovom smrću na krstu i njegovim vaskrsenjem u život.

Ne može se zaobići činjenica da je središte Hristove službe bila njegova smrt na krstu i da je srž te smrti bila Božija sigurnost da će delotvorno sprovesti i svoju ljubav i svoju pravdu. Stoga Hristos nije samo naš prijatelj. Kad ga nazivamo svojim prijateljem smatrajući da je to njegovo vrhovno zvanje, ne veličamo ga na doličan način. Hristos jeste naš prijatelj, ali i mnogo, mnogo više. On je svojom smrću na krstu postao Jagnje koje je zaklano za nas, naš otkupitelj i uspostavitelj mira između nas i Boga; on je uzeo našu krivicu na sebe, savladao našeg najsmrtonosnijeg neprijatelja i umirio Božiji potpuno zasluženi gnev prema nama.

TREĆA ODLIKA

Pogledajte kako je veličanstveno Jovanovo poslednje viđenje na Patmosu:

„Tada mi reče jedan od starešina:»Nemoj da plačeš. Eno, pobedio je Lav iz Judinog plemena, Koren Davidov. On može da otvori svitak i njegovih sedam pečata.«

„Tada videh kako između prestola i četiri živa bića i starešina stoji Jagnje, kao da je zaklano, sa sedam rogova i sedam očiju – to jest sedam Božijih duhova, koji su poslani po svoj zemlji. I Jagnje priđe, pa uze svitak iz desnice Onoga koji sedi na prestolu. A kada ga je uzelo, ona četiri živa bića i dvadeset četiri starešine padoše ničice pred Jagnjetom. Svaki od njih imao je kitaru i zlatne činije pune kâda, to jest molitvi svetih, i pevali su novu pesmu:

»Dostojan si da uzmeš svitak
i da razlomiš njegove pečate,
jer si bio zaklan
i svojom krvlju otkupio ljude za Boga,
ljude iz svakog plemena i jezika, narodnosti i
naroda«" (Otkrivenje 5,5-9).

Evanđelje ne glasi samo „Hristos je tvoj prijatelj."

Radosna vest ne glasi samo
„Bog će obnoviti tvorevinu"

Postoji veoma popularna, ali pogrešna ideja da „radosna vest" Svetog pisma glasi: „Bog ponovo stvara svet, obnavlja *šalom* (blagostanje) i zato treba da mu se priključimo u tom poslu." Ovo je u određenom smislu istina, ali izostavlja nekoliko ključnih tačaka.

Svakako da Sveto pismo sadrži predivna obećanja o Božijim naumima sa svetom i s Božijim narodom (Isaija 61, Otkrivenje 21-22). Hrišćani već sada doživljavaju tu obnovu. Mi smo predmeti Božijeg rada: ponovo smo rođeni njegovim Duhom (Jovan 3), živimo novim životom (Rimljanima 6), učinjeni smo dostojnima

Evanđelje

Božijeg carstva (Prva Solunjanima 2,12), svetlimo poput zvezda (Filipljanima 2,15), a piše čak i da smo Božiji saradnici (Prva Korinćanima 3,9).

Ali postoji nekoliko ispravki koje obavezno moramo uključiti u ovu priču koja se tako često čuje. Prvo i najosnovnije, evanđeljem ne nazivamo nešto što *radimo*, jer ono je poruka koju *objavljujemo*. Evanđelje nije vest o *našim* delima, nego o delima koja je *Bog* učinio, koja čini i koja će tek učiniti! Ipak, mi nismo pozvani samo da uživamo u predstavi Božijeg delovanja kao dete koje je pritislo nos na izlog prodavnice slatkiša. Da bi ova vest bila radosna i za nas, treba da saznamo kako da se uključimo u nju! Kad god čujemo verno saopštavanje evanđelja, ne treba da ostanemo pasivni. Saopštavanje evanđelja ne treba da bude samo priča o Božijim delima iz koje je izostavljen onaj deo koji kaže da mi, kroz krst i vaskrsenje Isusa Hrista, možemo da se uključimo u nju. Znaci evanđelja koje nam je Hristos dao nisu pasivni, nego nam je rekao da uđemo u vodu krštenja i da jedemo hleb i pijemo vino na Gospodnjoj večeri. Isus nas je pozvao da živimo novim životom, da donesemo plod dostojan pokajanja (Matej 3) i da ga priznamo pred ljudima (Matej 10,32). U stvari, zapoveđeno nam je da budemo poslušni svemu što je Isus poučavao (Matej 28,20)! Hristovo evanđelje nesumnjivo zahteva odaziv.

Radosna vest i naš odaziv

Dakle, šta je evanđelje? Radosna vest glasi da nas je jedini Bog, koji je svet, načinio na svoju sliku da bismo ga poznavali, ali mi smo zgrešili i odvojili smo se od njega. Bog je zbog svoje velike ljubavi postao čovek Isus Hristos, živeo je savršenim životom i umro na krstu, ispunivši tako Zakon i uzevši na sebe kaznu za grehe svih onih koji će se ikada okrenuti njemu i verovati u njega. Ustao je iz mrtvih, pokazujući da je Bog prihvatio njegovu žrtvu i da je Božiji gnev protiv nas uklonjen. Uzneo se na nebo i prikazao

Treća odlika

svoje dovršeno delo pred nebeskim Ocem. On sada šalje svog Duha, koji nas kroz ovu poruku poziva da se pokajemo od svojih greha i da verujemo samo u Hrista kako bismo primili oproštenje. Ako se pokajemo od svojih greha i verujemo u Hrista, ponovo se rađamo u novi život, u večni život sa Bogom.

U samoj srži evanđelja stoji velika zamena Hristove pravednosti i našeg greha. Njegova zamenička smrt, kojom je na krstu umro umesto nas, sâmo je srce radosne vesti. Besmisleno je reći da smo primili ili prihvatili Hrista ako ne verujemo u ovu poruku i ako se za svoje spasenje ne oslanjamo potpuno i jedino na Hrista.

Bil Sajks, siromašni, nereligiozni prodavac voća koji je živeo u Londonu u XIX veku, otkrio je srž evanđelja pred kraj svog života. Jedan hrišćanin je počeo da razgovara s njim i da mu govori evanđelje. Bil je u početku pokazivao malo zanimanja, a zatim je ovaj posetilac s njim podelio reči iz Isaije 43,25: „A ja, ja sam On koji radi sebe briše tvoje prestupe i tvojih greha se više ne seća." Zatim mu je objasnio veliku zamenu. „Sada to vidim", rekao je Bil, „on je, znači, patio za mene." „Od tog trenutka nadalje", zapisao je ovaj hrišćanski radnik, „nisam se više ustručavao da kažem da je Bil Sajks ušao u mir."[42]

Ovaj hrišćanski radnik je kasnije kraj Bilove postelje sreo i Bilovog sina. Iako mu je zdravlje popuštalo, Bil je ovom hrišćanskom radniku uzbuđeno rekao: „Pročitaj mu onaj mali stih." „Koji mali stih?" „Onaj mali stih o tome da je Hristos zauzeo moje mesto i da je podneo kaznu umesto mene. Taj stih."[43]

Evanđelje Isusa Hrista poziva na ozbiljan odaziv. Evanđelje nije samo „dodatak" koji naše ionako dobre živote može da učini još boljima. Ono je poruka koja sadrži divnu radosnu vest za one koji znaju i shvataju svoj očajnički položaj pred Bogom.

Dakle, na kakav odaziv nas evanđelje poziva? Šta treba da učinimo kada osetimo svoju potrebu, kada shvatimo ko je Bog, ko je Isus i šta je učinio? Kada sve ove kockice počnu da nam se slažu, kako treba da se odazovemo? Da li treba da ustanemo i prođemo između redova do prednjeg dela crkve? Da li treba da

Evanđelje

ispunimo neku karticu ili da podignemo ruku? Da li treba da zakažemo sastanak sa nekim propovednikom ili da odlučimo da se krstimo i da se priključimo nekoj crkvi? Iako bilo koji od ovih postupaka može da bude uključen u naš odaziv na evanđelje, nijedan od njih nije neophodan. Prema Svetom pismu, treba da se odazovemo pokajanjem i verom. Bog nas poziva da se pokajemo od naših greha i da se oslanjamo samo na Hrista.

Pokajanje i vera

Pokajanje i vera se u Novom zavetu često spominju zajedno. Kad se Pavle sreo s vođama efeske crkve, ovako je sažeo poruku koju im je propovedao: „Uveravao sam i Jevreje i Grke da se moraju okrenuti Bogu u pokajanju i verovati u našeg Gospoda Isusa" (Dela 20,21, NSRP). Treba da se pokajemo kada čujemo istinu o svom grehu, o Božijoj svetosti, o Božijoj ljubavi koju je pokazao poslavši Hrista i o Hristovoj smrti i vaskrsenju radi našeg opravdanja.

Evo Isusovog poziva: „Pokajte se i poverujte u evanđelje!" (Marko 1,15). Šta je pokajanje? Prosto rečeno, pokajanje je okretanje od sopstvenog greha. Pokajati se znači prepoznati da si grešnik i odreći se greha.

Uz pokajanje stoji i vera. Prvo treba iskreno da smatramo da je evanđelje istinito. Treba da verujemo u njega u tom smislu, ali vera je mnogo više od toga. Možemo da verujemo, na primer, da je Ejndželov vodopad u Venecueli dvadeset puta viši od Nijagarinih vodopada, ili da će nam paukova mreža pomoći da zaustavimo krvarenje ako imamo ozbiljnu povredu, ili da stanovnici Islanda godišnje čitaju više knjiga po osobi nego stanovnici bilo koje druge zemlje, ili da se ser Kristofer Ren samo šest meseci školovao za arhitektu, ali evanđelje ne zahteva takvu vrstu vere.

Vera koju Isus zahteva nije puka umna saglasnost, nego verovanje i potpuno pouzdanje u radosnu vest spasenja. Treba da se

Treća odlika

saglasimo samo s tim da smo nesposobni da ispunimo Božije zahteve, koliko god moralno živeli. Ne treba da verujemo malo u sebe i malo u Boga, nego treba potpuno da se pouzdamo u Boga i da se za svoje spasenje uzdamo samo u Hrista.

Ali od nas se ne zahteva samo da verujemo, nego i da se pokajemo. Naši životi treba stvarno da se promene. Pokajanje i vera su u stvari dve strane istog novčića. Ne možemo da izaberemo samo osnovni model (veru), a zatim, ako kasnije budemo stvarno želeli da postanemo sveti, da dodamo i nešto pokajanja. Pokajanje je ono što činimo kada počnemo ispravno da razmišljamo o Bogu i o sebi – vera bez takve promene je lažna. Džon Rajl je to dobro rekao: „Svetovno hrišćanstvo je danas česta pojava. Mnogi imaju takvu veru i misle da veruju dovoljno. To je jeftino hrišćanstvo koje nikog ne vređa, ne zahteva nikakvu žrtvu, ništa ne košta, a ništa i ne vredi."[44]

Grčka reč za pokajanje, *metanoia*, doslovno znači „promena uma", a kad se menja vaš um, menja se i vaš život.

Prava hrišćanska vera nikada nije samo dodatak ili unapređenje za nešto što je uvek bilo deo nečijeg života, nego je u pitanju koreniti zaokret. Svi hrišćani učine ovaj zaokret kada se pouzdaju u Hristovo dovršeno delo na krstu. Kada govorite da verujete, a ne živite kao da verujete, to nije biblijska vera. Treba da menjamo naše ponašanje, ali samo zato što smo promenili svoja uverenja. Takva promena je delo Božijeg Duha i to ćemo istražiti u sledećem poglavlju.

Zaključak

Hrišćanstvo ima veoma određen spoznajni sadržaj. U pitanju nije versko oduševljenje niti duboka lična intuicija, nego vest – vest koja saopštava istinu o nama, o Bogu i o Isusu. Ova vest bi mogla da bude istinita ili neistinita. Ili smo grešni – kao što Biblija tvrdi – ili nismo grešni. Ili Bog postoji ili ne postoji. On ili jeste ili nije onakav kakvim ga Sveto pismo predstavlja. Isus je umro na krstu i ustao iz mrtvih – ili nije.

Evandelje

Ljude koji hoće da postanu članovi naše mesne crkve uvek pitam da mi saopšte evanđelje za jedan minut ili manje (za razliku od mog izlaganja u ovom poglavlju)! To činim jer želim da budem siguran da ljudi stvarno znaju evanđelje. Da li ste nedavno zastali da razmislite o tvrdnjama u koje verujete? Bendžamin Vorfild je to opisao na sledeći način:

„Desetak neukih seljana objavljivalo je raspetog Judejina kao osnivača nove vere. Kao znamen svoje vere nosili su oruđe koje je bilo znak sramote, ropstva i zločina, a propovedali su poruku koja je sigurno zvučala kao besmisleno učenje o poniznosti, strpljivoj patnji i ljubavi prema neprijateljima – milosnim darovima o kojima se ranije nije ni sanjalo. Zahtevali su naoko besmisleno veličanje onoga koji je umro kao zločinac i rob, dajući naoko besmisleno obećanje večnog života kroz onoga koji je i sam umro, i to između dva lopova."[45]

Iako veoma čudna, ova poruka je istinita. Stvarno se tako dogodilo. Druge poruke – „Ja sam OK, ti si OK", „Bog je istovetan tvom pojmu ljubavi", „Isus je tvoj prijatelj", „Treba da živiš ispravno" – ništa od toga nije radosna vest hrišćanstva. To su u najboljem slučaju poluistine koje su opasno *neistinite* kada se na njih oslonimo kao da su hrišćansko evanđelje. Ali radosna vest da je Hristos umro na krstu kao žrtva pomirnica za grehe svih koji će se ikada okrenuti njemu i poverovati u njega – ta radosna vest nije izmišljena, nego je stvarna!

Tokom godina sam citirao stavove mnogih skeptika o tvrdnjama hrišćanstva i o istinosnim tvrdnjama uopšte.

„Ne verujem u istinu, verujem u stil", rekao je engleski glumac Hju Grant.[46]

„Sve što jeste je ispravno", govorio je Markiz de Sad.

Ne treba da mislimo da takvi odgovori zapravo nisu odgovori niti da takvi odgovori nemaju posledice. Dostojevski je rekao: „Kad Bog ne bi postojao, sve bi bilo moguće."[47]

Džon Vesli je jednom prilikom razmatrao zemaljsku slavu:

Treća odlika

„Bio sam u odaji za presvlačenje koja se nalazi uz Dom lordova kada je kralj obukao svoju odoru. Čelo mu je bilo izbrazdano od starosti i pažljivo našminkano. Zar je to sve što svet može da pruži, čak i jednom kralju? Zar je to sva raskoš koju može da priušti? Ogrtač od hermelina oko njegovih ramena bio je toliko težak i glomazan da je jedva mogao da se kreće pod njim! Na glavi je imao ogromnu periku s nekoliko zlatnih pločica i sjajnih kamičaka. Avaj! Ljudska slava je takva tričarija! A ništa od toga neće potrajati."[48]

Kao što piše na jednoj majici kratkih rukava: „I onaj ko umre s najviše igračaka ipak umire."
Ko umire? I momak sa igračkama i momak s majicom kratkih rukava. I kralj, i Džon Vesli, i Dostojevski, i de Sad, i arhitekta, i glumac, i vi, i ja. Postotak smrtnosti za sada ne pokazuje znake opadanja. Od deset ljudi i dalje umire deset.
Da li smo čuli evanđelje? Da li smo poverovali u njega svojim životima ili se još igramo religije? Da li u crkvu odlazimo samo povremeno, kad nas nagna radoznalost ili kad osetimo krivicu dok redovno i s velikim zadovoljstvom služimo prvo sebi?
Ako ste stvarno čuli evanđelje, onda ste bili potreseni do srži i promenili ste se. Da li ste zaista čuli evanđelje? Ne mislim na umirujuću reč o tome kako ste dobri, ili kako vas Bog prihvata, ili na reč o Isusovoj mlakoj spremnosti da postane prijatelj sa svim i svakim, pa čak ni na neku osuđujuću reč o tome kako treba da se odreknete nekih greha. Pitam da li ste čuli veličanstvenu poruku Svetog pisma o Bogu i da li vam ona zvuči kao najbolja vest koju ste ikad čuli? Vaši stari gresi su oprošteni! Počeo je novi život! Imate lični odnos s vašim Bogom i tvorcem – sada i doveka!
Zar se može čuti radosnija vest?

ŠTA SLEDI
ČETVRTA ODLIKA: BIBLIJSKO SHVATANJE OBRAĆENJA

Da li nam je potrebna promena?
Da li je promena stvarno moguća?
Kakva promena nam je potrebna?
Iz čega se ta promena sastoji?
  Umna saglasnost?
  Moralna odluka?
  Oslanjanje samo na Hrista?
Kako se odvija ta velika promena?
  Mi uopšte ne učestvujemo?
  Mi radimo sve?
  Bog proizvodi ovu spasonosnu veru u nama?
Zaključak

Četvrta odlika

Biblijsko
shvatanje
obraćenja

,, Nisam više onaj čovek koji sam nekad bio. Možeš li mi ikada oprostiti?" To je jedan čovek rekao jednoj ženi trinaest godina nakon što je bio optužen za njeno silovanje. Da ste poznavali tog čoveka ili čuli optužnicu protiv njega, da li biste verovali njegovoj tvrdnji da je promenjen? Smatram da bi većina bila donekle sumnjičava, ne samo prema čoveku koji se kaje, nego prema bilo kome ko tvrdi da se duboko i trajno promenio na bilo koji način. Ljudi danas sumnjaju u to da bilo ko može stvarno da se promeni. Političari, advokati, propovednici, profesori, novinari, lobisti – svi oni imaju svoje predodređene poroke, zar ne?

Mnogi danas smatraju da je mudrost kad naučiš da prihvatiš svoje unutrašnje stanje, da mu se prilagodiš – a ne da pokušaš da ga promeniš iz korena. Kocka je bačena, sudbina je određena, naša ličnost nam je dodeljena i pretpostavlja se da vuk, osim u slučaju

Biblijsko shvatanje obraćenja

neke užasne traume, ne menja svoju ćud, da anksiozna osoba ne menja svoju ličnost niti nesigurna osoba svoj sklop. „Tako je – kako je!" Zrelost dolazi kada se suočimo s istinom o sebi i kad joj se prepustimo.

Na svaku tvrdnju da možeš *iz dubine* da se promeniš gleda se s ozbiljnom sumnjom. Takva tvrdnja se može smatrati i mogućim zlonamernim sredstvom manipulacije u rukama onih koji žele da vas primoraju da se priklonite njihovim merilima tako što će u vas posejati mržnju prema sebi ili prema nekoj od vaših osobina, bilo da su u pitanju vaše seksualne želje, ambicije u karijeri, moralna merila ili verska uverenja. Mi smo to što jesmo i treba da budemo ponosni na to!

Ali uprkos svoj ovoj nesigurnosti i sumnji, ljudi imaju duboku čežnju da se promene. Postoji nemir zbog strela koje nam upućuje razuzdana sudbina i, ako ćemo iskreno, nezadovoljstvo sobom, koje je široko rasprostranjeno i duboko ukorenjeno. Nismo zadovoljni i zato preuređujemo nameštaj, krečimo hodnik ili kupujemo novu odeću. Ako se stvari tada pogoršaju, razmišljamo o preseljenju. Tražimo da nam na poslu daju klizno radno vreme ili promenimo i posao. Nekada ćemo možda poželeti čak i da promenimo muža ili ženu. Danas se čak i one tradicionalnije granice seksualnosti i samog života krše u uzaludnom pokušaju da se nađe zadovoljstvo. A ipak, iako su uslovi rada i sami poslovi, brakovi, porodica, pa čak i pol i smrt postali stvar našeg izbora, izgleda da shvatamo da smo poraženi, zarobljeni i bez nade.

Dakle, da li su ovi cinici u pravu? Da li je svaka stvarna promena zaista nemoguća?

Šta Sveto pismo kaže o dubokoj i stvarnoj ličnoj promeni? Naravno, u ovoj knjizi govorimo o velikoj promeni koja se dešava prilikom obraćenja. Biblijsko obraćenje je jedna od odlika zdrave crkve i dok budemo razmatrali šta je obraćenje – dok se budemo trudili da ga razumemo na biblijski način – postavićemo pet pitanja.

ČETVRTA ODLIKA

Da li nam je potrebna promena?

Prvo treba da postavimo pitanje da li je ljudima uopšte potrebna promena. Mnogi će odmah odgovoriti „ne" jer su odlučili da se pomire s ljudskim stanjem. Kad im neko spomene ideju da u svoj život možda treba da unesu neku veliku promenu, oni odgovore: „Čemu uvoditi promenu? Svoje ideje ne bi trebalo da namećeš drugima. Osim toga, ne smatraš valjda da su *tvoj* način života i *tvoj* pogled na svet po bilo čemu bolji od mog? Ako to smatraš, onda si samopravedni licemer! Lepo te molim da se baviš svojim neurozama i da me ostaviš na miru!"

Ali Sveto pismo jasno uči da nam promena jeste potrebna i da s ljudima nije sve u redu. U stvari, Sveto pismo nas uči da smo u problemu. Pre nekoliko godina jedan novinar je pitao Sema Perkinsa, koji je u to vreme igrao u košarkaškom timu Sijetl Supersoniksa: „Kako ćete se vratiti nakon poraza od trideset pet poena razlike?"

Perkins je odgovorio: „Samo treba da nastavimo u istom ritmu."

Naravno, isti ritam kao prilikom poraza nimalo neće pomoći. U prethodnom poglavlju smo razmotrili dubinu svog moralnog očaja pred Bogom. Isus je rekao: „...svetlost je došla na svet, ali su ljudi više voleli tamu nego svetlost, jer su im dela bila zla. Ko god čini zlo, mrzi svetlost i ne izlazi na svetlost, da njegova dela ne izađu na videlo" (Jovan 3,19-20).

Pavle je podsetio hrišćane iz Efesa da su pre svog obraćenja bili mrtvi u svojim gresima i prestupima (Efescima 2,1). Jasno im je izložio učenje da je duhovna smrt zajednička čitavom ljudskom rodu. Setićete se iz prethodnog poglavlja kako je Pavle citirao Stari zavet žestoko osuđujući svaku tvrdnju da smo sami po sebi pravedni:

„Šta, dakle? Da li smo u prednosti? Nipošto! Jer, upravo smo optužili i Judeje i Grke da su pod grehom. Kao što je zapisano:

Biblijsko shvatanje obraćenja

„»Nema pravednoga - nijednoga;
nema razumnoga,
nema nikoga ko traži Boga.
Svi su zastranili,
svi zajedno postali beskorisni.
Nema nikoga ko čini dobro,
nema nijednoga.«
»Grlo im je grob otvoren,
jezikom laskaju.«
»Zmijski otrov im na usnama.«
»Usta im puna psovki i gorčine.«
»Noge im žure da proliju krv,
ruševine i beda na njihovim su putevima,
a put mira oni ne poznaju.«
»Straha od Boga nema im pred očima.«

„Znamo da sve što Zakon govori, govori onima koji su pod Zakonom, da sva usta umuknu i da ceo svet bude kriv pred Bogom.

„Stoga se pred njim niko neće opravdati delima Zakona, jer posredstvom Zakona dolazi samo spoznanje greha" (Rimljanima 3,9-20).

Hajde da sada razmotrimo ove dve srodne istine: mi smo u očajničkoj potrebi za Božijom milošću, a Bog svoju milost ne duguje nikome. To je sama suština milosti - ona se nikada i nikome ne duguje. Bog nam duguje samo pravdu zbog naših greha.

A kada Božiji Duh počne snažno da nas poziva da se okrenemo od svojih greha, tada postajemo veoma uvereni u svoju grešnost i počinjemo donekle da osećamo ozbiljnost greha.

Kada nas Sveti Duh tako osvedoči, to nas ne čini duhovno paranoičnima niti čini da pomislimo da smo učinili više greha nego što smo pre toga mislili (iako to na određeni način jeste istina). Kada Božiji Duh počne da nas uverava, on nam skreće pažnju na tačno određene grehe i tada taj tačno određeni greh počnemo da shvatamo ozbiljnije nego što smo ga shvatali pre. Počinjemo da

ČETVRTA ODLIKA

shvatamo ozbiljnost greha, posebno ozbiljnost njegove smrtonosne prirode, pošto je greh čin pobune protiv samog Boga. Počinjemo da se osećamo kao psalmista koji je molio: „Protiv tebe, samo protiv tebe zgreših i učinih ono što je zlo u tvojim očima, da budeš u pravu kada doneseš odluku i čist kada izrekneš presudu" (Psalam 51,4).

Slike ljudske prirode koje nam Bog daje u Svetom pismu su prilično oštre. One govore da smo u dugovima, da smo porobljeni, propali, pa čak i mrtvi. Tako Sveto pismo predstavlja naše stanje. U pitanju je katastrofa i bilo bi najbolje da se izvučemo iz nje. Jasno je da nam je potrebna promena.

Da li je promena stvarno moguća?

Ali sada se nameće ovo drugo pitanje – da li je promena stvarno moguća?

Ponavljam, mnogi sumnjaju u to, smatraju da smo takvi kakvi smo i da zrelost nastupa kad to prihvatimo. Neki kažu da je možda potrebno da malo poradimo na sređivanju svoje ličnosti, ali da je jasno da se ne vredi nadati bilo kakvoj suštinskoj promeni. Stav da stvarno možemo da se promenimo u dubini svetovni ljudi smatraju obmanom. Naša sredstva su ograničena na uzak opseg mogućnosti ovog sveta, pa ni u ovom svetu ni u okviru naše moći ne nalazimo dokaze da je samopreobražaj uopšte moguć. A ako kažete da tražite pomoć izvan ovog sveta, ljudi se pitaju da li pričate o vanzemaljcima. Ljudi se zbune kada na nekoj večeri ili druženju kažete da imate „nevidljivog prijatelja".

Da li je korenita promena samo fantazija? Prema Svetom pismu – nije. Sveto pismo ne kaže samo da nam je promena potrebna, nego i da je moguća. Bog nas je stvorio sa sposobnošću da ga upoznamo, volimo i služimo, i Sveto pismo nas uči da treba da priznamo kako se nalazimo na putu koji vodi od Boga, da treba da promenimo svoju putanju i vratimo se njemu, a to je, kako nas Sveto pismo uči, zaista moguće.

Biblijsko shvatanje obraćenja

Evanđelje može da nam pruži novi početak. Bog stvarno može da nam da novi život. To jasno piše u Novom zavetu. To je radosna vest. Koliko god ono što je Isus rekao Nikodimu u Jovanu 3 čudno zvučalo, upravo to je Pavle doživeo u Delima 9. Stvarnost ove promene se predstavlja i objašnjava kroz ceo Novi zavet, od Rimljanima 6 preko Efescima 2 do Prve Petrove 1. Prema Svetom pismu, to je ključni deo radosne vesti: promena je moguća.

Kakva promena nam je potrebna?

Treće pitanje je još određenije – kakva promena nam je potrebna?

Mnogi koji shvate da im je potrebna promena kažu da treba da postanu manje suzdržani u služenju sebi – da treba bolje da nauče kako da upravljaju svojim sredstvima ne bi li ispunili svoje ciljeve. Gandi je rekao da je goruća potreba našeg vremena obraćenje koje vodi do samopročišćenja i samoostvarenja. Mnogi bi rekli da naši problemi potiču samo od naše zbunjene nesposobnosti da uradimo ono što želimo i da svaka promena, svako obraćenje, treba da nam pomogne da ispunimo sopstveni potencijal. Svaka promena bi trebalo da nas osnaži, ali nikako da nas promeni u korenu ili da nas ubedi da nismo u pravu.

Robert Dženson je razmišljao o čudnoj netoleranciji našeg tolerantnog društva prema hrišćanskom obraćenju:

> „Zamislite da ste na nekoj večeri na Menhetnu ili u nekom fakultetskom gradu u Minesoti i da ste spomenuli dva obraćenja, jedno u hrišćanstvo, a drugo iz hrišćanstva. Prvo će biti shvaćeno kao priča o užasnom uskoumlju, a druga kao primer izvanrednih mogućnosti otvorenog društva."[49]

Ali Sveto pismo ne kaže da nam je potrebna samo promena koja pomaže da „otkrijemo" sebe, nego nas poziva da se *okrenemo*. Jedna od reči za *pokajanje* u Starom i novom zavetu doslovno

Četvrta odlika

znači „okrenuti se". Ona znači okrenuti se *od* svojih greha *ka* jednom istinitom Bogu. Treba da se povučemo s mesta konačnog sudije i upravitelja svog života i da priznamo da ta uloga pripada samo Bogu. Naši prošli gresi treba da nam budu oprošteni, naš sadašnji život treba da promeni pravac, naša buduća sudbina treba da se promeni i da više ne bude pakao zbog Božije pravedne osude, nego nebo zbog Božijeg milostivog oproštenja u Hristu.

To je ta velika promena koja nam je potrebna. Nije u pitanju samo puko prilagođavanje svog života samom sebi i svojim željama, nego prilagođavanje svog života Bogu i načinu na koji se on ophodi s nama. U pitanju je priznavanje Božijeg prava na nas. Kao što je neko rekao, prvi korak ka jedinom istinitom Bogu pravimo kad priznamo da mi nismo Bog.

Upravo kroz ovu veliku promenu doživljavamo spasenje. Shvatamo da smo bez ove promene u teškom položaju i zato ovu promenu zovemo *obraćenje* ili spasenje, a zovemo je i ponovno rođenje.

To je prava promena koja nam je potrebna – obraćenje od samopoklonstva ka bogopoklonstvu, od krivice koju nosimo pred Bogom do oproštenja u Hristu.

Iz čega se ta promena sastoji?

To nas dovodi do četvrtog pitanja o obraćenju koje treba da razmotrimo – iz čega se ta promena sastoji?

Umna saglasnost?

Mnogi kažu da je obraćenje samo umna saglasnost sa porukom, da samo treba da donesemo odluku da izađemo iz klupe i stanemo napred u crkvi, da napismeno ispunimo neki obrazac i da molimo određenu molitvu. Promena po njihovom poimanju može biti prilično blaga – možda ćemo početi da cenimo

Biblijsko shvatanje obraćenja

neke moralne vrednosti, možda ćemo se priključiti crkvi, možda ćemo se prijaviti za neke crkvene programe i aktivnosti ili ćemo se prijaviti da volonterski pomognemo ljudima u potrebi. Sve to podseća na neku veliku novogodišnju odluku.

Ali Sveto pismo kaže da velika promena koja nam je potrebna uključuje mnogo više – okretanje od naših greha ka Bogu, kajanje od naših greha i poslušnost Bogu. Obraćenje uključuje i pokajanje, to jest okretanje srca ka Bogu i veru, to jest verovanje i pouzdanje u Hrista. U svojoj pastirskoj službi primetio sam da mnogi ljudi upadaju u jednu od sledeće dve zablude.

Prvo, neki ljudi misle da se nisu obratili, iako stvarno jesu. Oni znaju da Sveto pismo uči da hrišćani nisu robovi greha i kad god zgreše osećaju kako ih đavo optužuje i najčešće se slažu s njim i s njegovom tvrdnjom da možda uopšte i nisu pravi hrišćani. Moj siroti, sumnjajući prijatelju, ako si i ti takav, ako se obično brzo složiš sa đavoljim optužbama kad god zgrešiš, dozvoli da te podstaknem da ne zaboraviš Božiju dobrotu prema tebi, dobro delo koje je učinio u tvom srcu, delo za koje su verovatno i tvoji prijatelji primetili da ga Bog čini u tebi. Razmisli o odgovoru koji je Jovanka Orleanka dala kada su joj neke sudije postavile trik pitanje da je ulove u zamku. „Kada su je pitali da li je sigurna da je u Božijoj milosti, odgovorila je: »Ako nisam, neka mi se Bog smiluje, a ako jesam, neka me Bog sačuva u milosti.«"[50] To je odlična molitva za svakog od nas. Istinski promenjeno, obraćeno i hrišćansko srce može da kaže sa Džonom Njutonom: „Nisam kakav bi trebalo da budem, nisam kakav bih voleo da budem, nisam kakav se nadam da ću biti, a ipak mogu iskreno da kažem da nisam ono što sam nekad bio. Božijom milošću sam to što jesam."

Moram da priznam da me druga zabluda brine još više: neki ljudi misle da su obraćeni, a u stvari nisu. Svaki pastir veoma dobro zna ovaj problem. Verovatno ste čuli priču koju je Čarls Sperdžen, poznati londonski pastir iz XIX veka, ispričao u svojoj poznatoj knjizi *The Soul Winner*: „Neki pijani čovek prišao je jednog dana Roulandu Hilu i rekao: »Gospodine Hil, ja sam jedan

ČETVRTA ODLIKA

od vaših obraćenika.«»Moguće je«, rekao je taj oštroumni i razboriti propovednik,»ali nisi Gospodnji obraćenik, jer inače ne bi bio pijan.«" Sperdžen zaključuje: „Ovako praktičnom testu treba da podvrgnemo sav naš rad."[51] Kao pastir, Sperdžen je bio dobro upoznat s ovim problemom, posebno među ljudima koji su u crkvu išli dovoljno dugo da nauče drugačiji način izražavanja – biblijski i hrišćanski način izražavanja – ali čija srca nisu bila promenjena i stoga nisu živeli drugačije. U jednoj propovedi je opisao te ljude koji su bili sigurni da su obraćeni i rado su o tome govorili iako njihovi životi to nisu pokazivali:

„Oni govore da su spaseni, drže se te tvrdnje i smatraju da je zlo sumnjati u to. A ipak, nemaju čvrste razloge za svoje pouzdanje. Ima onih koji su spremni da im se kroz razgovor pruži potpuna sigurnost, a ima i drugih, koji bi se smrtno uvredili da se s njima o tome priča. Postoji velika razlika između pretpostavke i potpune sigurnosti. Potpuna sigurnost je razumna, zasnovana na čvrstom osnovu, a pretpostavka se prihvata zdravo za gotovo i uobraženo proglašava da joj pripada nešto na šta nema nikakva prava. Molim vas, čuvajte se puke pretpostavke da ste spaseni. Ako svojim srcem verujete u Isusa, onda ste spaseni, ali ako samo kažete: „Uzdam se u Isusa", to vas ne spasava. Ako je vaše srce obnovljeno, ako mrzite ono što ste nekad voleli i volite ono što ste nekad mrzeli, ako ste se stvarno pokajali, ako je u vama došlo do stvarne promene uma, ako ste stvarno nanovo rođeni – onda imate razloga da se radujete. Ali ako u vama nema suštinske promene, ako nema unutrašnje pobožnosti, ako nema ljubavi prema Bogu i nema molitve niti rada Svetog Duha, onda je vaša izjava „Ja sam spasen" samo vaša lična pretpostavka. Ona može da vas obmane, ali ne i da vas spase. Naša molitva bi trebalo da bude: „Molim te da me zaista blagosloviš pravom verom, pravim spasenjem, pouzdanjem u Isusa koje je srž vere, a ne uobraženošću koja rađa lakovernost. Bože, sačuvaj nas od zamišljenih blagoslova!"[52]

Biblijsko shvatanje obraćenja

Treba da shvatimo da je moguće biti aktivan član mesne crkve, a ipak ne biti član Božijeg naroda.

Moralna odluka?

Neki ljudi veruju da je suština obraćenja u tome što počnete da živite dobrim životom i postanete moralniji – da je obraćenje sakupljanje i uređivanje moralnih odluka. Smatraju da je obraćenje u stvari preuzimanje odgovornosti za preoblikovanje sopstvene moralnosti, odgovornosti za sopstvenu dobrotu i sopstvenu pravednost. Obraćenje znači da treba da počnem da razrešujem svoje moralne nedoumice, da popravljam svoje ponašanje i da postanem prihvatljiviji pred Bogom. Obraćenje znači da više nema glupiranja u životu.

Oslanjanje samo na Hrista?

Prema Svetom pismu, prava promena koju donosi hrišćansko obraćenje podrazumeva oslanjanje jedino na Hrista. Ne možemo sami sebe opravdati pred Bogom tako što ćemo tu i tamo popraviti svoj život i pomisliti da takve promene na neki način kriju naše grehe od Boga i čine da naša srca postanu pravedna pred njim. Prilikom pravog obraćenja počinjemo da se odmaramo u Hristu, da se uzdamo u njega i u njegove zasluge pred Bogom. Ova velika promena je vezana za našu svest da nikada ne možemo dovoljno ići u crkvu, nikada održati dovoljan broj propovedi u crkvi, nikada dati dovoljno novca, nikad biti dovoljno ljubazni ili lepi ili srećni ili zadovoljni svojim religioznim životom – nikada dovoljno da zaslužimo Božiju naklonost.

Moramo shvatiti da smo zbog svojih greha zaista u očajnom položaju pred Bogom. Čak i kad smo spolja okruženi blagostanjem, u stvari smo u zaista očajnom položaju pred Bogom. Naša jedina nada je da shvatimo da je Hristos Bog u ljudskom telu, da je živeo savršenim životom, da je umro umesto svih

ČETVRTA ODLIKA

onih koji će se ikada pokajati i poverovati u njega, da je vaskrsao u pobedi nad našim gresima i da nam sada nudi da izlije svog Svetog Duha u naša srca. Suština velike promene koja se dešava prilikom obraćenja je u tome što počinjemo ovako da se uzdamo samo u Boga.

Moramo da se pokajemo od svojih greha i da verujemo u Hrista.

Kako se odvija ta velika promena?

Dolazimo do poslednjeg pitanja – kako se odvija ta velika promena prilikom obraćenja?

Mi uopšte ne učestvujemo?

Neki kažu da ne moramo da uradimo ništa da bismo se obratili. Kažu: ako ne spasavamo sami sebe, onda je obraćenje prosto činjenica da nas je Bog spasao. Postoji jedna priča o susretu poznatog teologa Karla Barta i Bilija Grejama tokom jednog niza evangelizacijskih sastanaka u Švajcarskoj. Bart je rekao Grejamu da mu se njegova poruka dopada, sem u jednom: Bart je uveravao Grejama da ne treba da govori ljudima da moraju da se spasu, nego da već jesu spaseni u Hristu!

Ali, kao što smo videli, Sveto pismo nas uči da u procesu obraćenja moramo nešto da učinimo. Isus nije podsticao svoje sledbenike da prestanu da se trude i da samo shvate da su u ispravnom odnosu sa Bogom po njegovoj milosti. Isus nije rekao svojim sledbenicima da započnu samoispitivanje ne bi li primetili nekakve znake Božije milosti u svom životu, nego je svima govorio da moraju da se okrenu od svojih greha ka Bogu. Od samog početka svoje službe Isus je govorio ljudima da veliko obraćenje koje im je potrebno znači da treba da se okrenu od svojih greha ka Bogu.

Da li je obraćenje onda prosto stvar naše volje?

Mi radimo sve?

Biblijsko shvatanje obraćenja

Da li mi prosto treba da donesemo određenu odluku? Ako je tako, postavlja se pitanje da li mi imamo *sposobnost* da donesemo tu odluku. Prema Svetom pismu je jasno da mi treba da donesemo ovu odluku i da sve koje poznajemo treba da ohrabrimo da i sami donesu ovu odluku. Da li to onda znači da treba da ih ubeđujemo i podstičemo da odluče? Da to kažem bez uvijanja – zar ne bi trebalo da ih izmanipulišemo? Ako možemo da navedemo ljude da donesu odluku koja će promeniti njihovu večnost, zar ne bi trebalo to da učinimo? Ako možemo da ih izmanipulišemo kako bi ostavili svoje grehe i prihvatili Boga i pouzdali se u njega, zar ne bi trebalo to da učinimo?

Nažalost, čak i mi, evanđeoski hrišćani, često ovu veliku promenu prilikom obraćenja zamišljamo kao neku vrstu samopomoći, ali u Svetom pismu vidimo da hrišćanstvo ne propoveda samospasenje.

Bog proizvodi ovu spasonosnu veru u nama?

Verovatno sve druge religije na svetu propovedaju samospasenje, ali hrišćanstvo ne i to za mnoge predstavlja veliku zagonetku: Sveto pismo kaže da se ova promena tiče naše naravi i promene našeg srca; to je promena koja mora da se dogodi; ali Sveto pismo nas isto tako uči da mi nećemo ni početi da donosimo potrebne ispravne odluke ako Bog prvo ne promeni naše srce. Stvoreni smo sa sposobnošću da volimo Boga i da mu budemo poslušni jer smo stvoreni na njegovu sliku, ali naše sposobnosti su se od Pada trošile i postale su izopačene. One nisu poništene, ali su izobličene i zato je potrebno da nam Bog da novo srce.

Sveto pismo kaže da je Bog obećao da će upravo to i učiniti: „Daću im novo srce i usaditi u njih nov duh. Izvadiću iz njih kameno srce i dati im srce od mesa" (Jezekilj 11,19). Ovo presađivanje srca je Božije delo i on mora da učini ovu promenu u nama ako želimo da prihvatimo duhovne istine Svetog pisma (vidite Prva

Četvrta odlika

Korinćanima 2,14). Kao što je Isus rekao: „Niko ne može da dođe k meni ako ga ne privuče Otac koji me je poslao" (Jovan 6,44). Hrišćani ponekad govore o „ponovnom rođenju". Taj izraz potiče od samog Isusa i nije nastao u reklamnoj kampanji južnih baptista tokom sedamdesetih godina dvadesetog veka. Potiče od samog Isusa, iz Jovana 3. Tamo čitamo o verskom vođi po imenu Nikodim, koji je došao da razgovara sa Isusom. Nikodim je hteo da zna šta mora da učini da bi video Božije carstvo. Isus mu nije rekao da samo treba da nastavi sa svojim dobrim naporima, da nastavi da živi moralnim i pobožnim životom ili da nastavi da poučava. Isus je rekao da mu je potreban potpuno nov život. Nikodim je pitao Isusa kako iko može da primi takav novi život, a Isus je rekao da ga može dati jedino Bog i da Nikodim zato mora da veruje u Isusa i da živi u skladu s istinom.

Isus je govorio da i mi moramo da učinimo svoje, ali je govorio da to možemo učiniti jedino ako iza naših dela stoje Božija dela. Ovo Isusovo učenje odražava Stari zavet. Za primer uzmite Knjigu proroka Joila. Joil je bio prorok kroz koga je Gospod predskazao veliki sud, ali Joil je zabeležio i reči nade: „I svako ko prizove ime Gospodnje, biće spasen" (Joil 2,32). Pavle citira taj stih u Rimljanima 10. Pre tog stiha Joil je prorokovao o sudu koji se približavao Izraelcima zbog njihove nevere. Ali da li bi takvi nevernici zazvali Gospoda na način koji donosi spasenje? Odgovor nalazimo u ostatku 32. stiha: „I svako ko prizove ime Gospodnje, biće spasen. Jer, na gori Sion i u Jerusalimu biće spasenje, kao što je Gospod rekao, a među preživelima oni koje Gospod pozove." Ko će zazvati ime Gospodnje? Oni koje Gospod pozove!

U Prvoj Korinćanima 1,18-24 ponovo vidimo da upravo Božiji poziv čini tu ključnu razliku. Pavle je rekao da većina Judeja i neznabožaca smatra evanđelje ludošću, ali da „za pozvane, i Judeje i Grke" evanđelje predstavlja „Božiju mudrost" (Prva Korinćanima 1,24).

Pre više od sto godina jedna grupa ljudi koja je živela na Kapitol Hilu u Vašingtonu počela je da se sastaje na molitvu.

Biblijsko shvatanje obraćenja

Oni su se međusobno zavetovali i tako osnovali crkvu u kojoj sam ja sada pastir. Na tom sastanku su jasno izložili svoja uverenja o biblijskoj nauci, uključujući i svoje uverenje o ovoj velikoj promeni koju su doživeli u sopstvenim životima i koju su hteli da vide i u životima ljudi koji ih okružuju. Svoja uverenja o obraćenju su izrazili rečima Člana 8 *Njuhempširskog veroispovedanja (The New Hampshire Confession of Faith)*:

„Verujemo da su pokajanje i vera svete dužnosti i da su u pitanju neodvojivi milosni darovi koje Božiji Duh, koji obnavlja, tvori u našim dušama. Tako postajemo duboko osvedočeni o svojoj krivici, o opasnosti u kojoj se nalazimo, o svojoj bespomoćnosti i o putu spasenja kroz Hrista. Zato se okrećemo Bogu s iskrenom skrušenošću, ispovedanjem i molbom za milost, u isto vreme svim srcem prihvatajući Gospoda Isusa Hrista kao svog proroka, sveštenika i cara, i oslanjajući se samo na njega kao jedinog i potpuno dovoljnog Spasitelja."[53]

Zapazite šta ovo veroispovedanje govori o obraćenju: mi se kajemo jer smo „duboko osvedočeni o svojoj krivici, o opasnosti u kojoj se nalazimo, o svojoj bespomoćnosti i o putu spasenja kroz Hrista." A kako se to pokajanje dešava? Tako što ga „...Božiji Duh, koji obnavlja, tvori u našim dušama." Ovo veroispovedanje zatim navodi dva odlomka iz Svetog pisma – Dela 11,18, gde piše da su apostoli razmišljali o obraćenju Kornilija neznabošca: „Kada su to čuli, oni se umiriše, pa počeše da slave Boga, govoreći:»Bog je, dakle, i paganima dao pokajanje koje vodi u život!«"; i Efescima 2,8: „Jer, milošću ste spaseni, kroz veru – i to nije od vas, nego je Božiji dar."

Efescima 2 je posebno važan odlomak o obraćenju. Prema Svetom pismu, pokajanje je Božiji dar, a tako i vera. Bog nam ih daje zbog Hristove zasluge, a ne zbog naše. Čovek mora da se okrene od svojih greha i da se okrene Bogu u Hristu da bi primio darove pokajanja i vere.

Četvrta odlika

Sveto pismo kaže da ova velika promena koju zovemo obraćenje obično dolazi kroz proučavanje Božije reči. Setite se šta je Psalmista rekao u Psalmu 19,7:

„Savršen je Zakon GOSPODNJI
– život obnavlja.
„Pouzdani su propisi GOSPODNJI
– lakovernoga mudrim čine."

U Svetom pismu stalno iznova čitamo da se obraćenje dešavalo kroz propovedanje i slušanje Božije reči. Bog je obećao da će tako biti:

„Kao što kiša i sneg padaju sa neba
i ne vraćaju se dok ne natope zemlju,
čineći da ona propupi i procveta
da bi dala seme sejaču
i hleb onome ko ga jede,
tako se ni reč koja izlazi iz mojih usta
ne vraća meni bez ploda,
nego izvršava ono što želim
i ostvaruje ono radi čega sam je poslao"
(Isaija 55,10-11).

Pažljivo razmotrite sledeće: Bog ovo ne bi obećao da upravo on u krajnjoj liniji nije odgovoran za donošenje ploda, za naše obraćenje i za naš odaziv njemu. Zato u Delima apostolskim čitamo da se zbog propovedanja evanđelja u Antiohiji desilo sledeće: „I oni koji su bili određeni za večni život, poverovaše..." (Dela 13,48). Nikakve zasluge ne pripadaju ni nama koji smo obraćeni ni onima koji su nam doneli evanđelje. Ako je bilo ko upoznao Boga slušajući moje propovedanje Božije reči, ja zbog toga ne mogu da stavim recku na svoj kaiš, jer znam da obraćenje ne proizvodi propovednik, nego, u krajnjoj liniji, sam Bog.

Mi smo pozvani da kažemo ljudima da treba da se okrenu Bogu, ali treba da shvatimo da nas Bog u stvari poziva da govorimo gomili leševa! Sveto pismo tako opisuje čovekovo prirodno

Biblijsko shvatanje obraćenja

stanje – mi smo duhovno mrtvi, kao što smo videli u Efescima 2. Dakle, kako mogu ljudi koji su duhovno mrtvi da se okrenu Bogu u veri? Oni to mogu samo ako im Bog dâ život. A kako im Bog daje život? I u Starom i u Novom zavetu vidimo da je Bog izabrao da duhovno mrtvima dâ život kroz objavljivanje svoje reči. To vidimo u Jezekilju 37, u viđenju o dolini suvih kostiju. Bog je Jezekilju dao viđenje u kom Jezekilj ide i propoveda u dolini punoj leševa, ali kroz propovedanje Božije reči izašao je Božiji Duh i doneo život. Spasavajuća vera koja donosi obraćenje dolazi samo „slušanjem poruke, a poruka Hristovom rečju" (Rimljanima 10,17). Poruka od Hrista i o Hristu je jedino sredstvo koje Bog koristi da u nama proizvede ovu veliku promenu.

Jedan od najdivnijih novozavetnih primera ovakvog obraćenja je u Delima 10, gde vidimo da je Bog želeo da sebi dovede neznabožačkog kapetana Kornilija. Možda mislite da je to bilo dosta jednostavno za Boga, koji je vrhovni vladar svemira. Bog je mogao samo da pucne prstima, ali nije to učinio, nego je odlučio da radi onako kako je radio kroz celo Sveto pismo. On nije obratio Kornilija bez saopštavanja radosne vesti, nego je neko ko zna Božiju reč propovedao evanđelje Korniliju. Zato je Bog Korniliju dao viđenje i rekao mu da pošalje neke od svojih ljudi u drugi grad da nađu Petra. Zatim je Bog Petru dao viđenje da ga ubedi da je u redu da neznabošcima govori o Isusu. Zatim je Petar trebalo da prati anđela do Kornilija.

To se zove duži put do cilja! Ne znam zašto je Bog to učinio na taj način, ali slične primere nalazimo kroz celo Sveto pismo. Kad Bog donosi život, on to čini kroz svoju reč, kroz radosnu vest o Isusu Hristu, kroz vas i mene, time što ljudima oko nas govorimo istinu o velikoj promeni koju možemo doživeti u Hristu. Bog je Kornilija mogao da spasi neposredno, ali je odlučio da to učini onako kako je to uvek činio – kroz svoju reč i kroz ljude. Preduzeo je mnoge korake da to učini, uključujući i anđele i viđenja i ljude koji su prevaljivali velike razdaljine da bi objavili Božiju reč. Kao što je i sam Petar kasnije rekao: „Jer, vi niste ponovo rođeni iz

Četvrta odlika

raspadljivog semena, nego iz neraspadljivog – živom i postojanom Božijom rečju" (Prva Petrova 1,23).

Bog je to uvek činio na taj način, od Noja i Avraama do Mojsija, pa preko izraelskog naroda sve do Isusa i njegovog poziva koji je uputio svojim budućim učenicima. Isus je rekao svojim učenicima: „Niste vi izabrali mene, nego sam ja izabrao vas i odredio vas da idete i donosite rod..." (Jovan 15,16). Sećamo se i Petrovih reči na Dan pedesetnice: „...to obećanje je za vas i za vašu decu i za sve koji su daleko, koje naš Gospod Bog pozove k sebi" (Dela 2,39).

Kasnije u Delima Pavle je govorio okupljenim ženama u Filipima, među kojima je bila i trgovkinja Lidija. Ona je čula evanđelje, ali da bi se spasla, bilo je potrebno da se odazove na poruku koju je čula. Ona je to i učinila, ali kako se to dogodilo? Piše da joj je Gospod otvorio srce da se odazove na Pavlovu poruku (Dela 16,14).

Naravno, i sam Pavle je znao da je Bog začetnik spasenja. Njega je Bog presreo na putovanju na koje je pošao da progoni hrišćane, i Pavle je tada pao na zemlju! Bog je u svojoj ljubavi učinio prvi korak i objavio se Pavlu.

U Svetom pismu bismo mogli da nađemo još mnoge primere, ali poenta je jasna. Bog je mnogo puta pokazao istinu koju je Jovan napisao na sledeći način: „U ovome je ljubav: ne u tome da smo mi zavoleli Boga, nego da je on zavoleo nas i poslao svoga Sina kao žrtvu pomirnicu za naše grehe" (Prva Jovanova 4,10).

Kad god se molimo da Bog spasi neku osobu i „da je dovede sebi", to je pokazatelj da shvatamo da je Bog začetnik spasenja. Znamo da Bog spasava i zato se molimo da zbog svoje velike ljubavi izlije svog Duha, da se evanđelje verno propoveda i da on spasi ljude.

Ako svoje obraćenje – svoje okretanje Bogu – shvatimo kao svoje delo, a ne kao Božije delo u nama, onda ga shvatamo pogrešno. Obraćenje svakako uključuje naša dela. Mi moramo zaista

Biblijsko shvatanje obraćenja

iskreno da se predamo Bogu, moramo da donesemo svesnu odluku, ali ipak, obraćenje – pravo obraćenje – podrazumeva mnogo više od toga. Sveto pismo nas jasno uči da ljudi nisu na putu ka Bogu na kom su ga neki našli, a neki ga još traže. Naprotiv, Sveto pismo pokazuje da je potrebno da nam srce bude zamenjeno, um preobražen, a našem duhu dat život. Ništa od toga ne možemo da učinimo sami. Promena koja je potrebna svakom čoveku, bez obzira na to kakav on bio spolja, toliko je korenita, toliko duboko u nama, da jedino Bog može da je učini. Potrebno nam je da nas Bog obrati.

Plašim se da su zbog našeg pogrešnog shvatanja biblijskog učenja o obraćenju evanđeoske crkve pune ljudi koji su u određenom trenutku iskreno doneli neku odluku, ali nisu doživeli tu korenitu promenu koju Sveto pismo naziva obraćenjem. Prema jednom istraživanju koje je izvršio Južnobaptistički odbor nedeljne škole za odrasle *(Southern Baptist Sunday School Board)*, južni baptisti imaju jednaku ili možda i veću stopu razvoda od federalnog proseka u Americi. Jedna skorija svetovna analiza pokazuje da američke države koje pripadaju „Biblijskom pojasu" imaju jednu od najvećih stopa razvoda u celim SAD. Zašto? Odakle potiče ovo „protivsvedočanstvo"? Da li je do toga došlo možda delimično i zbog toga što pastiri u našim crkvama nisu propovedali istinu o obraćenju – možda zbog želje da imaju veće crkve ili zato što prosto nisu ispravno razumeli korenitu promenu koja je potrebna i zato naše crkve sada više liče na lovačke klubove i planinarska društva nego na crkve zaista obnovljenih ljudi? Tako negativno svedočanstvo koje potiče od navodnih Hristovih sledbenika sigurno je bar delimično uzrokovano nebiblijskim propovedanjem mnogih pastira o obraćenju, a krivicu dele i njihove zajednice koje su im to dozvolile.

Prema Svetom pismu, pokajanje i vera su darovi koje nam Bog daje. Naše obraćenje, ta velika promena, događa se samo Božijom milošću.

ČETVRTA ODLIKA

Zaključak

Vidimo da je promena potrebna i moguća. Potrebna nam je promena od života koji na nas navlači krivicu zbog greha ka životu koji živimo kada nam Hristos oprosti jer se uzdamo u njega. Da bi se to ostvarilo, moramo da se pokajemo od svojih greha i da poverujemo u Hrista, a to se može desiti jedino Božijom milošću kroz propovedanje njegove reči.

Ljudi već vekovima doživljavaju ovu veliku promenu. Jedan čovek iz Afrike po imenu Avgustin doživeo je tu promenu kada je čuo glas jednog deteta kako u susednom dvorištu govori: „Uzmi i čitaj! Uzmi i čitaj!" Avgustin, koji je veoma razvratno živeo, pri ruci je u tom trenutku imao primerak Novog zaveta. Kada ga je otvorio, oči su mu pale na odlomak iz Poslanice Rimljanima:

> „A znate i ovo vreme – da je došao čas da se prenete iz sna, jer nam je spasenje sada bliže nego kad smo poverovali. Noć je odmakla, a dan se približio. Odbacimo, dakle, dela tame i obucimo oklop svetlosti. Živimo pristojno, kao po danu – ne u terevenkama i pijančenjima, ne u bludu i razuzdanosti, ne u svađi i zavisti. Nego, obucite Gospoda Isusa Hrista i ne mislite na to kako da zadovoljite požude tela" (Rimljanima 13,11-14).

Kada je pročitao ove reči, Avgustin je ustao kao promenjen čovek.

Martin Luter je bio monah koji je proučavajući Psalme i Pavlove poslanice Rimljanima i Galaćanima počeo da shvata da pravednost koju Bog zahteva od nas nije naša vlastita, nego Božija pravednost, koja je Božiji dar svima koji veruju u Hrista. Kada je to shvatio, Luter je rekao: „Bilo je kao da su se otvorila sama vrata raja."

Nedaleko odande, u Bedfordu, mladi kotlokrpa po imenu Džon Banjan čuo je dve stare pralje kako pričaju o Bogu kao da ga stvarno poznaju. Nije mogao da izbije njihov razgovor iz glave i Bog je to upotrebio da dotakne njegovo srce. Banjan se pitao da

Biblijsko shvatanje obraćenja

li je možda nešto propustio i počeo je da razmišlja može li čovek stvarno da upozna Boga. Bog je upotrebio ovaj razgovor koji je Banjan usput načuo da ga dovede do vere u Hrista. Banjan je kasnije napisao *Put hrišćanina*.

Mladi Čarls Sperdžen je doživeo ovu promenu zbog snežne oluje zbog koje je jedan stari đakon iz metodističke crkve morao da zameni propovednika u crkvi koju je Sperdžen pohađao. Kako je Sperdžen kasnije opisao, crkva je bila gotovo prazna. On je sedeo negde pozadi, skoro sam, a stari đakon je ustao, pogledao pravo u njega i isprekidanim rečenicama stalno iznova ponavljao samo jedno: „Pogledaj na Hrista! To je sve što treba da uradiš, samo pogledaj na Hrista!" Ponavljao je samo to – „Pogledaj na Hrista! Pogledaj na Hrista!" – i Bog je to upotrebio da otvori Sperdženove oči za istinu.

K. S. Luis se obratio zbog toga što je primetio da se u mitologiji stalno ponavlja ideja o bogu otkupitelju i odatle je pomislio da iza te ideje možda leži istinska stvarnost.

Jedan moj prijatelj se obratio na Merilendskom univerzitetu *(University of Maryland)*, gde je slušao jednog propovednika koji je propovedao na otvorenom. Slušao ga je kako propoveda evanđelje mnogo puta, iznova i iznova, iz godine u godinu.

Ja sam doživeo obraćenje kada sam poverovao da je Isus stvarno telesno ustao iz mrtvih.

Mnogi ljudi u crkvi u kojoj služim obratili su se zbog vernog poučavanja njihovih roditelja ili učitelja u nedeljnoj školi.

Bog upotrebljava mnoge načine da se njegova reč čuje, ali to uvek radi s jednim ciljem – da nam da darove pokajanja i vere. On to čini da bismo se okrenuli od svojih greha ka njemu i tako iskusili to veliko obraćenje, tu veliku promenu koja nam je svima tako očajnički potrebna.

Toliko o ideji da smo mi ljudi nepromenjivi. Bog menja ljude već vekovima. Ne znam da li je osoba koja se spominje na početku ovog poglavlja zaista doživela promenu, ali znam da su je mnogi, mnogi ljudi doživeli Božijom milošću.

ČETVRTA ODLIKA

Ironično je što takva promena ne samo da nije nemoguća (kao što misle mnogi svetovni cinici), nego je u stvari uobičajena.

Trudeći se da nam mogućnosti stalno budu otvorene, izgleda da smo u savremenoj kulturi stvorili idola nestalnog, uvek promenjivog i neodređenog ja. Neprestano se menjamo. Naš današnji svet je svet velikih tokova i promena. Kao što je to rekao Tozer: „Ljudska priroda, kakvu poznajemo, nalazi se u fazi oblikovanja i menja se u skladu sa slikom onoga što voli."[54] Jedini problem je što većina tih promena nije dobra.

Naš život je sličan onim starim fotografijama sa polaroida, jer se polako ali sigurno razvijaju u sliku boga kome se klanjamo. Pred sopstvenim očima vidimo u sebi sliku našeg boga, vidimo sliku osobe ili stvari kojoj se klanjamo kako dolazi u žižu dok se njena narav odražava u našem životu.

Neki od nas su čuli Božiji poziv i osetili svoju očajničku potrebu za promenom, za onim što Sveto pismo naziva *obraćenje* – i po Božijoj milosti, neki od nas su iskusili tu promenu. Ako je vi niste iskusili, treba da se okrenete od svog greha ka Bogu.

Možda mislite da vam je ova biblijska promena nedostižna, ali radosna vest glasi da ta promena nije nedostižna za Boga. Potrebno je samo da poslušate Isusove reči: „Pokajte se i verujte u evanđelje."

ŠTA SLEDI
PETA ODLIKA: BIBLIJSKO SHVATANJE EVANGELIZACIJE

Šta je evangelizacija?
  Evangelizacija nije nametanje
  Evangelizacija nije isto što i lično svedočanstvo
  Evangelizacija nije društveno koristan rad ili politički angažman
  Evangelizacija nije apologetika
  Evangelizacija nije isto što i plodovi evangelizacije
Ko treba da evangelizira?
Zašto treba da evangeliziramo?
Kako treba da evangeliziramo?
  1. Treba iskreno da kažemo ljudima: „Ako se pokajete i poverujete, spašćete se, ali to će biti skupo."
  2. Treba da naglasimo hitnost: „Ako se pokajete i poverujete, spašćete se, ali treba odmah da odlučite."
  3. Treba da kažemo ljudima s radošću: „Ako se pokajete i poverujete u evanđelje, spašćete se, a to je vredno i najvećih teškoća!"
  4. Treba da upotrebljavamo Sveto pismo.
  5. Treba da shvatimo da život pojedinačnih hrišćana i život cele crkve igra ključnu ulogu u evangelizaciji.
  6. Ne treba da zaboravimo da se molimo.
  7. Treba da izgrađujemo odnose sa nehrišćanima.
  8. Treba da sarađujemo sa drugim hrišćanima da bismo saopštili evanđelje i ljudima koji uopšte ne žive blizu hrišćana.

Zaključak

Peta odlika

BIBLIJSKO SHVATANJE EVANGELIZACIJE

Šta pomislite kada čujete reč *evangelizator*? Da li pomislite na Bilija Grejama ili na onaj lik iz knjige *Put hrišćanina* koji se zove Evanđelista? Da li možda pomislite na nekog televizijskog propovednika sumnjivog ugleda? Ili na pisma u kojima se traži novac za evangelizacionu kampanju koja stižu zajedno s obrascem za uplatu? Kada čujete reč *evangelizator*, šta vam lakše dođe u misli – šarlatan ili svetac?

Nema sumnje da je današnja evangelizacija zamršena tema. Skandalozni evangelizator Elmer Džentri, koga je izmislio Sinkler Luis, bled je u poređenju s groznom stvarnošću skorašnjih skandala u koje su bili upetljani poznati evangelizatori.

A kada odemo dalje od ličnosti evangelizatora i razmišljamo o procesu same evangelizacije, pitamo se da li je hrišćanska evangelizacija koja se danas primenjuje išta drugačija od nasilja krstaša iz XI, XII i XIII veka.

Biblijsko shvatanje evangelizacije

Kada se načne tema evangelizacije, čak se i među hrišćanima pokrenu mnoga pitanja, a osećanja se kreću od krivice do iskrene zbunjenosti: „Zar evangelizaciju ne bi trebalo prepustiti stručnjacima? Zar nju ne treba da obavljaju oni koji stvarno znaju kako se to radi, jer ona se često obavlja veoma loše? Ne bih želeo da još pogoršam stvari zbog toga što ne znam dovoljno!"

Drugi možda kažu: „Ja stvarno nisam siguran šta je evangelizacija. Verovatno treba da ubeđujem ljude da oni greše, a mi smo u pravu. Da li je to evangelizacija?"

Skeptici se možda pitaju: „Zar to u stvari nije samo hranjenje sopstvenog ega kada je čovek toliko ispunjen osećanjem sopstvene važnosti i zbog toga se trudi da neko drugi prihvati njegovo evanđelje? U ovim pluralističkim vremenima stvarno nije u redu da pokušavate da promenite verovanja drugih ljudi i da ih ubeđujete da prihvate vaša uverenja. Vera je veoma lična stvar."

Hrišćani evangelizaciju često prepuste „profesionalcima" zbog toga što se osećaju nesposobnima, što su ravnodušni, što osećaju svoje neznanje, strah ili prosto smatraju da nije u redu da oni to rade. Možda nisu sigurni iz čega se evangelizacija sastoji i kako je treba vršiti. Sve to je tragično. Ubeđen sam da je biblijsko shvatanje i praktikovanje evangelizacije jedna od prepoznatljivih odlika zdrave crkve.

Možda se sećate da sam spomenuo da su treće, četvrto i peto poglavlje veoma blisko vezani za spasenje i da ga svako od njih sagledava iz malo drugačijeg ugla. U četvrtom poglavlju smo razmatrali sam trenutak spasenja – veliku promenu zvanu obraćenje. U trećem poglavlju smo razmatrali sadržaj poruke evanđelja, a u ovom poglavlju ćemo razmotriti na koji način treba drugima da saopštavamo tu veliku poruku koja nas je promenila. Na koji način treba da evangeliziramo? Šta je evangelizacija i zašto treba da je praktikujemo?

Želim da razmotrimo četiri jednostavna pitanja koja će nam pomoći da bolje razumemo i obavljamo evangelizaciju.

Peta odlika

1. Šta je evangelizacija?
2. Ko treba da evangelizira?
3. Zašto treba da evangeliziramo?
4. Kako treba da evangeliziramo?

Ovo u stvari nisu potpuno različita pitanja, pa će naši odgovori biti međusobno isprepleteni i uticaće jedni na druge, ali svako od ovih pitanja će nam pružiti drugačiju tačku gledišta s koje možemo da sagledamo i pojmimo ovu veliku biblijsku temu.

Ne možemo da odgovorimo na sva moguća pitanja o evangelizaciji, ali se nadam da ćemo razmatranjem ova četiri pitanja konačno otkriti da možemo bolje da je shvatimo, da budemo poslušniji Bogu i da imamo zdraviju crkvenu kulturu po pitanju svog poziva da evangeliziramo.

Pre nego što nastavim, dozvolite mi da preporučim šest drugih knjiga o ovoj važnoj temi.

Knjiga *Tell the Truth*[55] koju je napisao Vil Mecger verovatno je najbolja knjiga o evangelizaciji za koju znam. U njoj možete da nađete praktičnu pomoć i veoma dobro teološko obrazloženje evanđelja i toka evangelizacije.

Knjige *Speaking of Jesus*[56] i *Marks of a Messanger*[57], koje je napisao Mak Stils, odlične su i pune dobrih priča o tome kako možete stvarno i praktično da razgovarate o Isusu sa svojim prijateljima. Stils nam pruža zanimljive i bogate primere okretanja razgovora na temu evanđelja i neke ohrabrujuće izveštaje o stvarnim razgovorima.

Knjiga *Revival and Revivalism*[58] koju je napisao Ijan Marej malo se teže čita od prve tri, ali je vredna truda. Marej u ovom istorijskom pregledu sagledava kako se evangelizacija u Americi promenila od 1750. do 1850. godine i kako te promene i dan-danas utiču na nas. Ako ste malo ozbiljniji mislilac i ako volite istoriju i poučne priče, uživaćete u ovoj knjizi.

Da biste bolje shvatili biblijske i teološke temelje evangelizacije, pročitajte knjigu *Evangelism and the Sovereignty of God*[59],

Biblijsko shvatanje evangelizacije

koju je napisao Dž. I. Paker. Ova knjiga je i kratka i dobra! Ima samo četiri poglavlja i manje od stotinu stranica, ali pokazalo se da je ljudima uvek pružala veliku pomoć u pronalaženju odgovora na osnovna pitanja o biblijskoj evangelizaciji.

I konačno, ako smem da budem toliko drzak, i ja sam napisao jednu knjigu o evangelizaciji koja opširnije govori o velikom delu štiva iz ovog poglavlja. Knjiga se zove *The Gospel and Personal Evangelism*[60]. Napisao sam je kao pomoć fakultetskim studentima koji su mladi u hrišćanskoj veri. U pitanju je uvod u evangelizaciju.

Toliko što se tiča prikaza knjiga. Nastavljamo dalje s ovim poglavljem.

Šta je evangelizacija?

Hajde da počnemo ovim jednostavnim pitanjem – šta je evangelizacija? Ponekad pogrešno saopštavamo evanđelje jer pogrešno shvatamo šta je evangelizacija. Ljudi imaju nekoliko pogrešnih pojmova o evangelizaciji i ovde ću ih spomenuti pet.

Evangelizacija nije nametanje

Danas se verovatno najčešće čuje prigovor na evangelizaciju koji glasi: „Zar nije pogrešno nametati svoja uverenja drugima?" Neki ljudi smatraju da je evangelizacija nametanje svojih uverenja, i zbog načina na koji se evangelizacija često upražnjava potpuno razumem ovu pogrešnu predstavu o njoj. Ali kada shvatite šta Sveto pismo podrazumeva pod evangelizacijom, tada shvatite da se i ne radi o nametanju svojih uverenja.

Prvo, treba da shvatimo da kao hrišćani verujemo u činjenice, a ne u puka uverenja ili mišljenja.

Drugo, te činjenice nisu *vaše* u smislu da samo vi verujete u njih ili da je to samo vaše stanovište ili iskustvo, niti ste ih vi sami izmislili. Kada evangelizirate, vi saopštavate Božiju istinu.

Peta odlika

Konačno, mi prilikom biblijske evangelizacije *ne namećemo* ništa, jer to ni ne možemo. Prema Svetom pismu, evangelizacija prosto znači saopštavanje radosne vesti i ne podrazumeva da mi moramo da se postaramo da se naš sagovornik ispravno odazove na našu poruku. Voleo bih da možemo da učinimo da se ljudi odazovu na evanđelje, ali to nije u našoj moći. Prema Svetom pismu, plod evangelizacije dolazi od Boga, a ne od naših veštih tehnika ili lične revnosti. Stoga je Pavle napisao Korinćanima:

„Šta je, uostalom, Apolos? I šta je Pavle? Mi smo samo služitelji čijim ste posredstvom poverovali, i to kako je svakom dao Gospod. Ja sam posadio, Apolos zalio, ali Bog je dao da izraste. Tako nije važan onaj koji sadi ni onaj koji zaliva, nego Bog, koji daje da izraste" (Prva Korinćanima 3,5-7; uporedite s Drugom Korinćanima 3,5-6).

Veoma je važno da shvatimo ovu istinu, posebno u svetu koji je toliko neprijateljski raspoložen prema evangelizaciji. Jednom prilikom sam na Kembridžu razgovarao sa svojim prijateljem koji je musliman iz Libana. Razgovarali smo o našem zajedničkom prijatelju koji je bio prilično svetovan musliman. Moj prijatelj je priželjkivao da taj naš prijatelj prihvati verniji muslimanski način života, a ja da postane hrišćanin. Tako smo, na neki čudan način, moj prijatelj i ja imali nešto zajedničko – obojica smo bili zabrinuti za našeg zajedničkog prijatelja, iako smo imali veoma različita rešenja za njegov problem. Jadikovali smo o tome kako je teško živeti u svetovnoj britanskoj kulturi. Zatim je moj prijatelj spomenuo kako je ta hrišćanska zemlja iskvarena. Ja sam mu odgovorio da Velika Britanija nije hrišćanska zemlja i da hrišćanske zemlje u stvari i ne postoje. Moj prijatelj je veoma brzo iskoristio priliku da kaže kako upravo to i jeste problem sa hrišćanstvom, za razliku od islama – da hrišćanstvo ne pruža odgovore i uputstva za sva složena pitanja stvarnog života i da nema sveobuhvatni društveno-politički obrazac koji pruža odgovore na stvarna pitanja s kojima se ljudi suočavaju.

Biblijsko shvatanje evangelizacije

Ja sam odgovorio da je to zbog toga što hrišćanstvo čovekovo stanje predstavlja na realističan način. Pitao me šta pod tim podrazumevam, a ja sam veoma iskreno rekao kako smatram da je razmišljanje u islamu plitko, jer smatraju da se čovekov problem tiče samo ponašanja. Prema islamu, problem je samo pitanje volje, ali hrišćanstvo nas uči da postoji mnogo dublji problem i da je stoga u pitanju mnogo tačnije shvatanje čovekovog stanja. Hrišćanstvo ne definiše čovekovu grešnost samo kao skup loših postupaka, nego kao ispoljavanje zlog srca, srca koje je u pobuni protiv Boga. Hrišćanstvo prepoznaje da se čovekov problem tiče ljudske prirode i nema sveobuhvatan politički program zato što čovekov glavni problem u krajnosti ne može da se reši političkom silom.

Da bih to pojasnio svom prijatelju, rekao sam sledeće: „Vidi, mogao bih da prislonim mač na nečiji vrat i da ga nateram da bude bar prihvatljivo dobar musliman."

On se složio da je to istina, a ja sam nastavio:

„Ali ne mogu prisloniti mač na nečiji vrat i učiniti ga hrišćaninom. Niko ne može postati hrišćanin samo zato što radi ovo ili ono, niti tako što će se držati nekog zakona i neće raditi ništa zabranjeno. Postati hrišćanin znači doživeti da Bog preobrazi tvoj život. Sveto pismo jasno govori da se rešenje za čovekov problem nikad ne može pružiti prisilno, niti se može nametnuti. Ja samo mogu tačno da ti saopštim radosnu vest, da živim životom koji ti iskazuje ljubav i da se molim da te Bog uveri da si grešan. Mogu da se molim Bogu da ti pokaže da ti je potreban spasitelj i da ti dâ darove pokajanja i vere, ali ja te ne mogu učiniti hrišćaninom."

Hrišćanska evangelizacija se po svojoj prirodi ne sastoji od prisile, nego samo od objavljivanja poruke evanđelja i od ljubavi. Uvek treba da saopštavamo evanđelje bez nametanja i prisile. Nikoga ne možemo izmanipulisati da stvarno prihvati evanđelje. Prava biblijska evangelizacija se nikad ne sastoji iz nametanja svojih uverenja.

Peta odlika

Evangelizacija nije isto što i lično svedočanstvo
Neki misle da je lično svedočanstvo isto što i evangelizacija. Naravno, svedočanstvo o tome šta je Bog učinio u našem životu može da obuhvati i radosnu vest, ali može i da je ne obuhvati. Kada govorite ljudima koliko vam Isus znači, možda im uopšte nećete saopštiti evanđelje. Da li ste objasnili šta je Hristos postigao svojom smrću na krstu? Dobro je podeliti s ljudima svedočanstvo o tome šta je Bog učinio u vašem životu, ali moguće je da u svom svedočanstvu u stvari nećete jasno izložiti Hristove tvrdnje. Naravno, svedočanstvo je veoma omiljeno u naše postmoderno doba, čije geslo glasi: „To je dobro – za tebe." Zašto bi se neko bunio što vi smatrate da ste dobili nešto dobro od Hrista? Ali samo čekajte da vidite šta će se dogoditi kada pokušate da okrenete razgovor od pitanja šta je Isus učinio za vas na činjenice o životu, smrti i vaskrsenju Isusa Hrista i na pitanje kako se sve to može primeniti na vašeg prijatelja koji ne veruje. Tada ćete otkriti da svedočanstvo nije nužno i evangelizacija.

Evangelizacija nije društveno koristan rad ili politički angažman
Neki ljudi brkaju društveno koristan rad ili političke aktivnosti sa evangelizacijom. Ako naše oči spadnu sa Boga na ljudski rod, ne treba da nas čudi što društveni problemi počnu da nas brinu više nego ljudski greh. Danas se često dešava da problemi koji vladaju među ljudima zamagle ključni problem koji postoji između ljudi i Boga. Suviše često se dešava da evangelizacijom nazivamo puke napore za dobrobit društva ili za ostvarenje milosrdnih programa ili za druge društvene promene. Ali kao što je rekao Donald Makgavran, poznati misionar u Indiji iz sredine XX veka:

„Evangelizacija nije objavljivanje poželjnosti bezalkoholnog sveta i ubeđivanje ljudi da glasaju za zabranu upotrebe alkoholnih pića. Evangelizacija nije objavljivanje kako je poželjno da se

Biblijsko shvatanje evangelizacije

bogatstvo raspodeli niti ubeđivanje ljudi da se politički angažuju da bi se to postiglo."[61]

Zabrana upotrebe alkoholnih pića i raspodela bogatstva danas možda i nisu prva briga mnogih ljudi, ali poenta je ista: evangelizacija nije objavljivanje Božijeg političkog nauma za narode i nije regrutovanje za crkvu, nego objavljivanje radosne vesti pojedincima. Društvo doživljava izazov i promenu kada kroz ovo evanđelje Gospod okupi pojedince u crkvama i kad pokaže svoju narav zajedničkim životom onih koje je spasao.

Evangelizacija nije apologetika

Drugi brkaju evangelizaciju s apologetikom. Pojam *apologetika* tiče se odgovaranja na pitanja i prigovore ljudi koji su čuli o tome šta hrišćani veruju. Kao i kod saopštavanja svog svedočanstva, takvo odgovaranje na pitanja i takva odbrana često mogu da budu deo vaših razgovora s ljudima o Hristu i mogu biti povezani s evangelizacijom, ali apologetika nije isto što i evangelizacija. Odbrana devičanskog rođenja Isusa Hrista ili istoričnosti njegovog vaskrsenja veoma su važna pitanja, ali to nije evangelizacija. Apologetika je odbrana vere, odgovaranje na pitanja koja drugi imaju o hrišćanstvu. Dok je apologetika odgovaranje na pitanja koja određuju naši sagovornici, evangelizacija se, nasuprot tome, tiče poruke koju je odredio Bog; ona je pozitivan čin saopštavanja radosne vesti o Isusu Hristu i o putu spasenja kroz njega.

Evangelizacija nije isto što i plodovi evangelizacije

Konačno, jedna od najčešćih i najopasnijih grešaka nastaje kad pobrkamo plodove evangelizacije sa samom evangelizacijom. To je možda najteže primetno od svih pogrešnih shvatanja evangelizacije. Evangelizaciju ne smemo brkati s njenim plodovima. Ako ovo pogrešno mišljenje da je evangelizacija istovetna svojim

PETA ODLIKA

plodovima povežete s pogrešnim shvatanjem evanđelja i obraćenja, veoma je moguće da ćete smatrati da je neophodno da doživite da se ljudi obrate i da ćete smatrati da je u vašoj moći da obratite druge. Taj način razmišljanja može učiniti da postanete manipulativni.

Prema Svetom pismu, evangelizacija se ne može definisati pomoću svojih plodova ili metoda, nego samo kao verno propovedanje poruke evanđelja. U Delima apostolskim čitamo o nekim slučajevima kad se niko ili skoro niko nije odazvao na Pavlovo propovedanje evanđelja. Na velikom Lozanskom skupu 1974. godine Džon Stot je rekao da „evangelizirati... ne znači zadobiti obraćenike... nego prosto znači objaviti radosnu vest bez obzira na rezultate."[62] Na tom skupu evangelizacija je definisana na sledeći način:

„Evangelizirati znači širiti radosnu vest da je Isus Hristos umro za naše grehe, da je podignut iz mrtvih, u skladu sa Pismima, i da sada kao Gospod koji vlada nudi oproštenje greha i oslobađajući dar Svetog Duha svima koji se pokaju i poveruju."[63]

Razmotrite Drugu Korinćanima 2,15-16: „Mi smo Bogu prijatan, Hristov miris među onima koji se spasavaju i među onima koji propadaju: jednima miris smrti – za smrt; a drugima miris života – za život. I ko je za to podoban?" Pavle ne kaže da su oni saopštavali dve različite poruke, niti da je imao moć da pogleda skup ljudi i kaže: „Dobro, vidimo ko su izabrani. Vama ću propovedati jednu poruku, a svima vama koji nećete postati hrišćani propovedaću drugu poruku." Pavle je svima propovedao isto evanđelje, a ipak je, iako je sve ljude evangelizirao na isti način, nekima bio miris života, a drugima miris smrti. Ista služba imala je dva različita ploda.

Isus je o tome poučavao u svojoj priči o sejaču (Matej 13,1-23). U toj priči sejač je izašao i sejao isto seme na nekoliko različitih vrsta tla. Ova priča ne kazuje ništa o sejačevim metodama, već

Biblijsko shvatanje evangelizacije

pretpostavljamo da je svaki put radio na isti način. Poruka ove priče je da će se neki ljudi odazvati na evanđelje, a neki neće, iako će svi čuti istu poruku. Ne treba da sudimo o ispravnosti svoje evangelizacije po trenutnoj reakciji koju vidimo kod ljudi. Važno je da shvatimo ovu istinu, jer ako je ne shvatimo, ona može da skrene dobronamerne crkve na put praktičnih napora koji se vode rezultatima i da preobrazi pastire u neurotične manipulatore. Kao hrišćani trebalo bi da znamo da je moguće da se ljudi neće odazvati čak i ako verno saopštavamo evanđelje. To što oni nisu prihvatili evanđelje nužno ne znači da smo ga mi neispravno saopštili.

Pogrešno shvatanje ovog pitanja može da obogalji pojedine hrišćane dubokim osećanjem ličnog neuspeha i može da izazove odbojnost prema evangelizaciji. Zamislite koliku krivicu neki hrišćani osećaju zbog toga što su trideset godina saopštavali evanđelje nekoj osobi koja na kraju nije upoznala Hrista. Mogu da pomisle kako mora biti da ta osoba ne prihvata evanđelje zbog neke njihove greške. Ali biblijsko učenje glasi da obraćenja nisu plod naše stručnosti pri evangelizaciji, baš kao što i otpor prema evanđelju nije odraz naših evangelizacijskih neuspeha. Suština evangelizacije nisu naši metodi, nego naše verno saopštavanje evanđelja.

Neki ljudi su postali hrišćani iako su čuli strahovito loše predstavljanje evanđelja. Osoba koja je saopštavala evanđelje možda je bila uplašena, možda je mucala ili zaboravljala šta hoće da kaže, možda je pokušavala da zastraši sagovornika, možda je bila napadna, a možda čak i neprijatna, ali kad naša poruka i pored svih grešaka sadrži istinu, Božiji Sveti Duh može da dovede izgubljene do pokajanja i vere.

Naravno, mi kao evangelizatori treba da radimo na tome da što bolje saopštavamo evanđelje. To je naša odgovornost. Ali radujemo se što je naš Bog velik i što može da upotrebi naše greške. On u svojoj milosti zanemaruje naše greške i izvodi sve na dobro za svoju slavu.

Peta odlika

Jedan pisac je to rekao ovako:

„Evangelizacija nije stvaranje obraćenika, ubeđivanje ljudi da donesu određenu odluku, dokazivanje da Bog postoji, niti vešto argumentovanje da je hrišćanstvo istinito. Evangelizacija nije kada nekoga pozovete na neki sastanak, niti buđenje nečijeg zanimanja za hrišćanstvo. Evangelizacija nije nošenje bedža na kom piše: „Isus spasava!" Nešto od nabrojanog je ispravno i dobro na svoj način, ali ništa od toga ne treba brkati sa evangelizacijom. Evangelizirati znači objaviti u Božijoj sili šta je on učinio da spase grešnike, upozoriti ljude na to da su izgubljeni, uputiti ih da se pokaju i da veruju u Gospoda Isusa Hrista."[64]

Ko može da porekne da savremena evangelizacija često uključuje i manipulaciju osećanjima da bi grešnik odmah doneo voljnu odluku? Ali tako se zanemaruje biblijska ideja da je obraćenje plod natprirodnog i milostivog Božijeg čina prema grešniku.

Hrišćanski poziv na evangelizaciju nije poziv da se ljudi prosto ubede da donesu određene odluke, nego pre svega da im se objavi radosna vest o spasenju u Hristu, da se pozovu na pokajanje i da se Bogu da slava za njihovo obnovljenje i obraćenje. Mi nismo neuspešni u evangelizaciji kada verno saopštimo evanđelje, a ta osoba se ipak ne obrati; neuspešni smo samo ako nismo verno saopštili evanđelje. Koliko često smo pogrešno „čekali na priliku", umesto da stvorimo priliku saopštavajući nekome radosnu vest jednostavno i u ljubavi?

Kada shvatite da evangelizirati ne znači obratiti čoveka, nego mu saopštiti divnu istinu o Bogu, sjajnu radosnu vest o Isusu Hristu, tada poslušost pozivu da evangeliziramo može da nam donese sigurnost i radost. To shvatanje pojačava evangelizaciju, zato što njen pokretač prestaje da bude krivica i počinjemo da je doživljavamo kao čast i radost. Hrišćani vole da slušaju evanđelje, jer nas izgrađuje i hrabri, a volimo i da ga saopštavamo.

Biblijsko shvatanje evangelizacije

Ko treba da evangelizira?

Pri čitanju Svetog pisma nemoguće je izbeći temu evangelizacije, bez obzira na neprijatan osećaj koji ona možda stvara. Evangelizacija je prisutna kroz čitav Novi zavet. Na primer, Pavle je napisao Rimljanima: „Dužan sam i Grcima i varvarima, i mudrima i nerazumnima, stoga sam spreman da i vama u Rimu objavim evanđelje" (Rimljanima 1,14-15). Da li je ovo samo Pavlov opis njegovog ličnog poziva kao evangelizatora? Da li se njegove reči odnose samo na njega i na druge apostole ili se odnose i na nas?

Dok čitamo Novi zavet, uviđamo da poziv na evangelizaciju nije ograničen na Pavla ili na apostole. Na kraju svoje zemaljske službe Isus je rekao sledeće:

„Tada im Isus priđe i reče: »Data mi je sva vlast na nebu i na zemlji. Zato idite i sve narode učinite mojim učenicima, krsteći ih u ime Oca i Sina i Svetoga Duha, učeći ih da se drže svega što sam vam zapovedio. I evo, ja sam s vama svakog dana, sve do kraja sveta«" (Matej 28,18-20).

Ovaj nalog, koji se često naziva Velikim poslanjem, upućen je *svim* Isusovim učenicima – onima koji su neposredno čuli njegove reči i nama koji ih danas čitamo. Zašto bi inače Isus uveravao učenike da će biti s njima do samog kraja sveta, koji će nastupiti dugo nakon smrti njegovih prvih učenika?

Novi zavet pokazuje da su prvi učenici primili k srcu ovo veliko poslanje svog Gospoda. Čitajući Dela apostolska, vidimo da su Hristovi učenici neprestano evangelizirali (na primer: Dela 5,42; 8,25; 13,32; 14,7, 15, 21; 15,35; 16,10; 17,18). Neki danas postavljaju pitanje: „Ko treba da evangelizira?" Da li samo propovednici? Da li samo neko kome crkva daje punu platu da se razvlači naokolo i da stalno čita Bibliju i ko ustaje pred ljudima i saopštava evanđelje jednom sedmično? Da li je Veliko poslanje samo za profesionalne vernike ili je za sve hrišćane?

Peta odlika

Sveto pismo nas uči da je ovo poslanje upućeno svim vernicima. Ako pažljivije razmotrimo Dela apostolska, videćemo naznake ove sveopšte poslušnosti pozivu da se evangelizira. Ne čitamo da su samo *apostoli* širili evanđelje. Na primer:

„Toga dana poče veliko proganjanje crkve u Jerusalimu. Svi se, osim apostolâ, raspršiše po judejskim i samarijskim krajevima. Neki pobožni ljudi sahraniše Stefana i duboko ga ožališe. A Savle je pustošio Crkvu. Išao je od kuće do kuće, odvlačio muškarce i žene i predavao ih u tamnicu. Oni koji su se raspršili, propovedali su Reč kud god su išli" (Dela 8,1-4).

Nisu samo apostoli evangelizirali. Ovi stihovi se usredsređuju na evangelizacijske aktivnosti onih „koji su se raspršili" (stih 4), što je uključivalo sve „osim apostolâ" (stih 1)! Možda bi to moglo da znači da su samo starešine evangelizirale, jer su imali posebne darove poučavanja, ali ostatak Dela 8 sadrži priču o Filipu koji nije bio starešina. Filip je bio „samo" đakon, a ipak je evangelizirao (8,5-12, 26-40).

U Delima 11,19-21 naći ćete nastavak priče o ovom „laičkom evangelizatoru":

„A oni koji su bili rasejani zbog progona pokrenutog protiv Stefana stigli su čak do Fenikije, Kipra i Antiohije i nisu objavljivali Reč nikom osim Judejima. Ali neki od njih su bili Kiprani i Kirinci, pa, kada su došli u Antiohiju, počeše da govore i Grcima, objavljujući im evanđelje o Gospodu Isusu. Gospodnja ruka je bila s njima, pa je veliki broj ljudi poverovao i okrenuo se Gospodu."

U ovom odlomku ponovo vidimo da su „obični" hrišćani širili radosnu vest.

Ovde treba da se podsetimo i Petrovog naloga: „...uvek budite spremni da odgovorite svakom ko od vas zatraži obrazloženje nade koja je u vama" (Prva Petrova 3,15). Petar je ovo pisao celoj crkvi, a ne samo crkvenim vođama.

Biblijsko shvatanje evangelizacije

Svi hrišćani treba da šire radosnu vest, a ne samo profesionalni sveštenici. Evangelizacija je delimično vezana s međusobnim odnosima koji vladaju među vernicima. Isus je rekao: „Po ovom će svi znati da ste moji učenici: ako budete imali ljubavi jedan za drugoga" (Jovan 13,35). Ako ne pokazujete pravu hrišćansku ljubav svakom članu svoje crkve, neposlušni ste Bogu i ometate evangelizacijski rad svoje crkve.

Ipak, treba reći da ponekad želimo da prebacimo odgovornost za evangelizaciju na druge pre svega zbog toga što nismo baš sigurni kako da evangeliziramo.

Zašto treba da evangeliziramo?

Evo i trećeg pitanja, koje će možda zvučati čudno: „Iz kojih pobuda evangeliziramo?"

Takvo pitanje može zvučati jednako čudno kao pitanje „Iz kojih pobuda volim svoju ženu?" ili „Iz kojih pobuda se staram o svojoj deci?" Zar je to zaista važno? Zar je to uopšte važno ako se radi o nečem što je zaista ispravno? Zašto bismo brinuli o pobudama?

Da li je stvarno problem kada imamo pogrešne pobude za evangelizaciju? Mislim da jeste. Moguće je imati sebične pobude za evangelizaciju. Možda neke crkve uopšte nisu zabrinute za spasenje ljudi oko sebe, ali su i te kako zabrinute da slučajno ne dođe do toga da moraju da zatvore crkvu. Ono što važi za celu crkvu može biti istina i za pojedinca. Možda ovo čudno zvuči, ali moguće je da neko evangelizira zato što želi da bude u pravu, ili da pobedi svog prijatelja u raspravi, ili da učvrsti neko svoje psihološko uverenje, ili da izgleda duhovno pred svojim hrišćanskim prijateljima ili pred samim Bogom, ili da stekne ugled kao uspešan evangelizator.

Koji je *ispravan* razlog za saopštavanje radosne vesti? Prema Svetom pismu, ispravne pobude za evangelizaciju su želja da budemo poslušni Velikom poslanju (vidite Matej 28,18-20; Prva

139

Peta odlika

Korinćanima 9,16-17), ljubav prema izgubljenima (na primer Matej 9,36; Jovan 3,16; Rimljanima 10,1) i, iznad svega, ljubav prema Bogu. Poslušnost je znak za raspoznavanje pravih hrišćana. Naša poslušnost Isusu pokazuje verodostojnost naše tvrdnje da smo njegovi sledbenici. On je svojim učenicima naložio da radosnu vest o njemu odnesu svima i stoga smo u grešnoj neposlušnosti ako ne evangeliziramo.

Osim toga, ako je Gospod Isus rekao da je ljubav prema bližnjem jedna od naših najvećih obaveza (Marko 12,31), kako onda možemo tvrditi da smo Isusovi sledbenici ako ne volimo druge i kako možemo tvrditi da ih volimo ako im ne saopštimo najradosniju od svih vesti, a to ih može koštati tako mnogo? Ljudi jedino kroz Isusa mogu da se pomire sa Bogom, da prime oproštenje greha i da se vrate u odnos ljubavi sa Bogom. Ako stvarno volimo ljude, moraćemo da im kažemo o Spasitelju. Ljubav prema Bogu treba da bude naš glavni pokretač ako želimo da evangeliziramo onako kako Bog želi.

„Ljubav prema Bogu je jedini dovoljan motiv za evangelizaciju. Ljubav prema sebi će otvoriti put za usredsređenost na sebe; ljubav prema izgubljenima će izneveriti sa onima koje ne možemo da volimo i kada prepreke deluju nepremostivo. Jedino će nas duboka ljubav prema Bogu držati na njegovom putu i održavati nas u spremnosti da objavljujemo njegovo evanđelje kada se ljudska sredstva istroše ili iznevere. Jedino će nas ljubav prema Bogu – i što je još važnije, njegova ljubav prema nama – sačuvati od opasnosti koje nas saleću. Kada nas želja da budemo omiljeni među ljudima ili želja za uspehom po ljudskim merilima budu iskušavale da razvodnimo evanđelje i da ga učinimo primamljivijim, tada ćemo čvrsto stajati u Božijoj istini i držati se njegovih metoda jedino ako ga volimo."[65]

Ljubav prema Bogu na kraju dovodi do želje da se on proslavi. Kroz celo Sveto pismo čitamo kako se Bog objavljivao svojoj

Biblijsko shvatanje evangelizacije

tvorevini. Mi objavljujemo evanđelje da bismo proslavili Boga tako što će se istina o njemu obznaniti njegovoj tvorevini. Poziv da evangeliziramo je poziv da okrenemo svoje živote ka spoljašnjem svetu. Umesto da se usredsređujemo na sebe i na svoje potrebe, pozvani smo da se usredsredimo na Boga i na svet koji je stvorio, a to podrazumeva i našu ljubav prema ljudima koji su stvoreni na Božiju sliku, a ipak su u neprijateljstvu s njim, otuđeni od njega i u potrebi za spasenjem od greha i krivice. Mi proslavljamo Boga kada govorimo o velikim delima koja je u Hristu učinio za ta stvorenja koja su stvorena na njegovu sliku. To nije jedini način na koji možemo da proslavimo Boga, ali je jedan od glavnih načina koji je Bog dao hrišćanima, onima koji ga poznaju kroz njegovu milost u Hristu. Setite se Petrovog podsticaja hrišćanima u prvom veku da žive za Božiju slavu: „Među paganima se vladajte dobro, da oni, iako vas optužuju za zlodela, vide vaša dobra dela i daju slavu Bogu na Dan pohođenja" (Prva Petrova 2,12).

Kako treba da evangeliziramo?

Evo najočiglednijeg odgovora na pitanje kako treba da evangeliziramo: propovedajući Božiju reč, šireći njegovu poruku, saopštavajući radosnu vest. Biblijski gledano, tako treba da evangelizamo.

Ali kako? Ovo pitanje je mnogo važnije nego što neki ljudi misle. Džozef Bejli je 1960. godine prekorio hrišćane na zabavan način (ako se te reči smeju upotrebiti zajedno!) u svojoj knjizi *The Gospel Blimp*[66]. Evo jedne njegove priče:

„Ova ideja je nastala pre nekoliko godina kad smo jedne večeri sedeli kod Džordža i Etel Grizkom u dvorištu.

„Upravo smo završili s večerom, jer smo imali dvorišni piknik (i baš se dobro napucali), i nije bilo mnogo šta da se radi sem da se teraju komarci i gledaju svici. Iznad nas bi malo-malo, visoko na nebu, preletao novi avion. Videlo se kako trepću crvena i bela svetla.

Peta odlika

„Mislim da smo zbog toga i počeli da razgovaramo o vazdušnom brodu za evangelizaciju. Ili možda zbog Džordžovih i Etelinih prvih suseda, koji su igrali karte i pili pivo na svom tremu.

„U svakom slučaju, počeli smo da razgovaramo o tome kako ljude dosegnuti evanđeljem. Herm je bio aktivan u mesnom udruženju poslovnih ljudi (on i Mardž su bili s nama te večeri, to im je bio prvi izlazak otkad im se rodila beba). Kada smo počeli da pričamo o dosezanju ljudi, Herm je rekao: 'Hajde da uzmemo za primer ove tvoje susede, Džordž. Jasno se vidi da nisu hrišćani. A kada bismo hteli da im saopštimo evanđelje, kako bismo...'

„'Herm, čoveče, govori tiše!', prekinula ga je Mardž, 'zar želiš da te čuju?'

„'Herm je u pravu, oni nisu hrišćani', složio se Džordž. 'Idu u crkvu – koja je liberalna – na Božić i na Uskrs, ali piju i kartaju se gotovo svim ostalim nedeljama u godini, osim leti. Za nekoliko sedmica će početi da idu do obale svakog vikenda, sve do prvog septembra.'

„'Dobro, imamo li neki predlog?' Herm je bio dobar vođa rasprave.

„'Hej, pogledajte taj avion, baš je nisko. Skoro da se mogu videti svetla u prozorima.'

„'Vidi stvarno. Da li neko želi još čipsa?'

„'Kao što sam rekao, evo testa: na koji način bismo mogli da saopštimo evanđelje onim ljudima?' Herm je pokazao rukom prema susednoj kući.

„'Šteta što na tom avionu nije bio neki znak. Dovoljno dugo su skrenuli pogled s karata i gledali u njega, mogli su ga pročitati.'

„'Hej, da znaš da možda imaš pravo. Da li je neko od vas video one meke vazdušne brodove koji za sobom vuku reklame? Znate one reklame: »Pij Pepsi kolu« ili »Ševrolet je najbolji«? Hoću da kažem sledeće: zašto ne bismo imali vazdušni brod koji za sobom vuče natpis s nekim biblijskim stihom – na primer: »Veruj u Gospoda Isusa, i spašćeš se...«'

„'Sjajna ideja. Baš sjajna! Tako bi svi odjednom mogli da čuju evanđelje.'"[67]

Biblijsko shvatanje evangelizacije

Dalje u priči ovi hrišćani su kupili vazdušni brod i na njemu napisali poruku evanđelja. Iz broda su izbacivali letke kako bi se postarali da svi dobiju evanđelje. I šta se onda dogodilo? Moraćete sami da pročitate knjigu! Ali oni su ovim vazdušnim brodom za evangelizaciju širili Božiju reč, zar ne? Kako svi ljudi mogu da dođu do Božije reči? Mogli bismo reći da svi treba da dođu u crkvu, ali oni to neće učiniti. Šta onda da radimo? Kako da im saopštimo evanđelje? Da li je vazdušni brod odgovor na to pitanje?

Svakako je istina da možemo da širimo Božiju reč javno, kroz medije ili javne skupove, a možemo da je širimo i privatno, kroz lične razgovore. Bilo da je u pitanju štampani materijal ili propovedanje, razgovor ili evangelizacijsko proučavanje Biblije, osnovno pitanje ostaje isto u svakoj od tih situacija i glasi: Kako to treba da radimo? Sledi osam biblijskih uputstava za evangelizaciju.

1. Treba iskreno da kažemo ljudima: „Ako se pokajete i poverujete, spašćete se, ali to će biti skupo."

Moramo veoma precizno da govorimo i ne smemo sakriti nijedan važan deo poruke iz straha da će ti delovi poruke biti suviše čudni ili teški za objašnjavanje. Mnogi ljudi ne žele da kažu ništa negativno u svom saopštavanju radosne vesti. Oni smatraju da je pričanje o grehu, krivici, pokajanju i žrtvi suviše negativno za naše vreme i za sliku koju savremeni ljudi imaju o sebi. Ne želimo da se evanđelje predstavlja na taj način. Evo šta je rekao jedan od najpoznatijih televizijskih propovednika u Americi:

„Mislim da u Hristovo ime i pod zastavom hrišćanstva nije učinjeno ništa što se pokazalo razornijim za ljudsku ličnost i zbog toga kontraproduktivnijim za evangelizaciju od nehrišćanske, uvredljive strategije osvešćivanja ljudi da su u izgubljenom i grešnom stanju."[68]

Peta odlika

Ako se pitate ko je to rekao, bio je to Robert Šuler, a on nije jedini koji tako misli. Ali prema Svetom pismu, osvešćivanje ljudi da su u izgubljenom i grešnom stanju u stvari je sastavni deo saopštavanja radosne vesti o Isusu Hristu. Ako pročitate sažetke Petrovih propovedi u prvim poglavljima Dela apostolskih, videćete više puta da je Petar bio začuđujuće iskren po pitanju grešnosti svojih slušalaca.

Možemo se pretvarati da se svi iskreno bave traženjem istine, ali Sveto pismo nas uči da su ljudi po prirodi otuđeni od Boga i u neprijateljstvu sa njim. Treba da budemo iskreni po tom pitanju. To možda nije prijatno reći, ali je istinito i zbog toga verno poruci evanđelja.
Skrivanje važnih i neprijatnih delova istine je manipulacija. To je isto kao prodaja netačne količine robe.

2. Treba da naglasimo hitnost: „Ako se pokajete i poverujete, spašćete se, ali treba odmah da odlučite."

Treba jasno da istaknemo hitnost poruke evanđelja i naši slušaoci svakako ne treba da čekaju dok se ne pojavi neka „bolja prilika".

Da li ste i vi od onih osoba koje čekaju da se pretplate na neki magazin sve dok poštom ne dobiju dve ili tri ponude? Znate ono kada sačuvate ponude, pa sednete i uporedite ih i odlučite se za najbolju? Da li to radite i kada je u pitanju paket za mobilni telefon? Mogli biste da potrošite dobar deo svog života pokušavajući da nađete najbolji postojeći paket za mobilni telefon!

Ali kad je reč o evanđelju, nema razloga za čekanje na bolju ponudu. Prema Novom zavetu, Isus je jedini put do Boga (vidite Jovan 14,6; Dela 4,12; Rimljanima 10). Koji bi bio vaš drugi predlog da se grešnici pomire sa svetim Bogom? Nema drugog puta sem Hrista, a ako je Hristos jedini put, šta onda čekamo? Kao što Biblija upozorava: „»Danas ako mu čujete glas, neka vam ne otvrdne srce.«" (Jevrejima 4,7; Psalam 95,7–8).

Biblijsko shvatanje evangelizacije

Isus je u svom propovedanju naglašavao hitnost. Pogledajte na primer ovu njegovu priču koju je zabeležio Luka:

„Onda im ispriča ovu priču: » Imao jedan čovek smokvu posađenu u svom vinogradu, pa došao da na njoj potraži ploda, ali ga ne nađe. » Tada reče vinogradaru: 'Evo već tri godine dolazim i tražim ploda na ovoj smokvi, ali ga ne nalazim. Poseci je. Zašto da slabi zemlju.'

„» 'Gospodaru', odgovori mu vinogradar, 'ostavi je još ovu godinu, da oko nje okopam i nađubrim, pa će možda dogodine doneti plod. A ako ne rodi, poseci je' «" (Luka 13,6-9).

Nije ni manipulacija ni grubost uputiti hitno upozorenje poput ovoga, jer ono je istinito. Niko od nas nema neograničeno vreme za odlučivanje da li će poći za Hristom.

Hrišćanima je otkriveno da istorija nije kružna, da se ne ponavlja stalno u beskrajnom krugu događaja, nego znamo da će Bog jednog dana istoriju privesti kraju na dan suda. Znamo da nam je on dao ovaj život i da će nam ga uzeti. Vreme koje imamo je ograničeno. Nismo sigurni koliko vremena imamo, ali od nas zavisi kako ćemo ga koristiti. Zato je Pavle rekao Efescima da svaku priliku iskoriste najbolje što mogu (Efescima 5,16).

Poput sakupljača, koji omiljeni predmet kupuje u svim mogućim oblicima, treba da čeznemo za tim da pametno iskoristimo svaki sat koji tako brzo prođe, da ga pretvorimo u trofej za Boga jer smo ga upotrebili za njega. Ne treba da budemo zadovoljni ovakvim razmišljanjem: „Živeću još nekoliko godina u sebičnosti, a onda, kada sve moje želje budu ispunjene, pokajaću se i poći za Hristom!" Treba da znamo, kao što je i Pavle znao, da je vreme kratko: „Hoću da kažem, braćo: vreme je kratko. Ubuduće... koji koriste stvari ovoga sveta – [neka budu] kao da ih ne koriste, jer prolazi obličje ovoga sveta" (Prva Korinćanima 7,29, 31).

Da li ste sada u nekoj situaciji za koju znate da nije trajna? Kako koristite takve situacije za poslušnost Bogu? Verujte da će

Peta odlika

vas Gospod koristiti u tim situacijama i nemojte stalno čekati nove. Dozvolite Gospodu da vas upotrebi u tom trenutku radije nego da čekate sledeći, jer ne znate čak ni da li će taj sledeći trenutak doći. Ne dozvolite da vas zavara prolazna trajnost zgrada ili ustanova ili uspavljujuća dosada dugih sati i minuta! Pavle je u Efescima 5,16 rekao da su dani zli, misleći pod tim da su opasni, da su kratka prilika i da zato treba da otkupljujemo vreme i najbolje iskoristimo svaku priliku. Stoga kažemo s Pavlom, u svetlu sigurnog suda, da nas Hristova ljubav primorava da objavljujemo radosnu vest (Druga Korinćanima 5,10-14).

3. Treba da kažemo ljudima s radošću: „Ako se pokajete i poverujete u evanđelje, spašćete se, a to je vredno i najvećih teškoća!"

U Jevrejima 11 je zapisan osvrt na priče o ljudima koji su patili zbog vere, ali su istrajali. U Jevrejima 12 čitamo da je i sam Isus podneo krst zbog radosti koja je bila postavljena pred njega. Tako ćemo i mi doživeti patnju – prigovaranja, gubitak posla, zahladnele odnose i gore od svega toga – zato što saopštavamo evanđelje.

Misionar i mučenik Džim Eliot je rekao: „Nije bezumno dati nešto što ne možete zadržati da biste stekli nešto što ne može da se izgubi." Šta dobijamo kada dođemo Hristu? Dobijamo odnos sa samim Bogom i dobijamo oproštenje, smisao, svrhu, slobodu, zajednicu, sigurnost i nadu. Kada saopštavamo evanđelje, treba da budemo iskreni po pitanju teškoća, ali to ne znači da treba da krijemo blagoslove. Isto tako ne treba ni da se pretvaramo da je hrišćanski život težak samo zato da bi ljudi mislili da smo verodostojni i iskreni. Treba da budemo potpuno iskreni, a to znači da kažemo ljudima da imamo radosnu vest o Isusu Hristu i da je odluka da umremo sebi i pođemo za Hristom beskrajno vrednija od svih teškoća.

Biblijsko shvatanje evangelizacije

4. Treba da upotrebljavamo Sveto pismo.
Sveto pismo ne služi samo za javno propovedanje. Naučite ga sami za sebe i saopštavajte ga drugima. Oni će videti da vaša poruka ne potiče od vaših misli ili ideja. Evangelizator Filip predstavlja dobar primer upotrebe Svetog pisma prilikom saopštavanja evanđelja. Kada je saopštavao poruku evanđelja etiopskom zvaničniku, upotrebio je Stari zavet da mu kaže o Hristu (vidite Dela 8).
Kad koristimo Sveto pismo u saopštavanju evanđelja, pomažemo ljudima da shvate da ne govorimo svoje ideje, nego reči samog Boga.

5. Treba da shvatimo da život pojedinačnih hrišćana i život cele crkve igra ključnu ulogu u evangelizaciji.
Naš život, kao pojedinaca i kao zajednice, treba da pruži verodostojnost evanđelju koje propovedamo. To je jedan od razloga zbog kojih je crkveno članstvo tako važno. Mi, kao crkva, nosimo zajedničku odgovornost da svetu pokažemo šta znači biti hrišćanin. Trebalo bi jasno da razumemo šta znači biti član crkve i da pomognemo drugim vernicima da to shvate. Bog se ne proslavlja samo kada saopštavamo poruku evanđelja, nego i kada zaista živimo u skladu s njom. To ne znači da bilo ko od nas može da živi savršeno, ali možemo da se trudimo da živimo na način koji je dobar za ugled evanđelja. Setite se Isusovih reči iz Propovedi na gori: „Neka tako vaša svetlost svetli pred ljudima, da vide vaša dobra dela i da slave vašeg Oca, koji je na nebesima" (Matej 5,16, uporedite sa Prvom Petrovom 2,12). Možete živeti svoj život tako da on Bogu donosi slavu jer ljudi koji vas posmatraju počinju da veruju u evanđelje.
Ovo se ne tiče samo vašeg ličnog života, nego i zajedničkog života vernika u zajednici. Podsetimo se Hristovih reči: „Novu zapovest vam dajem – da volite jedan drugoga. Kao što sam ja voleo vas, tako i vi volite jedan drugoga. Po ovom će svi znati da

Peta odlika

ste moji učenici: ako budete imali ljubavi jedan za drugoga" (Jovan 13,34-35).

Živite životom ljubavi i predanja drugim članovima svoje mesne crkve, jer to je deo temelja vašeg ličnog osveštanja i vaše evangelizacijske službe. Naši lični životi nisu dovoljan svedok, nego zajednički život crkvene zajednice predstavlja odjek koji potvrđuje naše svedočanstvo.

6. Ne treba da zaboravimo da se molimo.

Setite se važnosti molitve u evangelizaciji, jer spasenje je Božije delo. Mi u potpunosti zavisimo od njega, i nigde od njega ne zavisimo više nego kada treba da se dogodi duhovno vaskrsenje nehrišćana koji se kaju. Pavle je u Rimljanima 10,1 rekao: „Braćo, želja moga srca i moja molitva Bogu za Izraelce jeste da se spasu." Molite se redovno za svoje prijatelje i susede koji nisu hrišćani. Ako ste pastir, redovno vodite svoju crkvu u molitvi za konkretne evangelizacijske prilike u životu vaših članova. Budite uzor redovne molitve, kako za evangelizaciju, tako i za obraćenje ljudi.

7. Treba da izgrađujemo odnose sa nehrišćanima.

Sva prethodna uputstva mogu da se primene na sve situacije u kojima saopštavate evanđelje – na primer, vaš sagovornik je s vama u liftu, ili u autobusu, ili u vazduhoplovu, ali jedna zasebna vrsta evangelizacije tiče se ljudi koje već poznajete – vaših prijatelja i porodice – a koji nisu hrišćani. Ona se tiče ljudi koje možete da upoznate. To možete postići ako posvetite malo vremena i razmišljanja odlascima na mesta gde možete da se sretnete s ljudima koji ne poznaju Hrista i da izgradite lični odnos sa njima. (Pastiri, to znači da naše crkve ne smeju toliko da upošljavaju ljude sastancima ili aktivnostima da im ne ostane vremena za izgradnju odnosa s nehrišćanima.)

Biblijsko shvatanje evangelizacije

Evo jedne vežbe: sastavite spisak svih nehrišćana s kojima ste razgovarali prethodne sedmice. Koga od njih ćete verovatno videti ponovo? Koga od njih biste mogli da vidite ponovo? Neka vam bude prioritet da im saopštite evanđelje.

8. Treba da sarađujemo sa drugim hrišćanima da bismo saopštili evanđelje i ljudima koji uopšte ne žive blizu hrišćana.

Ovo je istovremeno i proširenje prethodnog uputstva – namerne izgradnje odnosa sa nehrišćanima – ali podiže našu preduzimljivost na sledeći nivo. Ako je Božiji naum da ceo svet čuje radosnu vest i ako je Bog taj zadatak poverio nama (Matej 28,18-20), onda mi treba da šaljemo (Rimljanima 10,15) i mi treba da idemo (Rimljanima 19,14)! Zar želimo da iko stvoren na Božiju sliku živi u neznanju o Božijoj ljubavi u Hristu? Zdrava mesna crkva će doživeti da njena briga za evangelizaciju pojačava njenu ljubav, ne samo prema onima oko nje u širokoj društvenoj zajednici, nego i prema onima koje još nikada nije srela i prema onima koji nikada nisu čuli evanđelje.

Zaključak

Hrišćani treba svima da saopštavaju radosnu vest – svi treba da evangeliziramo. To bi trebalo da činimo iskreno, s radošću, naglašavajući hitnost, živeći život koji podupire našu poruku i sve to treba da činimo za Božiju slavu.

U svojoj knjizi *Soul Wining Made Easy*[69] C. S. Lovet izložio je „plan za pridobijanje duša" zasnovan na prodajnim tehnikama onog vremena kada je pisao, 1959. godine. „Vi upravljate situacijom", rekao je Lovet obraćajući se hrišćanima kao prodavcima:

„Izvežbani pridobijač duša može da dovede svoju mušteriju do odluke. Nema odstupnice dok sigurnim i spretnim koracima

Peta odlika

ide sve do trenutka spasenja. To je moguće zbog njegove sposobnosti da upravlja razgovorom. On tačno zna šta će reći na svakom koraku i može čak i da predvidi odgovore svoje mušterije. On ume da održi razgovor usredsređenim na glavno pitanje i da spreči da se pokrenu nepovezane teme. Ova tehnika upravljanja razgovorom je nova u evangelizaciji i predstavlja pravi proboj u pridobijanju duša."[70]

Lovet je iskrenim hrišćanima zatim dao uputstva o raznim alatima koji su im potrebni i dao im neke „korisne savete", poput saveta: „Razgovarajte nasamo sa svojom mušterijom." U jednom trenutku je poučavao o tome „kako pritisnuti na odluku" i čak je ilustrovao svoju poentu nekim fotografijama. Kada završite saopštavanje evanđelja, rekao je Lovet...

„...položite svoju ruku čvrsto na mušterijino rame (ili ruku) i poluzapovednim tonom glasa joj recite: 'Sagni svoju glavu sa mnom da se pomolimo.' Pazite – nemojte je gledati dok joj to govorite, nego prvi pognite glavu. Krajičkom oka ćete videti kako isprva okleva, a zatim, kada se njen otpor sruši, glava će joj se spustiti. Vaša ruka na njenom ramenu osetiće kako se opustila i znaćete da je njeno srce popustilo. Kada prvi pognete glavu, to stvara izuzetan psihički pritisak."[71]

Koliko današnjih crkava je puno ljudi koji su na sličan način bili psihički pritisnuti, ali nisu stvarno doživeli obraćenje od Božijeg Duha? I šta je sa hrišćanima koji su evangelizirali na ovaj način? Da li smo to napunili crkve ljudima koji su se odazvali na evanđelje kada su imali osam godina zato što su iskreno želeli da ugode mami i tati, koji su pognuli svoju glavu, zatvorili oči i čak izašli napred u crkvi, ali se nisu istinski pokajali i poverovali? Koju smo uslugu učinili evanđelju u Americi načinom na koji evangeliziramo? C. S. Lovet je možda bio verniji evangelizator od većine nas. Možda je bio veoma veran u svom staranju za ljude i u saopštavanju evanđelja. Bog može da upotrebi i gore saopštavanje evanđelja od njegovog da bi ljude doveo sebi. Neka Bog

Biblijsko shvatanje evangelizacije

svakom od nas da srce i vernost koji će učiniti da nam je toliko stalo do evangelizacije da o njoj možemo da napišemo knjigu. Ali neka nas Bog isto tako spreči da pogrešno shvatimo evangelizaciju do te mere da svoje crkve ispunimo ljudima koji ne poznaju Gospoda.

Nakon jednog nedeljnog jutarnjeg bogosluženja posetilac crkve me uhvatio za ruku, privukao me k sebi i rekao: „Dr Dever, samo sam želeo da vam kažem da je ovo bila jedna od najboljih prodajnih prezentacija koje sam čuo u životu. Postojao je samo jedan problem: niste zaključili prodaju!"
Zaista nisam znao kako da mu odgovorim. Nisam rekao gotovo ništa, ali sam pomislio sledeće: „Prijatelju, znam kakvu prodaju mogu da zaključim, a znam i kakvu ne mogu. Otkupljenje večne duše je jedna od tih prodaja koje ja, u svojoj snazi, ne mogu da zaključim."

Potrebno je da budem svestan toga, ali to ne treba da me spreči da propovedam evanđelje, nego treba da spreči da moje saopštavanje evanđelja bude oblikovano na osnovu odaziva koji priželjkujem na kraju i željom da se „zaključi prodaja". Umesto da upotrebim sve svoje sile da ubedim i promenim grešnika dok Bog kavaljerski stoji u pozadini i tiho čeka da ga duhovni leš, njegov proglašeni duhovni neprijatelj, pozove u svoje srce, ja ću propovedati evanđelje pokušavajući da uverim, ali znajući da ne mogu da obratim, a zatim ću ja stajati u pozadini dok Bog upotrebljava sve *svoje* sile da uveri, obrati i promeni grešnika. Tada ćemo videti ko stvarno može mrtve da pozove u život.

Bog može da upotrebi *bilo koga* za svoju slavu. On i voli da upotrebi „bilo koga". Izabrao je da upotrebi Mojsija koji je mucao, a Pavla, jevrejskog nacionalistu, upotrebio je da dosegne neznabošce. Bog koristi tako neobične ljude i zato on dobija slavu.

Čarls Sperdžen je ispričao kako je Džordža Vitfilda...

„...velikog evangelizatora iz XVIII veka, progonila jedna skupina klevetnika koji su sebe nazivali „Klub paklene vatre". Kad bi Vitfild stajao na otvorenom i propovedao, ova mala skupina

PETA ODLIKA

momaka stajala bi negde po strani i oponašala ga. Oni nisu verovali ni reč njegove poruke. Njihov kolovođa se zvao Torp.

Jednoga dana Torp je oponašao Vitfilda pred svojim pristalicama izlažući njegovu propoved s brilijantnom preciznošću, savršeno oponašajući njegov ton i izraze lica, kad se odjednom toliko prenerazio da je seo i obratio se na licu mesta."[72]

Evanđelje je moćno samo po sebi. Neka nam Bog dâ da kao pojedinci i kao crkve budemo uključeni u službu evangelizacije. Neka nam pomogne da ne evangeliziramo na pogrešan način, nego na način koji jasno predstavlja evanđelje.

A kada jasno predstavljamo evanđelje, počinjemo da vidimo plodove. Crkveno članstvo će ponovo dobiti svoj smisao (više o tome u sledećem poglavlju), a evanđelje će postati vidljivo svetu oko nas, pa čak i svetu koji je unutar crkve!

Ponekad nas optužuju govoreći: „Ako stvarno veruješ u izabranje, nećeš evangelizirati", ali mnogi od najvećih evangelizatora u istoriji hrišćanske crkve verovali su u spasenje po Božijem izabranju. Vera u učenje o izabranju nije umanjila evangelizatorski žar kod Vitfilda ili Edvardsa, Kerija ili Džadsona, Sperdžena ili dr Martina Lojda Džounsa, Fransisa Šefera ili D. Džejmsa Kenedija, Tima Kelera ili Džona Pajpera. U stvari, kao neko ko želi da se više evangelizira, moja briga je upravo suprotna: ako *ne verujete* u ono što smo razmotrili u prethodnih nekoliko lekcija – da je evanđelje radosna vest o Božijem delovanju, pri čemu je Otac izabrao, Sin umro, a Duh privukao; da je obraćenje samo naš odaziv na to što nam Bog daje milosne darove pokajanja i vere; i da je evangelizacija naše jednostavno, verno, molitveno saopštavanje ove radosne vesti – brinem se da ćete u stvari narušiti evangelizacijski zadatak crkve stvarajući lažne obraćenike i puneći crkve ljudima koji u stvari ne poznaju Isusa. Možete ljudima pričati priče od kojih će zaplakati, osetiti teskobu u srcu i doneti iskrenu odluku, ali oni se tako neće suočiti s realnošću svojih greha, sa svojom potrebom da se pokaju i sa Svetim Duhom. Takav metod im neće dati novi

Biblijsko shvatanje evangelizacije

život, a ipak će biti kršteni, postaće članovi crkve i uključiće se u crkvene aktivnosti.

Pavle je jednom prilikom bio obeshrabren i Gospod mu je nešto rekao da ga ohrabri da nastavi s objavljivanjem evanđelja. To što mu je Gospod rekao u stvari bi moglo da se smatra veroispovedanjem o izabranju: „Jedne noći Gospod reče Pavlu u viđenju: »Ne boj se, nego govori i nemoj da ućutiš. Jer, ja sam s tobom i niko te neće napasti ni naneti ti zlo, pošto imam mnogo ljudi u ovom gradu«" (Dela 18,9-10). Bog je upotrebio nauku o izabranju da ohrabri Pavla na evangelizaciju.

Potrebno je da prestane pogrešan, plitak pogled po kom se evangelizacija smatra trudom da se ljudi dovedu do toga da na određeno pitanje odgovore potvrdno ili da jednom donesu nekakvu odluku. Potrebno je da prestane da se rađa rđav plod lažne evangelizacije. Potrebno je da svetovni ljudi prestanu da primaju uveravanja da su spaseni samo zbog toga što su jednom ustali ili podigli ruku ili ponovili neku molitvu. Treba da doživimo pravo probuđenje koje se neće izgubiti u mnoštvu naših izveštačenih i usiljenih sastanaka koje nazivamo „probuđenjima" kao da mi možemo da odredimo kada će zaduvati vetar Božijeg Duha. Potrebno je da prestane crkveno članstvo koje je značajno veće od broja ljudi koji su uključeni u crkveni rad, da se završi neaktivnost u našim ličnim životima i naše zanemarivanje zadatka da evangeliziramo – poziva da saopštavamo radosnu vest. Potrebno je da prestane ova iscrpljujuća smrtna hladnoća prema slavnom pozivu da saopštavamo radosnu vest.

Treba da prepoznamo značaj radosne vesti o Isusu Hristu. Dok se to ne dogodi, ne možemo saznati ništa korisno o evangelizaciji i doživljavaćemo je samo kao neprijatnu dužnost ili možda povremenu želju. Ali kada poruka o krstu zarobi naše srce i našu maštu, tada ni naši jezici – koji mucaju, zastajkuju, koji su uvredljivi, čudni, sarkastični i nesavršeni – neće daleko zaostajati. Kao što je Isus rekao: „...usta govore ono čega je srce prepuno" (Matej 12,34). Čime je ispunjeno vaše srce? Na šta trošite reči?

ŠTA SLEDI
ŠESTA ODLIKA: BIBLIJSKO SHVATANJE CRKVENOG ČLANSTVA

Šta je mesna crkva?
Zašto se priključiti nekoj mesnoj crkvi?
1. Da steknemo sigurnost
2. Da evangeliziramo svet
3. Da razotkrivamo lažna evanđelja
4. Da izgrađujemo crkvu
5. Da proslavljamo Boga

Uslovi članstva u mesnoj crkvi
1. Dela – pre svega krštenje
2. Potpisivanje veroispovedanja i crkvenog zaveta

Posebne odgovornosti članova u našoj crkvi
1. Redovan dolazak na bogosluženja
2. Posebno redovan dolazak na pričest
3. Redovan dolazak na sastanke članova
4. Redovna molitva
5. Redovno davanje

Zaključak

Šesta odlika

Biblijsko shvatanje crkvenog članstva

Čini mi se da sve statistike pokazuju da je doba u kom živimo doba „straha od obaveza". To je strah da ćemo, ako obećamo da ćemo učiniti nešto dobro, propustiti nešto još bolje. Iako vidimo mnogo toga dobrog što bismo mogli da radimo, zbog ovog straha ipak radije želimo da nam „mogućnosti ostanu otvorene".
Nema sumnje da je to mudrost našeg doba. Jedan pisac je zapazio sledeće:

„Istraživanja javnog mnjenja ukazuju na sve dublji paradoks u društvu: istovremeno raste stopa verskog predanja sa stopom sve dublje moralne relativnosti. Na primer, dok 91% ljudi smatra religiju veoma važnom u svom životu, 63% odbacuje pojam apsolutne istine."[73]

I Džordž Barna je prilično čudne rezultate jednog istraživanja nazvao jednim od svojih pet najvažnijih statističkih podataka za kraj 1998. godine: „Samo 43 odsto odraslih koji se izjašnjavaju kao hrišćani su 'apsolutno predani' hrišćanskoj veri!"
Može li čovek istovremeno da bude hrišćanin i da bude u strahu od obavezivanja? Ne pitam da li hrišćanin može da bude nesiguran u neke stvari. Većina hrišćana ima sumnje, ali šta bi

Šesta odlika

moglo više da nam ograniči mogućnosti od hoda sa Isusom, koji je svojim učenicima rekao da svako ko želi da ide za njim mora da „uzme svoj krst" (Matej 16,24)?

Ovome dodajte problem „usamljenih jahača", koji kažu: „Zašto bismo zavisili od nekoga ako nešto možemo da uradimo sami?" Danas nam je stalo do lakoće i jednostavnosti. Zašto da se upetljavamo sa drugima? Možda ćemo mi njima biti teret, a oni svakako mogu biti teret za nas. Kada spojimo ove sklonosti, dobijamo kulturu koja je prilično neprijateljski nastrojena prema novozavetnom hrišćanstvu i koja svakako baš mnogo ne voli crkveno članstvo.

Zar čitava ideja crkvenog članstva nije kontraproduktivna? Ako kažemo da smo mi u crkvi, a vi ste van nje, zar to ne zvuči kao da nismo prijateljski nastrojeni, a možda čak i pomalo elitistički? Da li možemo ići toliko daleko da kažemo da je to nebiblijski i nehrišćanski? U Delima 2,47 stoji ovako: „...Gospod im je svakog dana pridodavao one koji su se spasavali" (stih 47). Zar to nije sve što je potrebno? Zar crkva kao pojava upravo i nije nastala našim spasenjem? Na primer, kada se etiopski zvaničnik odazvao na evanđelje i krstio se, zar nije automatski postao član crkve (vidite Dela 8)?

Uveren sam da je ispravno poimanje članstva ključni korak za vraćanje života u naše crkve, za evangelizaciju našeg naroda, za proširivanje Hristove misije širom sveta i za proslavljanje Boga kroz sve to. Ne zaboravite da ovo poglavlje pripada knjizi koja se zove *Devet odlika zdrave crkve*. Kao što sam rekao u uvodu, cilj ove knjige nije da se dotakne svega što se može reći o zdravoj crkvi, nego u ovih devet poglavlja pokušavam da vam skrenem pažnju na neka važna polja crkvenog života koja su zanemarena, pa čak i zaboravljena u savremenom hrišćanskom životu u Americi.

Savez crkava kom pripadam je najbolji primer. Prema nedavnom istraživanju koji je obavio Savez južnih baptista *(Southern Baptist Convention)*, prosečna crkva južnih baptista ima sto

Biblijsko shvatanje crkvenog članstva

sedamdeset šest članova, od kojih je samo šezdeset devet prisutno na redovnom nedeljnom jutarnjem bogosluženju.[74] Gde je preostalih stotinu trinaest članova? Da li svi oni leže kod kuće bolesni, ili su u staračkom domu, ili na fakultetu? Da li su na odmoru ili u vojsci? Možda neki jesu, ali zar svih sto trinaest? Šta takve crkve poručuju o hrišćanstvu svetu oko nas? Šta to pokazuje o važnosti hrišćanstva u našem životu? Koje je duhovno stanje tih ljudi koji nisu dolazili u crkvu mesecima ili čak i duže? Da li mi uopšte treba da se bavimo njihovim nedolaženjem?

U ovom poglavlju razmotrićemo sledeća tri pitanja:

1. Šta je mesna crkva?
2. Zašto se priključiti nekoj mesnoj crkvi?
3. Kako postati član mesne crkve?

1. Šta je mesna crkva?

Reč *crkva* ne odnosi se na organizacionu jedinicu bilo koje religije. Nećete čuti da neko govori o „budističkim crkvama" ili o „jevrejskim crkvama". U tom smislu, *crkva* je u potpunosti hrišćanska reč. Reč *crkva* ne označava zgradu u svom osnovnom značenju, nego tek u izvedenom. Zgrada je u stvari mesto na kom se crkva okuplja – i zato su puritanci iz Nove Engleske nazvali crkvenu zgradu „kuća sastanka". Najranije crkve u Novoj Engleskoj spolja su izgledale kao velike kuće – jer su i bile kuće gde se crkva okupljala.

Prema Novom zavetu, crkva je pre svega skup ljudi koji ispovedaju i pokazuju dokaze da su spaseni samo Božijom milošću, samo za njegovu slavu, samo kroz veru i samo u Hristu. To je novozavetni pojam crkve, a ne zgrada. Prvi hrišćani nisu imali zgrade gotovo tri stotine godina nakon nastanka crkve. Crkva je mesni skup ljudi koji su predani Hristu, koji se redovno okupljaju da slušaju kako se njegova reč propoveda, koji su poslušni njegovoj reči, uključujući i njegove zapovesti da vernici treba da se krste i da slave Gospodnju večeru.

Šesta odlika

Izgleda da se nekoliko odlomaka u Novom zavetu tiče crkve u apstraktnom ili vaseljenskom smislu, ali velika većina odlomaka o crkvi odnosi se na mesnu crkvu, na živi skup ljudi koji su puni ljubavi i koji su predani Hristu i jedni drugima. To je osnovno značenje reči *crkva* i u tom značenju je stalno srećemo u Novom zavetu. Crkva je telo iz kog možete biti isključeni i u koje, stoga, možete biti i uključeni. Razmotrite sledeće: Ako nema načina da budete *isključeni* iz mesne crkve koju trenutno pohađate, to je možda zbog toga što se u nju niste ni *uključili* onako kako to Sveto pismo predviđa.

Evo jedne usputne napomene za istoričare. Pojam crkve kao zajednice vernika koji su se međusobno zavetovali – a ne samo svih ljudi koji žive na određenom mestu – predstavlja važan doprinos koji su baptisti pružili verskim slobodama u našem narodu. Crkva ni vama ni članovima vaše porodice ne pripada na osnovu prirodnog fizičkog nasleđa. Ne pripada vam ni zbog toga što ste državljanin ove zemlje. Iako su svi ljudi dobrodošli da prisustvuju bogosluženjima, Novi zavet nas uči da je crkva, po svom cilju i članstvu, namenjena vernicima, onima kojima je Božiji Duh dao novo rođenje i koji se zavetom udruže u zajednicu. Amerika danas ima zakone koji takvim crkvama omogućuju da rade u slobodi. Neki ljudi koji nisu vernici danas se plaše da hrišćani traže „zvaničnu" crkvu u Americi, ali hrišćani koji su nasledili ovo baptističko shvatanje crkve u stvari su najveći protivnici takve crkve, jer naš pojam crkve to ne dozvoljava. Mi više čeznemo za evangelizacijom našeg naroda kroz crkve kojima je dozvoljeno da slobodno sarađuju kao vernici u Hristu.

Ako u Delima apostolskim pročitate priču o prvim crkvama, nećete naći nikakav dokaz da je bilo koja od njih primala za članove ikoga sem vernika. U Pavlovim poslanicama se jasno vidi da je i Pavle pisao kao da se crkve sastoje samo od vernika. Zato im se obraćao kao svetima – onima koje je Bog posebno izabrao. Crkva je Hristovo telo, lokalni skup hrišćana koji su predani Hristu i jedni drugima.

Biblijsko shvatanje crkvenog članstva

Zašto se priključiti nekoj mesnoj crkvi?

Svi stručnjaci za rast crkve su mi rekli da pozivanje ljudi da se priključe mesnoj crkvi u stvari predstavlja pogrešan potez. Upozoravaju me sledećim rečima: „Mark, možda ćeš kod njih izazvati nezadovoljstvo. Zašto prosto ne preskočiš tu temu?" Ali ja mislim da je ova tema obavezna za naše crkve i za savremene hrišćane. Crkveno članstvo je ključna tema za shvatanje poziva koji nam je Hristos uputio jer smo njegovi učenici. Priključivanje mesnoj crkvi nas neće spasti, kao ni naša dobra dela, obrazovanje, kultura, prijatelji, novčani doprinosi ili krštenje. Nehrišćani ne treba da imaju želju da se priključe mesnoj crkvi, nego da saznaju više o tome šta znači biti hrišćanin.

Ali evo pitanja za one koji ispovedaju da su hrišćani – šta znači živeti hrišćanskim životom? Da li hrišćanski život živimo sami? Da li se hrišćanski život tiče samo naših individualnih, izolovanih vrlina ili duhovnih osobina na kojima radimo – toga što smo pošteni na poslu, što ne varamo muža ili ženu i što verujemo da su određene tvrdnje istinite?

Ili to možda nije dobar opis vašeg života? Možda vi znate da hrišćanski život podrazumeva uključivanje drugih? Ali ko su ti drugi? Da li su to drugi ljudi na poslu, ili druge žene u vašoj ženskoj grupi za proučavanje Biblije, ili vaši prijatelji iz školskih dana, ili vaša hrišćanska grupa na fakultetu? S kojim hrišćanima smo pozvani da živimo u zajednici? Crkva je za sve ljude koji su hrišćani. Ona nije jednolična skupina u čijem središtu se nalazi samo jedan zadatak nižeg reda, poput evangelizacije studenata ili objavljivanja nekog časopisa. Hrišćanska crkva nije samo za vas i za vaše prijatelje, nego za sve vernike.

Odgovornosti i obaveze članova mesne hrišćanske crkve u stvari su odgovornosti i obaveze svih hrišćana. Članovi mesne crkve, kao i svi hrišćani, treba da budu kršteni i da redovno dolaze na Gospodnju večeru. Treba da slušamo Božiju reč i da joj budemo poslušni. Treba redovno da se okupljamo radi međusobne izgradnje. Treba da volimo Boga, jedni druge i one van naše zajednice.

Šesta odlika

U našem životu treba da postoje dokazi o plodu Svetog Duha (Galaćanima 5,22-23). Treba da slavimo Boga u svemu što radimo – kod kuće, na poslu, u društvenoj zajednici i uopšte u životu. Hrišćani imaju i posebne dužnosti vezane za crkvenu zajednicu. "Hrišćanski život je stvar zajednice i može se potpuno ostvariti jedino u povezanosti s drugima."⁷⁵ Najosnovnija obaveza koju hrišćani imaju prema zajednici je dužnost redovnog prisustva na skupovima zajednice (vidite Jevrejima 10,25; uporedite Psalam 84,4. 10; Dela 2,42). Uopšteno gledano, dužnosti članova crkve mogu se podeliti na dužnosti prema drugim članovima i dužnosti prema pastirima.

Trougao članstva

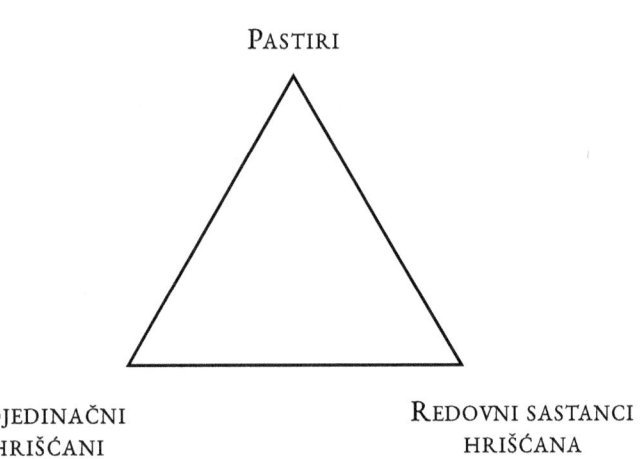

Pastiri

Pojedinačni hrišćani

Redovni sastanci hrišćana

Crkvenim članstvom se praktično sprovodi biblijsko učenje o svesnom predanju koje treba da postoji u crkvi – međusobne obaveze pojedinačnih hrišćana, obaveze između pojedinačnih hrišćana i pastirâ crkve i obaveze prisustva na postojećim sastancima zajednice.

Biblijsko shvatanje crkvenog članstva

Dužnosti i odgovornosti koje crkveni članovi imaju *jedni prema drugima* predstavljaju sažetak života crkve, koja je novo društvo. Pošto su sledbenici Isusa Hrista, hrišćani imaju obavezu da vole jedni druge (Jovan 13,34-35; 15,12-17; Rimljanima 12,9-10; 13,8-10; Galaćanima 5,14; 6,10; Efescima 1,15; Prva Petrova 1,22; 2,17; 3,8; 4,8; Prva Jovanova 3,16; 4,7-12; uporedite Psalam 133). Hrišćani su članovi iste porodice, delovi istog tela (Prva Korinćanima 12,13-27). Ako uklonimo ljubav iz života crkve, nijedna druga dužnost njenih članova više neće biti vredna truda. Ljubav obavezuje članove crkve da izbegavaju bilo šta što „čini da ljubav zahladi".[76] Kroz ovu ljubav se pokazuje sama priroda evanđelja.

Članovi mesne crkve imaju obavezu i da se trude da održavaju mir i jedinstvo u svojoj zajednici (Rimljanima 12,16; 14,19; Prva Korinćanima 13,7; Druga Korinćanima 12,20; Efescima 4,3-6; Filipljanima 2,3; Prva Solunjanima 5,13; Druga Solunjanima 3,11; Jakov 3,18; 4,11). Čežnja za mirom i jedinstvom trebalo bi prirodno da proističe iz obaveze da volimo (Rimljanima 15,6; Prva Korinćanima 1,10-11; Efescima 4,5, 13; Filipljanima 2,2; uporedite Sofonija 3,9). Osim toga, ako su hrišćani jednog duha i uma – Duha Hristovog – onda je jedinstvo prirodni izraz tog Duha. Pošto greh ostaje u vernicima tokom ovog života, jedinstvo zahteva trud. Stoga je hrišćanima upućen sledeći poziv: „...čvrsto stojite u jednom duhu i jednodušno se borite za veru evanđelja" (Filipljanima 1,27). Svađe treba aktivno izbegavati (Poslovice 17,14; Matej 5,9; Prva Korinćanima 10,32; 11,16; Druga Korinćanima 13,11; Filipljanima 2,1-3).

Ljubav se iskazuje, a jedinstvo neguje kada članovi mesne crkve aktivno saosećaju jedni s drugima. Na primer, Pavle je ovako podsticao zajednicu u Rimu: „Radujte se sa onima koji se raduju, plačite sa onima koji plaču" (Rimljanima 12,15; uporedite Jov 2,11; Isaija 63,9; Prva Korinćanima 12,26; Galaćanima 6,2; Prva Solunjanima 5,14; Jevrejima 4,15; 12,3). A evo i drugih dužnosti:

ŠESTA ODLIKA

> Da se staraju jedni za druge, fizički i duhovno (Matej 25,40; Jovan 12,8; Dela 15,36; Rimljanima 12,13; 15,26; Prva Korinćanima 16,1-2; Galaćanima 2,10; 6,10; Jevrejima 13,16; Jakov 1,27; Prva Jovanova 3,17; Ponovljeni zakoni 15,7-8, 11)
> Da paze jedni na druge i da jedni drugima budu odgovorni (Rimljanima 15,14; Galaćanima 6,1-2; Filipljanima 2,3-4; Druga Solunjanima 3,15; Jevrejima 12,15; uporedite Levitska 19,17; Psalam 141,5)
> Da rade na izgradnji jedni drugih (Prva Korinćanima 14,12-26; Efescima 2,21-22; 4,12-29; Prva Solunjanima 5,11; Prva Petrova 4,10; Druga Petrova 3,18)
> Da podnose jedni druge (Matej 18,21-22; Marko 11,25; Rimljanima 15,1; Galaćanima 6,2; Kološanima 3,12), uključujući i obavezu da ne tuže jedni druge (Prva Korinćanima 6,1-7)
> Da se mole jedni za druge (Efescima 6,18; Jakov 5,16)
> Da se klone onih koji žele da unište crkvu (Rimljanima 16,17; Prva Timoteju 6,3-5; Titu 3,10; Druga Jovanova 10-11)
> Da odbijaju da procenjuju ljude na osnovu svetovnih merila (Matej 20,26-27; Rimljanima 12,10-16; Jakov 2,1-13)
> Da se zajedno bore za evanđelje (Filipljanima 1,27; Juda 3)
> Da jedni drugima budu uzori (Filipljanima 2,1-18)

Članovi crkve imaju posebne odgovornosti i prema vođama crkve, kao što i vođe crkve imaju obavezu prema njima. Kao što je Pavle rekao Korinćanima: „Neka nas, dakle, ljudi smatraju Hristovim slugama i upraviteljima Božijih tajni" (Prva Korinćanima 4,1). Vođe treba da budu poštovane u crkvi. O njima treba imati visoko mišljenje i treba im ukazivati čast (Filipljanima 2,29; Prva Solunjanima 5,12-13). Ako hrišćani očekuju da njihov pastir ispuni svoje biblijske odgovornosti, onda i crkveni članovi treba da mu dozvole da ih upozna. Treba da ga smatraju darom koji je Hristos poslao crkvi za njihovo dobro. To je slično kao što je apostole trebalo smatrati Hristovim poslanicima (Luka 10,16; uporedite Prva Korinćanima 16,10). Sluga Božije

Biblijsko shvatanje crkvenog članstva

reči je upravitelj Božijeg doma i podpastir Božijeg stada. On služi voljno i revnosno (Prva Petrova 5,1-3). Njegov ugled može i treba da se brani, njegovim rečima treba verovati, a njegova uputstva treba poslušati, sem kad su protivna Svetom pismu ili kad je očigledno da je iskrivio činjenice (Jevrejima 13,17, 22; Prva Timoteju 5,17-19). Prema vernom crkvenoslužitelju se tako treba ophoditi pre svega zbog toga što Božijem narodu saopštava Božiju reč i ne zamenjuje je svojom rečju. Članovi crkve treba da se sećaju svojih vođa i da se ugledaju na njihov život i veru. Dobri propovednici i učitelji su dostojni da im se ukaže dvostruka čast, kao što Pavle i kaže u Prvoj Timoteju 5,17, a to uključuje i materijalnu podršku. (Reč koja je u Prvoj Timoteju 5,16 upotrebljena za „čast" ima jasan finansijski prizvuk. Vidite i Dela 6,4; Prva Korinćanima 9,7-14; Galaćanima 6,6) Članovi crkve treba da se posvete molitvi za svoje služitelje i da im predano pomažu na svaki mogući način (Efescima 6,18-20; Kološanima 4,3-4; Druga Solunjanima 3,1; Jevrejima 13,18-19). Služiteljima Božije reči je poveren zadatak da Božijem narodu saopštavaju Božiju reč. Kao što je Pavle rekao Korinćanima: „Mi smo, dakle, Hristovi izaslanici – Bog vas opominje preko nas. U Hristovo ime vas molimo: pomirite se sa Bogom" (Druga Korinćanima 5,20).

Niste ubeđeni? Dozvolite da ovo još malo obrazložim. Sledi pet dobrih razloga (a vi se možda možete setiti još nekih) da se priključite nekoj mesnoj crkvi koja propoveda evanđelje i uzorno živi hrišćanskim životom.

1. Da steknemo sigurnost

Ne bi trebalo da se priključite crkvi da biste se spasli, ali možda bi bilo dobro da se priključite crkvi da biste stekli sigurnost da ste spaseni. Setite se Isusovih reči:

„Ko ima moje zapovesti i drži ih se, taj me voli, a ko voli mene, njega će voleti i moj Otac. A voleću ga i ja i pokazati mu se...

ŠESTA ODLIKA

Ako se držite mojih zapovesti, ostaćete u mojoj ljubavi, kao što sam se i ja držao zapovesti svoga Oca, pa ostajem u njegovoj ljubavi... Vi ste moji prijatelji ako činite ono što vam zapovedam... Pošto to znate, blago vama ako tako budete i činili" (Jovan 14,21; 15,10, 14; 13,17).

Mogao bih da navedem još mnoge Isusove reči pouke o tome kako da idemo za njim i kako da pazimo da nismo sami sebe zavarali. Time što smo se priključili nekoj mesnoj crkvi mi u stvari tražimo od svoje braće i sestara da prihvate da im budemo odgovorni za život u skladu s ispovedanjem svojih usana. Tražimo od braće i sestara oko nas da nas ohrabruju, ponekad tako što će nas podsetiti na razne prilike u kojima smo videli kako Bog radi u našem životu, a drugi put tako što će dovesti u pitanje nešto što radimo kada krenemo u pravcu koji vodi neposlušnosti Bogu.

Lako je pogrešno pomisliti da smo hrišćani samo zato što smo u nekom trenutku u suzama doneli određenu odluku i zatim se priključili nekoj mesnoj crkvi. Možda smo bili uključeni u život crkve godinama, podržavali njene organizacije, uspostavljali prijateljstva s ljudima oko raznih aktivnosti, možda su nam se dopadale neke duhovne pesme, možda smo se žalili zbog ponašanja drugih – ali nikada nismo stvarno upoznali Hrista. Da li imate pravi odnos sa Hristom, odnos koji menja vaš život i živote ljudi koji vas okružuju? Kako ste sigurni u to? Evo jednog načina da otkrijete istinu o svom životu. Postavite sledeće pitanje: „Da li shvatam da hodanje za Hristom obuhvata i pitanje kako se ophodim prema drugima, posebno prema ljudima koji su članovi moje crkve? Da li sam se zavetovao da ću ih voleti i da li se toga revnosno držim?

Dalje, da li ste tvrdili da poznajete Božiju ljubav u Hristu, a ipak živite životom koji je u suprotnosti sa tom izjavom? Da li tvrdite da poznajete ljubav koja ne zna za granice, a u svojoj ljubavi prema drugima postavljate granice kojima poručujete: „Ići ću dovde, ali dalje ne"?

Biblijsko shvatanje crkvenog članstva

Ako naša tvrdnja da volimo nije poduprta odgovarajućim načinom života, to predstavlja loš znak. A ipak, ako ste stalno sami i odbijate da se priključite nekoj mesnoj crkvi, drugi hrišćani ne mogu da vam pomognu. Onda svoj čamac usmeravate kako vi hoćete. Doći ćete u crkvu kad vam se sviđaju propovedi, ili muzika, ili nešto drugo što crkva radi, a zatim ćete isploviti na drugo mesto kad budete želeli nešto drugo.

Članstvo u mesnoj crkvi nije neki starinski, staromodan, nepotreban dodatak istinskom članstvu u Hristovom vaseljenskom telu, nego je zamišljeno kao svedočanstvo našeg članstva u vaseljenskoj crkvi. Crkveno članstvo ne spasava, ali je odraz spasenja. Ako nema odraza našeg spasenja, kako možemo biti sigurni da smo stvarno spaseni. Jovan je to objasnio na sledeći način: „Ako neko kaže:»Volim Boga«, a mrzi svoga brata, lažljivac je. Jer, ko ne voli brata, koga vidi, taj ne može da voli Boga, koga ne vidi" (Prva Jovanova 4,20).

Kada postanemo članovi neke mesne crkve, tada se međusobno povezujemo da bismo upoznali druge i dopustili da i oni nas upoznaju. Pristajemo da pomažemo jedni drugima i da se međusobno ohrabrujemo kad nam je potrebno da se podsetimo da Bog radi u našem životu ili kad nam je potrebno da nam neko skrene pažnju na nedoslednost između onoga što govorimo i načina na koji živimo.

2. Da evangeliziramo svet

Evangelizacija sveta je još jedan razlog zbog kog bi trebalo da se priključite nekoj mesnoj crkvi. Kada radimo zajedno, možemo bolje da širimo evanđelje i u svojoj zemlji i u inostranstvu. To možemo činiti svojim rečima, saopštavajući ljudima radosnu vest i pomažući drugima da je saopštavaju. Mesna crkva je po svojoj prirodi misionarska organizacija. Njen misionarski rad podržavamo svojim delima, pokazujući ljudima Božiju ljubav tako što ispunjavamo fizičke potrebe siročadi i onih koji su u nekom drugom nepovoljnom položaju.

ŠESTA ODLIKA

Doprinosimo napretku evanđelja kad međusobno sarađujemo kako bismo ga odneli onima koji ga još nisu čuli i kad ga činimo vidljivim u svetu načinom svog zajedničkog života. Oni koji još nisu spaseni će nas možda videti i možda će do njih dopreti tračak evanđelja. Ako stvarno radi u nama, Božiji Duh će upotrebiti naš život da pokaže ljudima istinu evanđelja uprkos tome što nismo savršeni. To je posebna uloga koju imamo sada, ali je nećemo imati u nebu – treba da učestvujemo u Božijem naumu i da svetu saopštimo evanđelje. Ako ovo čitate, a još se niste uključili u taj veliki zadatak, učinite to danas.

3. Da razotkrivamo lažna evanđelja

Naš zajednički život s drugim hrišćanima pokazuje svetu šta je hrišćanstvo. Tako razvejavamo zabludu da su hrišćani užasno samopravedni ljudi koji se uzrujavaju zbog toga što neko negde možda uživa i koji iznad svega veruju u svoju dobrotu. Tako mnogi nehrišćani misle o hrišćanima. Možemo da se borimo protiv te zablude tako što ćemo imati crkvu bez takvog stava.

Pre nekoliko godina posetio sam rođaku koju nisam video još od svog detinjstva. Kada sam joj rekao da sam naumio da postanem baptistički propovednik, nije to baš lepo primila. Zaćutala je, pogledala u svoju kafu i rekla: „Odustala sam od organizovane religije. Smatram da su crkve pune otrovnica."

„Stvarno?", odgovorio sam.

„Da", rekla je.

A ja sam upitao: „Da li stvarno misliš da je svet van crkve mnogo bolji?"

Na kratko je razmislila i rekla: „Mislim da nije. I u svetu su otrovnice, ali one to bar *znaju.*"

„Možda ćeš se iznenaditi kada ti kažem u kojoj meri se slažem s tobom", odgovorio sam. „Znam da je svet van crkve jama puna otrovnica, a znam i da je crkva takva. Ali ja mislim da ljudi van crkve sebe ne smatraju otrovnicama, dok hrišćani znaju da jesu i zato dolaze u crkvu, jer znamo da nam je

Biblijsko shvatanje crkvenog članstva

potrebna pomoć – jer znamo da zavisimo od Boga i da smo spaseni samo njegovom milošću." Naši gresi su naš jedini doprinos spasenju. Spasava nas jedino Božija ljubav u Hristu. On je došao i živeo savršenim životom za nas. Umro je na krstu umesto svih onih koji će se ikad pokajati i poverovati u njega i ustao je iz mrtvih u pobedi nad smrću i nad grehom. Spasavamo se samo svojom verom u njega. Stoga se pridružite nekoj mesnoj crkvi koja veruje u *to* evanđelje. Udružite se s drugim hrišćanima zavetujući se međusobno da ćete doprinositi objavljivanju istine.

4. Da izgrađujemo crkvu

Pomaganje u izgradnji drugih vernika je četvrti razlog da se priključite nekoj mesnoj crkvi. Priključivanje crkvi će pomoći kao protivteža našem individualizmu, koji je pogrešan, i pomoći će nam da shvatimo zajedničku prirodu hrišćanskog života.

Treba da prestanemo da se trudimo da sami živimo hrišćanski život i umesto toga treba da se udružimo s drugima zavetujući se da ćemo ići za Hristom. Hrišćani treba da odbace sebično shvatanje hrišćanskog života. Niste samo vi važni u hrišćanskom životu, niti su važni samo oni koje baš vi pokušavate da dosegnete evanđeljem. Božija volja je da predano doprinosite izgradnji učenika među pripadnicima stada koje je on već spasao.

Ako se obavežete na članstvo u nekoj crkvi, obavezujete se mesnoj grupi ljudi koji će se truditi da vam pomognu u borbi sa izazovima i problemima. Na primer, ako se pokaže da imate problem s ogovaranjem, vaša braća i sestre će pokušati da razgovaraju s vama o tome. Ako se obeshrabrite i potonete, vaša braća i sestre će pokušati da vas ohrabre.

Novi zavet jasno pokazuje da naš život sa Isusom treba da uključuje međusobno staranje i brigu među vernicima. To je deo hrišćanskog života. Iako to činimo nesavršeno, treba da budemo predani međusobnom izgrađivanju i na taj način izgradnji crkve.

Šesta odlika

Imao sam prijatelja koji je radio za neku hrišćansku službu za rad sa studentima, a u to vreme je pohađao crkvu gde sam i ja bio član. Uvek bi upao na službu tačno posle pesama, odslušao bi propoved i onda otišao. Jednog dana sam ga pitao zašto ne prisustvuje celim službama. „Pa", rekao je, „ništa ne dobijam na ostatku službe." „Da li si nekad razmišljao o tome da se priključiš crkvi?", odgovorio sam. On je smatrao da je to pitanje besmisleno: „Zašto bih se priključio crkvi? Ako im se priključim, mislim da će me to samo duhovno usporavati."

Pitao sam ga: „Da li si nekad razmišljao o tome da Bog možda želi da se povežeš s tim ljudima u crkvi i da ćeš možda moći da im pomogneš da se ubrzaju, iako će te oni možda malo usporiti – i da je to deo Božijeg nauma za naš zajednički hrišćanski život?"

Naravno da se crkvi ne priključujete zato što ste savršeni i zato što ćete crkvi doneti samo dobrobiti. Kad god se priključite nekoj crkvi, sa sobom donosite i svoje probleme! Ali ne dozvolite da vas to zaustavi, jer crkva već ima probleme! Zato hrišćani i treba da pripadaju nekoj crkvi. Ja imam određene probleme, a imate ih i vi, ali znamo da Isus jeste Gospod i da je njegov Duh u nama već počeo da radi na tim problemima. Recimo, na primer, da ste nepoverljivi – i da stvarno ne možete nikome da verujete. U Hristu, Bog može početi da vam pokazuje da je dostojan poverenja, a da ima i ljudi dostojnih poverenja. Videćete kako Bog radi u vašem životu i kako radi na problemu za problemom. On će polako, ponekad i neprimetno, ali sigurno, raditi na vašim problemima, i to će najverovatnije raditi kroz svoju crkvu.

Nije ispravno da hrišćani budu usredsređeni na sebe, čak ni u Hristovo ime. Bogu nije stalo samo do dužine i redovnosti vašeg tihog časa svakog jutra, nego mu je stalo i do toga kako se ophodite prema drugima – a to uključuje i vaše ophođenje prema onima s kojima nemate ništa zajedničko sem Isusa Hrista. Zato treba da uložite svoj život u druge i da dozvolite drugima da

Biblijsko shvatanje crkvenog članstva

uiože svoje živote u vas. To što ste član neke crkve trebalo bi u vas da usadi predano staranje o drugima. Hrišćanski rast se ne tiče samo pojedinaca, nego se tiče cele crkve.

U Jevrejima 10,19-25 pisac stalno govori u množini i to su dobri stihovi za razmišljanje u našim individualističkim vremenima:

„Zato, braćo, pošto imamo pouzdanje da krvlju Isusa Hrista ulazimo u Svetinju nad svetinjama, novim i živim putem koji nam je on otvorio kroz zavesu, to jest svoje telo, i pošto imamo i velikog sveštenika nad Božijom kućom, iskrenog srca pristupajmo Bogu u punoj veri, srca očišćenog od nečiste savesti i tela opranog čistom vodom. Nepokolebljivo se držimo nade koju ispovedamo, jer je veran Onaj koji nam je dao obećanje. Pazimo na to da jedan drugoga podstičemo na ljubav i dobra dela. Ne propuštajmo svoje sastanke, kao što neki imaju običaj, nego bodrimo jedan drugoga – utoliko više ukoliko vidite da se približava Dan."

Crkveno članstvo je naša prilika da čvrsto uhvatimo jedni druge odgovornošću i ljubavlju. Kad se priključimo određenoj crkvi, time saopštavamo pastirima i drugim članovima crkve da nameravamo predano da dolazimo, dajemo, molimo se i služimo. Dozvoljavamo drugim vernicima iz crkve da očekuju više od nas u tim oblastima i jasno dajemo do znanja da mesna crkva sada ima odgovornost za nas. Crkvu uveravamo u svoje predanje Hristu tako što služimo s drugim članovima i što ih podstičemo da predano služe i da nas tako ohrabre.

Ovakav pojam crkvenog života vidimo između ostalog i u Pavlovoj upotrebi tela kao slike za mesnu crkvu. Isto to vidimo i u odlomcima Svetog pisma u kojima se pojavljuju reči „zajedno" i „jedni druge".

Kada se priključimo nekoj crkvi, raste naš osećaj da su rad crkve, crkvena zajednica, crkveni budžet i crkveni ciljevi i naša svojina. Prestajemo da budemo razmaženi potrošači i postajemo radosni vlasnici. Prestajemo da kasnimo i da se žalimo što ne dobijamo

Šesta odlika

baš ono što smo hteli, nego dolazimo ranije i trudimo se da pomognemo drugima u njihovim potrebama. Crkveno članstvo ne treba da shvatamo kao labavu pripadnost koja je povremeno korisna, nego kao redovnu odgovornost da budemo uključeni u živote jedni drugih sprovodeći ciljeve evanđelja.

Izgleda da su mnogi današnji hrišćani zaboravili na crkveno članstvo – ili su čak zaboravili na crkvu uopšte. Zato ćete naići na hrišćanske knjige koje vas uče kako rasti kao hrišćanin, a pri tome potpuno zanemariti ulogu crkve.

Pavle je u Prvoj poslanici Korinćanima rekao da je svrha duhovnih darova da se „izgradi crkva" (Prva Korinćanima 14,12). To treba da bude jedan od glavnih ciljeva vašeg hrišćanskog života. Ako mislite da kao hrišćanin nemate nikakav zadatak, mora biti da niste pročitali ovaj stih. On se, prema Pavlu, odnosi na sve hrišćane.

Priključenje crkvi je velika čast, a donosi i praktičnu pomoć. Kada se priključite nekoj crkvi, to će vam omogućiti da ohrabrite i poučite druge hrišćane i da doživite da oni pouče i ohrabre vas. To će i vama i drugima pomoći u borbi s iskušenjima. Mi smo se u mojoj mesnoj crkvi zajedno zavetovali na sledeći način:

> „Živećemo zajedno u bratskoj ljubavi, kao što i priliči članovima hrišćanske crkve. Pažljivo ćemo se starati jedni o drugima, paziti jedni na druge i verno opominjati i prekoravati jedni druge shodno prilikama."

A vi? Da li i vi volite Božiji narod? Da li su vam prosto dragi ili im se stvarno aktivno dajete? Da li koristite svoje ruke služeći im? Da li koristite svoj novac? Svoja usta?

Učeništvo u crkvi istovremeno obuhvata rad s pojedincima i zajedničku aktivnost koju obavljamo sledeći Hrista i pomažući jedni drugima na putu. Možemo da budemo odgovorni jedni drugima u razdobljima iskušenja. Možemo zajedno da proučavamo Božiju reč da bismo se pripremili za duhovno ratovanje.

Biblijsko shvatanje crkvenog članstva

Možemo da pevamo hvalospeve Bogu i da se zajedno molimo. Možemo među sobom da podstičemo radost i da nosimo bremena jedni drugih. Kao što nam je Isus rekao: „Ovo je moja zapovest: da volite jedan drugoga kao što sam ja voleo vas... Ovo vam zapovedam: volite jedan drugoga" (Jovan 15,12, 17). Jovan je to još pojačao kada je napisao: „Dečice, ne volimo rečju i jezikom, nego delima i istinom" (Prva Jovanova 3,18). Udružite se s hrišćanima oko sebe i izgrađujte crkvu.

5. Da proslavljamo Boga

Konačno, ako ste hrišćanin, trebalo bi da se priključite crkvi radi Božije slave. Iako nas to možda iznenađuje, naš način života može da proslavi Boga. Kao što je Petar napisao nekima od prvih hrišćana: „Među paganima se vladajte dobro, da oni, iako vas optužuju za zlodela, vide *vaša* dobra dela i daju slavu Bogu na Dan pohođenja" (Prva Petrova 2,12).

Divno, zar ne? Tačno se vidi da je Petar razumeo pouku svog Gospodara. Setite se o čemu je Isus poučavao u Propovedi na gori: „Neka tako vaša svetlost svetli pred ljudima, da vide vaša dobra dela i da slave vašeg Oca, koji je na nebesima" (Matej 5,16).

Ovde ponovo vidimo jednu iznenađujuću pretpostavku – da će Bog biti proslavljen zbog naših dobrih dela. Ako je to istina o životu svakoga od nas pojedinačno, ne bi trebalo da nas iznenađuje da to važi i za naš *zajednički* hrišćanski život. Bog je naumio da po našoj međusobnoj ljubavi budemo prepoznatljivi kao Hristovi sledbenici. Setite se Isusovih reči iz Jovana 13,34-35: „Novu zapovest vam dajem – da volite jedan drugoga. Kao što sam ja voleo vas, tako i vi volite jedan drugoga. Po ovom će svi znati da ste moji učenici: ako budete imali ljubavi jedan za drugoga."

Po našem zajedničkom životu treba da bude prepoznatljivo da smo njegovi i to će mu doneti veličanje i slavu.

Isus je rekao: „...sagradiću svoju Crkvu" (Matej 16,18). Ako je Isus predan crkvi, zar mi treba da joj budemo manje predani?

ŠESTA ODLIKA

Većina hrišćana koji redovno pohađaju crkvu koja je usredsređena na Boga i u kojoj se propoveda Sveto pismo ipak u nekom trenutku osete ozlojeđenost, ali treba da razmotrimo i obaveze i mogućnosti koje članstvo pruža. Pošto spadamo u saborne (tj. *kongregacijske*) crkve, temelj naše crkvene porodice mora uvek da bude više vezan za naše *sopstvo* nego za naše delovanje. Ako se priključite nekoj crkvi, nećete biti uključeni u crkvu samo zbog određene uloge koju možete da obavljate (bilo za vašu korist ili za korist crkve), nego ćete biti usvojeni u jednu porodicu, i stoga će odnosi na koje ćete se obavezati proslavljati Boga.

To su razlozi iz kojih svaki hrišćanin treba da se priključi nekoj mesnoj crkvi.

Uslovi članstva u mesnoj crkvi

Crkveno članstvo se u osnovi sastoji od života pokajanja i vere. Bog je uspostavio crkvu da bude zajednica ponovo rođenih ljudi. Njegova milost u našem životu, koja nam daruje pokajanje i veru, pokazuje se na dva načina.

Dela – pre svega krštenje

Sveto pismo predstavlja krštenje kao prvi korak novoobraćenog hrišćanina; Novi zavet pretpostavlja da su svi hrišćani kršteni. Na primer, Pavle u Rimljanima 6 pretpostavlja da su svi hrišćani kojima je uputio taj tekst kršteni. Ta opšte rasprostranjena praksa bila je ukorenjena u Hristovoj zapovesti koja je zapisana u Velikom poslanju (Matej 28,18-20), a o njoj je zapisano i u Delima apostolskim i na mnogim drugim mestima u Novom zavetu. Čudno je što neki koji kažu da su Hristovi učenici odbijaju da izvrše njegovu jasnu zapovest. Jedan pisac je o tome ovako pisao:

„Crkva nije dobila vlast da izdaje zapovesti. Dužnost je crkve da se pokorava zapovestima koje su već date. Nijedna crkva nema ni pravo ni ovlašćenje da menja, umanjuje ili da učini nejasnom bilo koju zapovest Isusa Hrista."[77]

Biblijsko shvatanje crkvenog članstva

Odbiti krštenje, Gospodnju večeru ili bilo koju drugu jasnu biblijsku zapovest znači odbiti pripadnost Hristovim učenicima – pripadnost onima koji se drže njegovih zapovesti.

Potpisivanje veroispovedanja i crkvenog zaveta

Pored biblijskih zapovesti koje smo spomenuli, mnogi baptisti i druge evanđeoske crkve svoje predanje Bogu i predanje jednih drugima izražavaju napismeno – potpisujući „crkveni zavet". Crkveni zavet je sporazum koji članovi crkve sklapaju jedni s drugima i s Bogom. U njemu se obavezuju da će u mesnoj crkvi zajednički živeti hrišćanskim životom.

U svojoj kancelariji imam knjižicu koju naša denominacija štampa već više od šezdeset godina. Njen cilj je da ohrabri nove crkvene članove. U toj knjizi se prvo nalazi jedan primer crkvenog zaveta. Na dnu tog primera obeleženo je mesto gde se osoba potpisuje. Potpisivanje crkvenog zaveta nije ništa novo i bilo je svuda rasprostranjeno ranije u američkoj istoriji, ali je prestalo da se koristi sredinom XX veka. U našoj crkvi se na vidljivom mestu nalaze potpisi članova koji su osnovali našu crkvu, na zavetu na koji su se obavezali kad su se priključili crkvi. Razmislite o tim potpisima i o njihovoj ozbiljnosti. Ti ljudi su odabrali da se međusobno zavetuju; to je bio njihov odgovor na Božiju milost koju su doživeli u životu. Da li mi danas činimo manje priključujući se nekoj crkvi?

Ljudi u našoj crkvi pohađaju časove za članove pre nego što se s njima pred celom crkvom razgovara o članstvu. Na tim časovima poučavamo o sledećih pet odgovornosti svakog člana.

1. Redovan dolazak na bogosluženja

U Jevrejima 10,25 čitamo: „Ne propuštajte svoje sastanke." To znači da tokom sedmice treba redovno da dolazimo na sastanke crkve. U našoj crkvi se prvo sastajemo u nedelju ujutro, a zatim ponovo u nedelju uveče, kada se zajedno molimo.

ŠESTA ODLIKA

2. Posebno redovan dolazak na pričest

U Luki 22,19 Hristos je zapovedio svojim učenicima da se sećaju njegove smrti i da je objavljuju tako što će redovno i zajedno uzimati Večeru Gospodnju, zavetni obrok. Pre sto godina je bio običaj naše crkve da četvrtkom uveče održava „zavetni sastanak", gde su članovi mogli da obnove svoj zavet i da urede svoje odnose s drugima pre nego što zajedno uzmu pričest na sledećem nedeljnom bogosluženju. U to vreme se odsustvo s pričesti bez jasnog opravdanja u mnogim crkvama smatralo dovoljnim razlogom da se neko isključi iz crkvenog članstva. U našoj crkvi sada ne radimo tako, ali ponekad se pitamo da li bi trebalo.

3. Redovan dolazak na sastanke članova

Pošto smo po ustrojstvu saborna (tj. kongregacijska) crkva, sastanak članova predstavlja važne trenutke našeg zajedničkog života. To je sastanak na kom kao crkva donosimo odluke i jedna od prilika da ispunimo svoje dužnosti propisane u Mateju 18.

4. Redovna molitva

Pavle je rekao: „Neprestano se molite" (Prva Solunjanima 5,17). Ako vaša crkva ima spisak članova, razmislite o tome da počnete da ga koristite kao molitveni spisak.

5. Redovno davanje

Sveto pismo je puno uputstava o davanju. Na primer, Solomon je poučavao ovako: „Ukazuj čast GOSPODU svojim bogatstvom, prvinama svih svojih useva" (Poslovice 3,9; vidite Malahija 3,10). Isus je ovako učio svoje učenike:

„Dajte, i daće vam se. Sipaće vam u naručje dobru meru, nabijenu, stresenu i preobilnu. Jer, kakvom merom merite,

Biblijsko shvatanje crkvenog članstva

takvom će se i vama meriti" (Luka 6,38, uporedite Prva Korinćanima 16,1b-2).

Pavle je napisao hrišćanima u Korintu; „Neka svako daje kako je odlučio u svom srcu – ne sa žalošću ili na silu, jer Bog voli radosnog davaoca" (Druga Korinćanima 9,7).

~

Ovih pet odgovornosti samo su neke od obaveza crkvenih članova. Možda se brinete misleći da će tako visoka očekivanja odbiti ljude i učiniti da se osećaju isključenima? Mislim da tako visoka očekivanja u stvari pomažu ljudima. Pod visokim očekivanjima prosto podrazumevam da ćemo se prema vama, ako ste član *naše* crkve, ophoditi kao da ste obraćeni. Pretpostavljaćemo da volite Boga sve više i više, da mrzite greh, da živite ispravno i da želite da vam u tome pomognemo.

Mnoge crkve popuštaju po pitanju visokih očekivanja da bi ostvarile nagli porast članova, ali na taj način u stvari osuđuju sebe na gubljenje evanđelja i na kraju na izumiranje. Prihvatanje neobraćenih ljudi u članstvo u hrišćanskoj crkvi neizbežno će poruku evanđelja učiniti manje jasnom. Ako se evanđelje razvodni ili učini nejasnim, sama žila kucavica crkve biće presečena i crkva će se sve manje razlikovati od sveta koji ne veruje. A ako so obljutavi, nije dobra ni za šta (Matej 5,13).

Koliko onda naše crkve treba da budu isključive? Da li treba da prilagođavaju termine za sastanke, dužinu propovedi i stil muzike neverujućim ljudima koje želimo da dosegnemo? U kojoj meri je naš skup namenjen onima koji nisu hrišćani? Da li shvatamo svoje skupove pre svega kao evangelizaciju nehrišćana ili kao priliku za izgradnju crkvenih članova u Hristu?

Crkvene vođe često pitaju koliko treba da budemo *uključujući*. Naravno da svi žele da budu takvi, jer time pokazujemo ljubav na

ŠESTA ODLIKA

očigledan način, ali pitanje koliko treba da budemo *isključivi* možda mnogo jasnije dovodi do toga da shvatimo poentu. Da li treba da shvatimo da smo u Božijoj nemilosti pre nego što možemo da postanemo deo crkve? Da li u najranijim crkvama u Delima apostolskim vidimo takvu evangelizaciju? Ja se u svojim propovedima svake sedmice obraćam neverujućima. Na primer, nedavno sam rekao sledeće: „Moj neverujući prijatelju, postoji nezaobilazna razlika između života nas hrišćana i tvog života i mi ti u stvari najbolje služimo kad ti jasno ukažemo na tu razliku. Ako ti se dopadaju ljudi iz naše zajednice, njihova druželjubivost i pomoć koju pružaju, to je divno! Nadamo se da će se to nastaviti, a u svemu ovom postoji dobra vest koja glasi da možeš doživeti još mnogo toga, povrh svega što si ovde već doživeo!"

„Pripadanje pre verovanja" je omiljena ideja među današnjim crkvenim vođama. Naravno, slažem se da treba veoma srdačno da pokažemo ljudima da su dobrodošli, da budemo veoma prijateljski nastrojeni prema neverujućima u našim crkvama i da ih pozivamo da se dublje uključe u naš život, ali moramo biti pažljivi kako nehrišćanima ne bismo rekli teološku laž koja glasi da pripadaju crkvi u najdubljem smislu tih reči. Oni, u najdubljem smislu reči, ne pripadaju crkvi i mi im služimo kada im to kažemo. Treba da pokažemo nevernima da postoji nešto više od zajednice ljudi i od nejasnog osećaja Božijeg prisustva u našim zajednicama.

Zaključak

Ako je crkva zgrada, onda mi treba da budemo njene cigle. Ako je crkva telo, mi smo njeni delovi. Ako je crkva dom vere, mi smo članovi tog doma. Ovce su u stadu, a grane na lozi. Biblijski gledano, ako smo hrišćani, moramo biti članovi neke crkve. To članstvo nije samo zapis o izjavi koju smo nekom prilikom dali o tome ili zapis o tome da gajimo prijatna osećanja

Biblijsko shvatanje crkvenog članstva

prema poznatom mestu. U pitanju mora biti odraz pravog predanja ili je to članstvo bezvredno. Takvo članstvo nije samo bezvredno, nego i opasno. Članovi koji nisu uključeni u život crkve mogu da zbune i nehrišćane i prave članove usađujući im pogrešan pojam o tome šta znači biti hrišćanin. Mi koji smo aktivni članovi ne činimo dobro neaktivnim članovima kada im dozvolimo da ostanu članovi naše crkve. Primanje u članstvo treba da bude crkvino zajedničko potvrđenje nečijeg spasenja. A ipak, kako zajednica može iskreno da posvedoči da neko koga ne vidi verno trči trku? Ako su članovi otišli iz naše zajednice i nisu prešli ni u jednu drugu crkvu koja veruje u Sveto pismo, kakav dokaz imamo da su stvarno bili deo nas? Mi ne znamo zasigurno da takvi neuključeni ljudi *nisu* hrišćani, ali možda nećemo moći da potvrdimo ni da jesu. Ne treba da im kažemo kako znamo da idu u pakao, nego samo da ne možemo biti sigurni da idu u nebo. Hrišćani koji nigde ne pripadaju trebalo bi da se priključe nekoj mesnoj crkvi.

Mi smo Božijom milošću doživeli u crkvi da naše članstvo postane smislenije jer su svi koji su se zvali članovi zaista i postali članovi. Mnogi članovi su obnovili svoje predanje životu crkve, a novi članovi primaju pouke o veri. Dok smo se trudili da postanemo zdrava crkva, kakva smo u prošlosti bili, broj prisutnih na bogosluženjima ponovo je veći nego broj naših članova.

Molite se da crkveno članstvo u vašoj crkvi ponovo počne da podrazumeva više nego danas da bi vaša crkva bolje poznavala one za koje je odgovorna i da bi mogla da se moli za njih, da ih ohrabruje i da ih podstiče.

Ne treba da dozvolimo ljudima da čuvaju svoje crkveno članstvo iz sentimentalnih razloga, jer, biblijski gledano, takvo članstvo uopšte i nije članstvo. Mi se u našem crkvenom zavetu obavezujemo na sledeći način: „Ako se odselimo odavde, mi ćemo se, najbrže što možemo, ujediniti s nekom drugom crkvom gde možemo da nastavimo da se držimo duha ovog zaveta i

Šesta odlika

načela iz Božije reči." Takvo predanje je deo zdravog učeništva, pogotovo u ovim brzim vremenima.

Kada neko postane član neke crkve, to znači da se na praktične načine ugrađuje u Hristovo telo i da počinje zajedno s drugim članovima crkve da putuje kroz ovaj svet kao stranac i došljak na putu za naš nebeski dom. Nema sumnje da je biblijsko shvatanje crkvenog članstva još jedna odlika zdrave crkve.

U pretposlednjoj sceni predstave Roberta Bolta *Čovek za sva vremena* Morova nesrećna kći Meg dolazi u njegovu ćeliju ne bi li ga ubedila da kaže ono što treba kako bi postao slobodan. Meg ga je molila na sledeći način: „Zatim kaži reči zakletve, a u svom srcu misli drugačije", i onda je nastavila da ga ubeđuje.

„U krajnjoj liniji", rekao je Mor, „to nije pitanje razuma, nego ljubavi."[78]

Priključivanje određenoj mesnoj crkvi je spoljašnji izraz unutrašnje ljubavi – ljubavi prema Hristu i prema njegovom narodu. I kao što često vidimo u ovom životu, najveća ljubav je retko kad samo spontana, nego je najčešće planirana, unapred smišljena i prepoznatljiva po predanju.

U Efescima 5,25 čitamo da je „Hristos zavoleo Crkvu i samoga sebe predao za nju." Dela 20,28 nas podsećaju da je Hristos kupio Crkvu sopstvenom krvlju. Ako smo Hristovi sledbenici, onda ćemo i mi voleti Crkvu za koju je on predao samog sebe.

Stoga nemojte samo pohađati crkvu (iako treba da je pohađate), nego se priključite nekoj mesnoj crkvi. Povežite se s drugim hrišćanima. Pronađite neku crkvu kojoj biste mogli da se priključite i učinite to zato da bi ljudi koji ne veruju čuli i videli evanđelje, da bi slabi hrišćani primili potrebnu negu, da bi jaki hrišćani mogli da usmere svoju energiju na dobar način, da bi crkvene vođe doživele ohrabrenje i pomoć i da bi se Bog proslavio.

Hrišćani u našoj zemlji su sve to nekad znali, ali su u XIX veku crkvene aktivnosti zamenjene društvenim aktivnostima. Umesto da usmere svoju snagu na crkve, hrišćani su je usmerili na pokušaje da pročiste društvo u kome žive. Do dvadesetih i tridesetih godina XX veka evanđeoski hrišćani su naučili ponešto o tome koliko je naš svet promenljiv, a naučili su to kroz slavno Skoupsovo suđenje i ukidanje prohibicije. „Fundamentalisti" su se povukli i pokušali da sačuvaju evanđelje. U svim tim društvenim naporima crkve u prethodnim desetlećima evanđelje nije izgubljeno, ali crkva gotovo da jeste. Dvadeseti vek je pretežno bio vek krajnjeg individualizma među američkim evanđeoskim hrišćanima. Sada se molimo za brzi oporavak crkve ne bi li ponovo postala Božije veliko oruđe za evangelizaciju, učeništvo, misiju i mnogo toga drugog. Neka Božija ljubav prema svetu ponovo postane vidiljiva kroz našu međusobnu ljubav.

ŠTA SLEDI
SEDMA ODLIKA: BIBLIJSKA CRKVENA STEGA

Da li je sva crkvena stega negativna?
Šta je crkvena stega?
Šta Sveto pismo kaže o crkvenoj stezi?
   Jevrejima 12,1-14
   Matej 18,15-17
   Prva Korinćanima 5,1-11
   Galaćanima 6,1
   Druga Solunjanima 3,6-15
   Prva Timoteju 1,20
   Prva Timoteju 5,19-20
   Titu 3,9-11
Kako su hrišćani u prošlosti sprovodili crkvenu stegu?
„Naša crkva to nikad ne bi učinila, zar ne?"
Zašto upražnjavati crkvenu stegu?
   1. Za dobrobit osobe koja se podvrgava stezi
   2. Za dobrobit drugih hrišćana koji će videti opasnost greha
   3. Zbog zdravlja crkve kao celine
   4. Zbog zajedničkog svedočanstva crkve
   5. Zbog slave koju Bog prima kad odražavamo njegovu svetost
Šta će biti ako ne budemo upražnjavali crkvenu stegu?

Sedma odlika

BIBLIJSKA
CRKVENA STEGA

Emili Salivan Ouki je rođena u Olbaniju, u državi Njujork, gde se školovala i gde je kasnije postala učiteljica. Kao i mnoge druge žene iz sredine XIX veka, provela je dosta vremena zapisujući svoje misli u vidu dnevnika, članaka i poezije. Mnoge svoje članke i pesme objavila je u časopisima i dnevnim novinama. Kad je imala dvadeset jednu godinu, napisala je jednu pesmu o sejanju i žetvi, verovatno nadahnuta Isusovom pričom o sejaču. Nekih dvadeset pet godina kasnije, 1875. godine, Filip Blis je napisao muziku za ovu pesmu i ona je objavljena u štampi, tada prvi put, pod naslovom *What shall the harvest be?*[79]

Mala skupina hrišćana koja je osnovala našu crkvu izabrala je tu pesmu za prvu pesmu koja će se pevati na njihovom zajedničkom sastanku, u februaru 1878. godine:

„Sejemo seme kad lep dan tek kreće,
Sejemo seme kad sunce upeče,
Sejemo seme u smiraj dana,
Sejemo seme kad noć je tamna.
Pitam se – kakva će žetva biti?
Pitam se – kakva će žetva biti?"

SEDMA ODLIKA

Ta pesma je veoma prigodno odjekivala među golim zidovima i daščanim podovima zgrade u kojoj su se okupili. Tih trideset ljudi je naumilo da se zavetuje i da osnuje mesnu crkvu postavljajući pitanje: „Kakva će žetva biti?"

Više od jednog veka kasnije mi se u toj istoj crkvi i dalje trudimo da doprinesemo odgovoru na to pitanje: „Kakva će biti žetva nakon sejačkih napora osnivača naše zajednice?" To činimo određenim načinom razmišljanja i života, svojim planovima o tome s kim ćemo se sresti i šta ćemo raditi, svojim osećanjima i onim do čega nam je stalo, onim za šta se zalažemo i za šta se molimo.

Kakva je bila žetva i kakva će žetva tek biti?

Ovo pitanje je usko vezano za srž najvažnijeg pitanja ovog poglavlja: Da li kao hrišćani treba da živimo sami ili imamo obaveze jedni prema drugima? Da li se naše međusobne obaveze svode samo na međusobno pozitivno ohrabrivanje ili obuhvataju i odgovornost da jedni drugima iskreno ukazujemo na greške, nedostatke, odstupanja od Svetog pisma ili na konkretne grehe? Da li je naša odgovornost pred Bogom da nekada i javno govorimo o tome?

Rasprava o zdravoj crkvi mora se dotaći i teme crkvene stege.

Da li je sva crkvena stega negativna?

Priznajem da crkvena stega zvuči kao prilično negativna tema. O njoj verovatno neće biti baš mnogo toga u „Pozitivnoj Bibliji" *(The Positive Bible)*. Kada čujemo reči *vaspitanje stegom*, pomislimo na prekorevanje, ili na batinanje, ili na svoje roditelje u vreme kad smo bili mali.

Trebalo bi bez oklevanja da priznamo svoju potrebu za stegom i uobličavanjem. Niko od nas nije savršen i dovršen proizvod. Mogu nam zatrebati nadahnuće, nega ili isceljenje. Može nam biti potrebno popravljanje, prekor, a možda čak i da budemo slomljeni. Kakav god bio metod izlečenja, hajde da barem priznamo da nam je potrebna crkvena stega. Hajde da se ne pretvaramo i da ne pretpostavljamo da smo baš onakvi kakvi treba da budemo, kao da je Bog već završio svoj rad na nama.

Kada to jednom priznamo, trebalo bi da primetimo i da je crkvena stega često *pozitivna* ili, kako se to tradicionalno kaže, „uobličavajuća". Kolac pomaže da drvo raste pravo, a sličnu ulogu imaju proteza na zubima ili pomoćni točkići na biciklu. Takvu ulogu je imalo i često ponovljeno uputstvo da zatvorite usta dok žvaćete ili redovna opomena da pazite kako se izražavate. Uobličavajuća stega obuhvata sve ono što oblikuje ljude dok rastu emotivno, fizički, umno i duhovno. To je osnovno uobličavanje koje se dešava u našim porodicama, ali i u našim crkvama. Primamo pouke iz knjiga u školi, iz propovedi, na bogosluženjima i na poukama u crkvi. Sve to pripada stezi koja je pozitivna i uobličavajuća. Svaka istina koju ste ikad čuli spada u uobličavajuću stegu. Ovo poglavlje ispituje stegu u najširem smislu, a ne samo njene „negativne" strane.

Šta je crkvena stega?

Kada neki ljudi čuju reči *crkvena stega*, počnu da se brane i kažu: „Zar Isus nije rekao: »Ne sudite da vam se ne bi sudilo?«" Svakako je istina da je Isus u Mateju 7,1 zabranio da sudimo na određeni način i to ćemo razmotriti kasnije u ovom poglavlju, ali zapazite da nas je Isus na drugom mestu u Evanđelju po Mateju jasno pozvao da prekorimo druge za greh, čak i javno ako bude potrebno (Matej 18,15-17; uporedite Luka 17,3). Šta god da je Isus mislio kad je u Mateju 7 rekao da ne sudimo, to ne isključuje vrstu suda koji nam zapoveda u Mateju 18.

Ne zaboravite da je i sam Bog sudija i da je naumio deo suda da prepusti drugima; on je državi dao odgovornost da sudi (Rimljanima 13,1-7), a i nama je rečeno da sami sebe prosuđujemo (Prva Korinćanima 11,28; Druga Korinćanima 13,5; Jevrejima 4; Druga Petrova 1,5-10). Osim toga, izričito nam je rečeno da prosuđujemo

Sedma odlika

jedni druge u crkvi (iako ne treba da sudimo u konačnom smislu, kao što to Bog čini). Isusove reči u Mateju 18, Pavlove reči u Prvoj Korinćanima 5-6 i drugi odlomci (koje ćemo razmotriti) jasno pokazuju da crkva treba da sudi unutar određenih granica. Nije čudno što je crkvi naloženo da sudi. Na kraju krajeva, ako ne možemo da kažemo kako hrišćani *ne treba* da žive, kako onda možemo da kažemo kako *treba* da žive?

Pre nekoliko godina su me pozvali da vodim poseban seminar zbog toga što je naša crkva brojčano rasla, a druge crkve su htele da znaju kako i zašto se to dešava. Dok sam se pripremao za taj seminar, pregledao sam neke spise o crkvenom rastu koje je načinila uprava naše denominacije. U jednom spisu je pisalo da je – ako hoćemo da nam crkve ponovo rastu – potrebno da „otvorimo prednja, a zatvorimo zadnja vrata". Pisac je hteo da kaže da treba da otvorimo prednja vrata u smislu da treba da učinimo naše crkve pristupačnijima objašnjavajući ljudima šta radimo, a zatim, rekao je pisac, treba da zatvorimo zadnja vrata, to jest da otežamo ljudima da samo prođu kroz naše crkve, a da se za njih niko ne postara i da im niko ne pomogne da rastu kao Hristovi učenici.

Ovo je bez sumnje valjana kritika za mnoge naše crkve, ali dok sam razmišljao o tome, došao sam do zaključka da ni jedno ni drugo ne predstavlja naš najvažniji problem. U stvari nam je potrebno da zatvorimo prednja vrata i otvorimo zadnja! Ako želimo da nam crkve rastu, treba da otežamo pristupanje crkvi i da budemo bolji u isključivanju ljudi. Treba jasno da pokažemo da postoji razlika između crkve i sveta – i da biti hrišćanin stvarno nešto znači. Ako neko ko tvrdi da je hrišćanin, a odbija da živi kao što hrišćani treba da žive, treba da se držimo onoga što je Pavle rekao i da isključimo tu osobu iz crkvenog članstva radi Božije slave i radi dobrobiti te osobe.

Biblijska stega treba da se ugradi već u sam postupak primanja novih vernika u članstvo. Dok je u Prvoj Korinćanima 5 raspravljao o važnoj situaciji u korintskoj crkvi, Pavle je izložio pretpostavku koju treba da razmotrimo:

Biblijska crkvena stega

„Napisao sam vam u poslanici da se ne družite sa bludnicima. Ali, ne sa bludnicima ovoga sveta uopšte, ili pohlepnima i razbojnicima, ili idolopoklonicima, jer biste u tom slučaju morali da odete sa ovoga sveta" (Prva Korinćanima 5,9-10).

Zapazite da Pavle podrazumeva jasnu razliku između crkve i sveta. Da li mi, današnji hrišćani, razlikujemo crkvu i svet na isti način? Da li smatramo da je crkva drugačija od sveta? Pod time ne mislim da je crkva puna savršenih ljudi, a da je svet pun grešnika, ali smatram da mora da postoji određena razlika između života ljudi u crkvi i onih koji su u svetu. Pavle povlači oštru razliku. Članstvo u mesnoj crkvi treba da odražava istinsko članstvo u Hristovom telu i mi treba da se trudimo da održimo tu razliku najbolje što možemo.

Stoga, kada razmatramo primanje novih ljudi u članstvo, treba da razmotrimo da li se za one o čijem primanju razmišljamo zna da žive životom koji je Hristu na čast. Da li shvatamo ozbiljnost s kojom treba da im budemo predani kada se priključe crkvi i da li smo im jasno saopštili ozbiljnost s kojom treba da budu predani nama? Ako budemo pažljiviji prilikom prepoznavanja i primanja novih članova, imaćemo manje potrebe da upražnjavamo popravnu crkvenu stegu u budućnosti.

Pošto se o temi crkvene stege u mnogim krugovima nije govorilo već više od sto godina, predlažem sledeće izvore za dalje proučavanje.

Pol Aleksander i ja podrobnije opisujemo kako se naša crkva bavi stegom u petom poglavlju knjige *The Deliberate Church*[80].

Za istorijsku pozadinu ove teme pročitajte knjigu Gregorija Vilsa *Democratic Religion*[81]. Vils je proučavao sprovođenje crkvene stege u baptističkim crkvama na jugu, posebno u Džordžiji, u XIX veku. Knjiga sadrži nekoliko dobrih priča i oštroumnih zapažanja.

Za tradicionalni priručnik o crkvenom uređenju koji govori kako praktično upražnjavati crkvenu stegu vidite priručnik Džona

Sedma odlika

Daga *Manual of Church Order*[82]. Ovaj priručnik raspravlja o tome šta Sveto pismo kaže o crkvenom uređenju i kako praktično obavljati zvanične crkvene poslove.

Ja sam takođe urednik knjige *Polity: Biblical Arguments on How to Conduct Church Life*[83], skupa pisanih radova iz XVIII i XIX veka, o crkvenoj stezi i crkvenom uređenju, u izdanju službe *9Marks*[84]. I konačno, najbolje jednostavno delo na ovu temu za koju znam je knjiga Džonatana Limana *Church Discipline: How the Church Protects the Name of Jesus*[85]. Njegovo obimnije delo *The Church and the Surprising Offense of God's Love*[86] objašnjava važne pojmove koji tvore širi kontekst crkvene stege.

Sada nastavljamo sa trećim pitanjem.

Šta Sveto pismo kaže o crkvenoj stezi?

Mnogi odlomci Svetog pisma se tiču crkvene stege. Proučićemo osam takvih odlomaka.

Jevrejima 12,1-14

Jevrejima 12 nam predstavlja crkvenu stegu kao nešto što je u osnovi pozitivno i otkriva nam da nas i sam Bog podvrgava stezi:

> „Pošto smo, dakle, okruženi tolikim oblakom svedokâ, odbacimo svaki teret i greh koji nas tako lako zaplićé i istrajno trčimo trku koja nam predstoji. Uprimo pogled u Začetnika i Usavršitelja vere, Isusa, koji je, umesto radosti koja je bila pred njim, podneo krst, prezrevši njegovu sramotu, i seo s desne strane Božijeg prestola. Razmišljajte o njemu, koji je podneo toliko suprotstavljanje grešnikâ, da ne malakšete i ne klonete duhom.
> „Još se niste do krvi suprotstavili boreći se protiv greha i zaboravili ste opomenu koja vam je upućena kao sinovima:

Biblijska crkvena stega

„»Sine moj, ne uzimaj Gospodnju stegu olako,
niti kloni kada te on prekoreva.
Jer, koga Bog voli, toga i vaspitava stegom
i kažnjava svakog koga prihvati kao sina«.

„Ako podnosite stegu, Bog s vama postupa kao sa sinovima. Jer, koji je to sin koga otac ne vaspitava stegom? A ako niste vaspitani stegom, kojoj su svi bili podvrgnuti, onda ste kopilad, a ne sinovi. Pa i naši očevi po telu vaspitavali su nas stegom i mi smo ih poštovali. Zar se onda nećemo mnogo više potčiniti Ocu duhova i živeti? Naši očevi su nas jedno kratko vreme vaspitavali stegom kako su oni smatrali da treba, a on to čini za naše dobro, da bismo imali udela u njegovoj svetosti. Nijedna stega u prvi mah ne izgleda prijatna, nego bolna, ali kasnije daje plod mira i pravednosti onima koji su njome izvežbani.

„Stoga ispravite klonule ruke i klecava kolena. Poravnajte staze za svoje noge, da se hromo ne iščaši, nego da se izleči.

„Trudite se da živite u miru sa svima i u svetosti, bez koje niko neće videti Gospoda."

Sam Bog nas podvrgava stezi i, kao što ćemo videti, zapoveda nam da isto činimo jedni drugima. Mesna crkvena zajednica je posebno odgovorna, ali i posebno podobna za to.

Matej 18,15-17

Tekst iz Mateja 18 je jedan od onih odlomaka (a drugi je Prva Korinćanima 5) koji se najčešće citiraju u raspravama o crkvenoj stezi. Kako treba da reagujete kada neko zgreši protiv vas? Da li treba odmah da se izderete i kažete svoje mišljenje, a posle više da ne pričate s njim? Da li treba da gajite ozleđenost u svom srcu? Evo šta je Gospod Isus učio svoje učenike da čine u takvim okolnostima:

„Ako tvoj brat zgreši protiv tebe, idi i nasamo ga prekori. Ako te posluša, ponovo si stekao brata. A ako te ne posluša, povedi sa

Sedma odlika

sobom još jednoga ili dvojicu, da se svaka stvar utvrdi na osnovu svedočenja dva ili tri svedoka. Ako ni njih ne posluša, obavesti crkvu. Pa ako ni crkvu ne posluša, odnosi se prema njemu kao prema paganinu ili cariniku."

Dakle, prema Isusu, to je način na koji treba da rešavamo nesuglasice i probleme sa drugim vernicima i, kao što vidimo u Pavlovim pismima, prvi hrišćani su upravo to i radili.

Prva Korinćanima 5,1-11

Ovo je najduži i najpoznatiji odlomak o crkvenoj stezi. Neko u korintskoj crkvi je očigledno živeo nemoralno i Pavle je o tome rekao sledeće:

„Uopšte se čuje da među vama vlada blud, i to takav blud kakvog nema ni među paganima: da neko ima ženu svoga oca! A vi ste nadmeni! Bolje bi bilo da ste se ražalostili, pa da se iz vaše sredine ukloni onaj koji je počinio to delo. A ja, odsutan telom ali prisutan duhom, već sam – kao da sam prisutan – osudio toga koji je tako nešto učinio. Kada se u ime našega Gospoda Isusa okupite vi i moj duh, sa silom našega Gospoda Isusa, predajte tog čoveka Satani, da mu telo propadne, a duh da se spase na Dan Gospodnji.

„Ne valja vam vaše hvalisanje. Zar ne znate da od malo kvasca sve testo uskisne? Očistite se od starog kvasca, da budete novo testo, bez kvasca, kakvi i jeste. Jer, već je žrtvovano naše pashalno jagnje – Hristos. Zato praznujmo, ali ne sa starim kvascem, niti sa kvascem zloće i pokvarenosti, nego sa beskvasnim hlebom iskrenosti i istine.

„Napisao sam vam u poslanici da se ne družite sa bludnicima. Ali, ne sa bludnicima ovoga sveta uopšte, ili pohlepnima i razbojnicima, ili idolopoklonicima, jer biste u tom slučaju morali da odete sa ovoga sveta. U stvari, napisao sam vam da se ne družite s onim koji se naziva bratom, a bludnik je, ili pohlepan, ili idolopoklonik, ili klevetnik, ili pijanica, ili razbojnik. Sa takvim nemojte ni jesti!"

Biblijska crkvena stega

Zašto je Pavle rekao sve to? Da li zato što je zamrzeo ovog prestupnika? Ne, nego zato što je taj čovek bio u dubokoj zabludi. On je mislio da može da bude hrišćanin i da istovremeno bude neposlušan Gospodu ili je možda mislio – a crkva mu je dozvolila da tako misli – da uopšte nije pogrešno da spava sa ženom svoga oca. Pavle je rekao da je takav čovek u zabludi i ako stvarno želite da služite tako zabludeloj osobi i da proslavite Boga, morate joj pokazati da je njeno ispovedanje vere lažno u svetlu njenog načina života. Pavle i na drugim mestima u svojim poslanicama razjašnjava pitanje kako treba da se odvija ovaj postupak suočavanja u ljubavi.

Galaćanima 6,1

Ovaj kratak stih je važan dodatak našem razmišljanju o crkvenoj stezi. Pavle ovde opisuje kako hrišćani treba da obnove nekoga ko je uhvaćen u grehu:

„Braćo, ako neko i bude zatečen u nekom prestupu, vi koji ste duhovni ispravite ga u duhu krotkosti. Samo, čuvaj se, da i ti ne padneš u iskušenje."

Pavle nije razmišljao samo o pitanju šta treba da se učini u tim teškim situacijama, nego i o pitanju kako.

Druga Solunjanima 3,6-15

Izgleda da je u Solunu bilo nekih vernika koji su bili lenji i nisu ništa radili. Da bi stvar bila još gora, branili su svoju lenjost, govoreći da je to Božija volja. Pavle je rekao da to nije istina:

„Nalažemo vam, braćo, u ime Gospoda Isusa Hrista, da izbegavate svakog brata koji živi dokono, a ne u skladu sa učenjem koje ste od nas primili. I sami, naime, znate da treba da se ugledate na nas, jer mi među vama nismo bili dokoni, niti smo

SEDMA ODLIKA

nečiji hleb jeli besplatno, nego smo i noću i danju vredno i mukotrpno radili da nikom od vas ne budemo na teretu; ne zato što na to nemamo pravo, nego da vam damo sebe za primer – da se ugledate na nas. Jer, kada smo bili kod vas, ovo smo vam naložili:»Ako neko neće da radi, neka i ne jede.«„Čujemo, naime, da neki među vama žive dokono: ne rade ništa, nego dangube. Takvima nalažemo i zaklinjemo ih u ime Gospoda Isusa Hrista da rade u miru i da svoj hleb jedu. A što se vas tiče, braćo, neka vam ne dojadi da činite dobro. „Ako neko ne posluša ono što smo rekli u ovoj poslanici, izdvojte ga. Ne družite se s njim, da se postidi, ali ga ne smatrajte neprijateljem, nego ga opominjite kao brata."

Prva Timoteju 1,20

Kada je pisao Timoteju, pastiru crkve u Efesu, Pavle je spomenuo neke koji su doživeli „brodolom vere". Pogledajte šta je rekao o postupku s takvim ljudima:

„Među njima su Imenej i Aleksandar, koje sam predao Satani da nauče da ne hule."

Prva Timoteju 5,19-20

Nastavljajući svoje pismo Timoteju, Pavle je izričito napisao šta treba učiniti sa crkvenim vođama koje su uhvaćene u grehu:

„Ne prihvataj tužbu protiv starešine ako je ne potkrepe dva ili tri svedoka. One koji greše, ukori pred svima, da i u ostale uđe strah."

Titu 3,9-11

Očigledno je da su neki ljudi u crkvi u kojoj je Tit bio pastir izazivali razdore zbog pitanja koja nisu bila mnogo važna. Pavle je zbog toga napisao sledeće:

Biblijska crkvena stega

„Kloni se budalastih rasprava i rodoslovâ i svađa i prepiranja oko Zakona, jer je sve to beskorisno i isprazno. Čoveka koji unosi razdor opomeni jednom, pa drugi put, a potom ga se kloni, znajući da se izopačio i da greši i da sâm na sebe navlači osudu."

Kada sagledamo ceo skup ovih odlomaka, vidimo da je Bogu stalo da ispravno poimamo njegovu istinu i da ispravno živimo u skladu s njom. Posebno mu je stalo do toga kako živimo zajedno kao hrišćani. Prema Svetom pismu, sasvim je ispravno da se bavimo svim situacijama. To su oblasti u kojima mesna crkva treba da sprovodi crkvenu stegu.

Još jedna stvar: da li ste primetili koliko su ozbiljne posledice koje je Pavle propisao u ovim opisima crkvene stege? Kaže: „da se iz vaše sredine ukloni... predajte tog čoveka Satani... Sa takvim nemojte ni jesti!" (Prva Korinćanima 5,2-11); „...da izbegavate svakog brata koji živi dokono" (Druga Solunjanima 3,6); „...izdvojte ga. Ne družite se s njim, da se postidi" (Druga Solunjanima 3,14-15); „...koje sam predao Satani" (Prva Timoteju 1,20); „...ukori pred svima" (Prva Timoteju 5,20); „Kloni ih se" Druga Timoteju 3,5); „...a potom ga se kloni" (Titu 3,10).

Da li je Pavle bio neobično oštar? Šta je Isus rekao o osobi koja odbije da posluša čak i crkvu: „Ako ni njih ne posluša, obavesti crkvu. Pa ako ni crkvu ne posluša, odnosi se prema njemu kao prema paganinu ili cariniku" (Matej 18,17).

To je poruka Svetog pisma o crkvenoj stezi.

Kako su hrišćani u prošlosti sprovodili crkvenu stegu?

Hrišćani su u prošlosti veoma često upražnjavali crkvenu stegu. U stvari, mere crkvene stege bile su jedan od najvažnijih delova sastanaka za članove u baptističkim crkvama u XVIII i XIX veku. H. E. Dejna, stručnjak za grčki jezik, zapisao je sledeće zapažanje pre sedamdeset godina:

Sedma odlika

„Zloupotreba crkvene stege je razarajuća i za svaku osudu, ali ne više nego njeno zanemarivanje. Pre dva pokolenja crkve su primenjivale stegu na osvetoljubiv i proizvoljan način, što je opravdano dovelo do njene omraženosti. Danas je situacija u potpuno drugoj krajnosti – crkvena stega je gotovo potpuno zanemarena. Vreme je da nova pokolenja pastira obnove ovu važnu funkciju crkve, da je vrate na njeno mesto i da joj vrate njen punopravni značaj u crkvenom životu."[87]

Greg Vils, profesor crkvene istorije na Teološkom fakultetu južnih baptista *(Southern Baptist Theological Seminary)*, razjasnio je jednu ključnu razliku koja je nastupila između pokolenja naših pradedova i pokolenja naših dedova, a to je gotovo potpun nestanak popravne stege iz naših crkava. Vilsova knjiga *Democratic Religion*[88] nudi obilje citata koji nas jasno podsećaju da su pastiri u prvoj polovini XIX veka smatrali kako su njihovi najvažniji zadaci da verno propovedaju Reč i da verno sprovode pobožnu crkvenu stegu. U stvari, on izveštava kako su baptisti kroz istoriju bili predani borbi za verske slobode upravo zbog želje da crkve budu slobodne da sprovode crkvenu stegu bez mešanja države.

Vils pokazuje da su pre Američkog građanskog rata „južni baptisti svake godine isključivali gotovo dva odsto svojih članova"![89] Koliko god se to činilo neverovatnim, njihove crkve su rasle! U stvari, njihove crkve su rasle dvostruko brže od porasta stanovništva! Stoga je briga da će povratak upražnjavanju takve biblijske stege biti „protivevangelizacijski" u najmanju ruku neosnovana.

Isus želi da naša dela stoje iza naših reči. Ako naš način života ne potkrepljuje naše reči, to škodi evangelizaciji, što smo u Americi u proteklom veku videli u strahovitoj meri. Crkve u kojima se ne sprovodi crkvena stega u stvari su otežale ljudima da čuju radosnu vest o novom životu u Isusu Hristu.

Šta se dogodilo? Zašto smo prestali da upražnjavamo crkvenu stegu? Zapravo ne znamo odgovor, ali Vils predlaže sledeće: „Ova

Biblijska crkvena stega

predanost svetom zajedničkom svedočenju svetu opala je kada su neke druge stvari zaokupirale pažnju hrišćana u kasnom [devetnaestom] i ranom [dvadesetom] veku." Vils piše i ovo:

„U stvari, što su crkve više počele da se bave društvenim uređenjem, to su manje upražnjavale crkvenu stegu. Negde od 1850. do 1920. godine, što je bilo razdoblje kad se zanimanje evanđeoskih crkava za reformaciju društva širilo, praktikovanje crkvene stege se neprestano smanjivalo. Od trezvenjačkog pokreta do subotarske reforme, evanđeoski hrišćani su ubeđivali svoje društvene zajednice da usvoje moralne norme crkve. Dok su baptisti učili kako da reformišu društvenu zajednicu, zaboravili su način na koji su nekad reformisali sebe. Crkvena stega je pretpostavljala da postoji jaka razlika između merila koja važe u društvu i merila Božijeg carstva. Što su više evanđeoski hrišćani pročišćavali društvo, manje su osećali potrebu za stegom koja je održavala razliku između crkve i sveta."⁹⁰

Vils zatim objašnjava i sledeće:

„Nakon Građanskog rata... stručni posmatrači su počeli da jadikuju kako crkvena stega opada, što je stvarno bio slučaj. Ona je delimično opala zbog toga što je postala opterećenje u velikim crkvama. Mladi baptisti su u velikim brojevima odbijali da se podvrgnu crkvenoj stezi zbog plesanja i crkve su prestale da ih isključuju zbog plesa. Gradske crkve, pritisnute svojom potrebom da imaju velike zgrade i željom za prefinjenom muzikom i propovedanjem, podredile su crkvenu stegu održavanju finansijske ravnoteže. Mnogi baptisti su prihvatili novu viziju crkve, zamenjujući težnju za čistotom potragom za delotvornošću. Izgubili su rešenost da pročiste svoje crkve od članova koji odu na stranputicu. Niko nije javno zagovarao prestanak crkvene stege. Nijedan baptistički vođa nije ustao da pozove na prekid crkvenog suda. Nijedan teolog nije tvrdio da je crkvena stega loše načelo ili loša praksa... Crkvena stega je prosto polako nestala kao da su se baptisti umorili od pozivanja jedni drugih na odgovornost."⁹¹

SEDMA ODLIKA

Dok su se baptističke crkve XIX veka polako odricale crkvene stege, promenila se i pastirska služba. Polako, ali sigurno, ova služba je postala javnija. Ranije su ljudi smatrali da je posao pastira da se stara za neprestano obnavljanje duša članova tako što će stalno obavljati privatne razgovore s porodicama i pojedincima. Ali sve češće su se dešavali dugi nizovi sastanaka, zabave i strastveni pozivi na hitno donošenje odluka, a pastir se pozivao samo povremeno, da izađe na kraj samo sa najozbiljnijim slučajevima crkvene stege. Tako je crkva bila sve manje uključena u takve probleme i u stvari ih nije ni bila svesna. Više nije postojala zajednica ljudi koji su se međusobno zavetovali na odgovornost. Umesto toga, samo se od pastira očekivalo da reši nekoliko slučajeva – one slučajeve koji bi crkvi mogli da nanesu najveću sramotu.

U svim ovim promenama zamagljene su važne granice. Uloga pastira je pobrkana, a na još dubljem nivou je počela da se gubi razlika između crkve i sveta, i taj gubitak je naneo veliku štetu evangelizacijskoj službi crkve – i hrišćanskom životu svih hrišćana.

Svi evanđeoski hrišćani u prošlosti trudili su se da upražnjavaju biblijsku crkvenu stegu. Godine 1561. reformisani hrišćani izrazili su svoje shvatanje ovog pitanja u *Belgijskom veroispovedanju (The Belgic Confession)*:

„Ovo su odlike po kojima se raspoznaje istinska Crkva: Ako se tamo propoveda čista evanđeoska nauka; ako se u njoj svete tajne obavljaju na čist način, onako kako ih je ustanovio Hristos; ako se crkvena stega sprovodi kažnjavajući za greh; ukratko, ako se sve radi u skladu sa čistom Božijom rečju, a sve što joj je protivno se odbacuje, i ako se Isus Hristos priznaje kao jedina Glava Crkve. Po tome se zaista može raspoznati prava Crkva i od toga nijedan čovek nema pravo da odstupi."[92]

Jasno je da su crkve u prošlosti bile spremne da sprovode crkvenu stegu.

Biblijska crkvena stega

„Naša crkva to nikad ne bi učinila, zar ne?"

Ponekad se članovi crkve preneraze kad se prvi put susretnu s idejom crkvene stege i onda kažu nešto ovako: „Naša crkva to nikad ne bi učinila, zar ne?" U stvari, takav odgovor pokazuje koliko je lako zaboraviti nešto što je nekada, tokom mnogih vekova, bila opšte rasprostranjena praksa među hrišćanima.

Mesna crkva u Vašingtonu u kojoj sam pastir prepoznavala je važnost crkvene stege od svojih najranijih dana. Kad se grupa hrišćana prvog dana sastala i pevala onu duhovnu pesmu koju sam spomenuo, međusobno su se povezali u jedno telo i obrazovali su crkvu. Jedna od prvih stvari koje su učinili tog dana u februaru 1878. godine bilo je usvajanje sledećih pravila o crkvenoj stezi, bilo u vidu upozorenja ili u vidu isključenja, koje bi usledilo tek nakon upozorenja. Evo šta su rekli o upozoravanju crkvenog člana:

> „Kada neki član crkve učini prestup protiv drugog člana, ako taj prekršaj nije javne prirode, onda je dužnost povređenoga da pokuša nasamo da razgovara s onim koji ga je uvredio i da se potrudi da dođe do pomirenja u skladu s pravilom koje je izneseno u Mateju 18,15.
>
> „Ako prekršilac to odbije, tada je dužnost povređenoga da izabere jednog ili dva člana crkve i da uz njihovu pomoć pokuša da se izmiri s uvrediocem u skladu s pravilom iz Mateja 18,16.
>
> „Ako ovi napori ne budu uspešni, onda je dužnost povređenoga da stvar izloži crkvi shodno uputstvu iz Mateja 18,17. Dakle, ako je povredilac bio upozoren u duhu krotosti i ljubaznosti, ali je ostao tvrdoglav i nepopravljiv, onda je dužnost crkve da ispita taj slučaj i da preduzme potrebne mere.
>
> „Optužbe protiv tog člana treba da budu iznesene u pisanom obliku i ne treba da se saopšte crkvi pre obaveštavanja pastira i đakona i ne pre nego što se primerak optužnice pokaže prestupniku."

Raspravljali su i o tome šta učiniti ako se prekršilac ne pokaje. Sledeći korak je bio isključenje. Rekli su da je isključenje...

SEDMA ODLIKA

„...čin kojim crkva, vlašću Gospoda Isusa Hrista, donosi presudu koja se izriče nad prekršiocem i kojom će on ili ona biti odsečeni od članstva i zajedništva crkve u skladu sa pravilom... iz Mateja 18,17.

„Nijednog člana ne treba isključiti iz crkve dok se on ili ona ne obaveste da su pozvani da se pojave pred crkvom i dok nisu imali priliku da lično odgovore na optužbe koje su protiv njih izrečene, osim u slučajevima javnog i bezobzirnog nemorala, kada je dužnost crkve da opere čast svog svetog poziva tako što će isključiti takvog člana bez odlaganja."

Šta je to bilo tako ozbiljno da su ovi osnivači smatrali da ih Sveto pismo poziva da reaguju tako oštrim merama? Ako vam zasmeta što je neko izabrao pogrešnu pesmu? Ili ako vam je neko ispustio pesmaricu na nogu? Evo šta su rekli o tome:

„Članovi treba da budu podvrgnuti crkvenoj stezi u sledećim slučajevima:
„Za svaki vidljiv prekršaj moralnog zakona.
„Za svako ponašanje koje po mišljenju crkve kvari crkveni ugled.
„Zbog čestog odsustva bez dobrog razloga za termine koji su određeni za bogosluženja.
„Zbog držanja i odbrane učenjâ koja su suprotna onima koja su izložena u [našem veroispovedanju].
„Zbog zanemarivanja ili odbijanja da se učestvuje u davanju u skladu sa svojim mogućnostima zarad pokrivanja troškova crkve.
„Za prezirno ophođenje prema nečemu što crkva radi ili za ponašanje koje očigledno izaziva neslogu.
„Za otkrivanje poverljivih podataka sa crkvenih skupova osobama koje nisu članovi.
„Za bilo kakvo ponašanje koje ne priliči dobrim građanima i ljudima koji ispovedaju da su hrišćani."

Da li bi bilo potrebe da vas crkva zbog nečeg upozori da ste bili član Baptističke crkve na Kapitol Hilu 1878. godine? Redovno

Biblijska crkvena stega

gledam imena vernika koji su osnovali našu crkvu. Setite se da njihovi potpisi stoje na izvornom zavetu naše crkve, koji je okačen na istaknutom mestu na jednom zidu u našoj crkvi. Među tim trideset i jednim potpisom vidim i imena nekih koji su bili predmet prvih zabeleženih slučajeva crkvene stege. Vidim da su dva člana bila isključena 1880. godine, kada je ukupan broj članova bio oko osamdeset. Ko su oni bili i šta se dogodilo? Ne znamo mnogo, ali izgleda da se crkveni beležnik osvrće na te teške situacije u godišnjem pismu crkve. U inače blistavom izveštaju iz 1879. godine imamo i ovu kratku opasku Fransisa Maklina, koji je bio beležnik:

„Jedno moram tiho da izgovorim: nagli rast i gusta krošnja ne mogu da sakriju nekoliko vidljivo mrtvih grana na drvetu. Tu leže naša odgovornost i briga – postupimo mudro i dobro."

Izgleda da je jedna od tih „mrtvih grana" u stvari bio jedan od ljudi koji su potpisani kao osnivači naše crkve. Njegovo ime je bilo Čarls Paten. On je bio upravitelj nedeljne škole, a ipak se u beleškama sa sastanka crkve od 17. decembra 1879. nalazi ova kratka beleška:

„Pastir je objavio zahteve sestre Alme Smit i brata Čarlsa Patena da im se daju otpusna pisma s preporukom, radi prelaska u Prvu baptističku crkvu u ovom gradu. Na oba zahteva stoji datum 30. oktobar 1879. Pastir je rekao da je objavljivanje tih zahteva bilo zadržano po njegovoj odluci i da ih sada objavljuje kako bi crkva donela odluku. Brat Vilijamson je predložio da se sestri Smit daju pisma preporuke, ali nije bio podržan. Na predlog brata Kingdona izabran je odbor, u kom su bili pastir, braća C. V. Longan i Vord Morgan, da razmotri ovaj zahtev brata Patena i odlučeno je da se od njega zahteva da se pojavi pred tim odborom da kaže razloge zbog kojih se rastao od svoje žene."

Sve se to dogodilo na javnom sastanku crkve. Nisu hteli da se misli da hrišćani ostavljaju svoje žene. Približno mesec dana

SEDMA ODLIKA

kasnije, na crkvenom sastanku 21. januara 1880. godine, čitamo sledeće:

„Pastir je u ime odbora za ispitivanje slučaja brata Patena izvestio da mu je napisano pismo na koje je on napismeno odgovorio, ali da se na dalje napore odbora nije odazvao ni na koji način. Stoga smatramo da je odbor izvestio o napretku i da i dalje ima nadležnosti u ovom slučaju."

Na tom istom sastanku razgovaralo se i o drugom slučaju koji se tiče crkvene stege, u koji je bio uključen još jedan osnivač zajednice:

„Beležnik je dao sledeći predlog koji je bio usvojen: da se od jednog odbora, u kom će biti pastir i đakoni, zatraži da razmotri određene činjenice u slučaju sestre Lukriše Daglas, koja bi trebalo da navede razloge, ako ih ima, zašto nije dolazila na sastanke crkve duže od godinu dana i da na sledećem tromesečnom sastanku taj odbor predloži šta bi bio najmudriji postupak crkve u datim okolnostima."

Odsustvo sa crkvenih sastanaka, kao u slučaju sestre Daglas, smatralo se jednim od najozbiljnijih greha zato što je obično skrivalo druge grehe. Kada bi neko počeo da živi u grehu, obično bi prestao da dolazi u crkvu.

Stoga na pitanje iz podnaslova možemo odgovoriti da je naša crkva to *već činila*, kao i mnoge druge crkve. Crkvena stega je u dužem periodu crkvene istorije bila redovan crkveni posao.

Zašto upražnjavati crkvenu stegu?

S kojim ciljem postoji vaša crkva? Kako znate da ona postiže cilj radi kog postoji? Kako znate da u vašoj crkvi stvari dobro stoje?

U Svetom pismu piše da „ljubav pokriva mnoštvo greha." Kao pragmatični Amerikanci ponekad mislimo da *veličina* pokriva mnoštvo greha. Često smatramo da je crkva, ako je dovoljno velika ili ako barem raste, sigurno dobra crkva. Os Ginis piše o ovoj grešci: „Jedan pastir sa Floride, koji ima sedam hiljada članova u svojoj mega-crkvi, dobro je izrazio ovu grešku:»Mora biti da dobro radim, jer se stvari inače ne bi tako dobro odvijale.«"[93] Ali zamislite ovakvu crkvu: Velika je i još brojčano raste. Ljudi je vole, a muzika je dobra. Čitave porodice se mogu naći među njenim članovima. Ljudi su srdačni. U crkvi postoje mnogi uzbudljivi programi i ljudi se brzo prijavljuju da učestvuju u njima. A ipak, ova crkva je, pokušavajući da izgleda kao svet i pokušavajući da ga zadobije, postala kao svet i više nego što je htela. U njoj se ne mogu videti prepoznatljive svete osobine o kojima nas Novi zavet uči. Ova tako energična crkva u stvari je duhovno bolesna i više nema imuni sistem koji je proverava i brani od pogrešnog učenja ili pogrešnog načina života. Zamislite hrišćane koji su do kolena zaglibljeni u grupama za oporavak i propovedi o slomljenosti i milosti, i zamislite kako ih sve to teši u njihovim gresima, ali nikada ne može da ih uteši. Zamislite te ljude, stvorene na Božiju sliku, kako su izgubljeni u grehu jer ih niko ne opominje. Možete li da zamislite takvu crkvu?

Nisam li upravo opisao mnoge od naših američkih crkava?

Nije lako biti veran u pitanjima crkvene stege kada tako velik broj crkava to nije. Dovoljno je teško ponovo uspostaviti kulturu smislenog crkvenog članstva. Često mi se dešavalo da se neko naljuti na mene zbog toga što ne razume važnost ozbiljnog shvatanja crkvenog članstva, ali ne vidim drugi način da budemo verni Hristovom učenju. Moramo da pokušamo, moleći se da nam Božiji Duh da potrebnu ljubav i mudrost.

Budimo iskreni, stanje crkava u današnjoj Americi nije dobro. Čak i ako broj članova nekih crkvenih grupa izgleda dobro, počnete da otkrivate postojeće probleme čim ih upitate šta ti brojevi stvarno označavaju.

Svakako ne bi trebalo da upražnjavamo crkvenu stegu radi osvete. Pavle je podsetio hrišćane u Rimu: „Ne svetite se sami, dragi

Sedma odlika

moji, nego ostavite mesta Božijem gnevu. Jer, zapisano je:»Moja je osveta, ja ću uzvratiti«, kaže Gospod" (Rimljanima 12,19).

Popravna crkvena stega nikada ne treba da se sprovodi iz zlonamernih razloga, nego samo iz ljubavi prema prekršiocu i prema svakom članu crkve pojedinačno, a iznad svega iz ljubavi prema samom Bogu. Popravna crkvena stega ne treba da se sprovodi ni zbog pogrešnog shvatanja da mi imamo konačnu reč od Boga po pitanju nečije večne sudbine. Popravna crkvena stega nikada ne treba da bude konačni sud o nečijoj večnoj sudbini. Nije naša uloga da proglašavamo tako nešto, jer to je van naše moći.

Treba da upražnjavamo crkvenu stegu zbog toga što s poniznošću i s ljubavlju želimo da vidimo njene dobre plodove. Razmotrili smo Isusove reči iz Mateja 7,1: „Ne sudite, da se ne bi sudilo vama." Odmah zatim je rekao: „Jer, kakvim sudom sudite, takvim će se i vama suditi; i kakvom merom merite, takvom će se i vama meriti" (2. stih). Kada se danas spomene bilo koja vrsta crkvene stege ili čak samo obična kritika, mnogi se sete ovog stiha, ali suština Isusove zabrane nije vezana za prosuđivanje, nego nam je zabranjeno da radimo nešto za šta nismo ovlašćeni. Lična osveta je pogrešna (vidite Matej 5,40), ali konačna pravda je ispravna (vidite Matej 19,28). Pogrešno je tražiti od ljudi da se usklade s vašim hirovima i željama, ali u potpunosti je ispravno da Bog zahteva od svojih stvorenja da odražavaju njegovu svetu narav. Mi, sami po sebi, nemamo ni pravo ni moć da donesemo konačnu presudu, ali Bog će jednog dana svojim sledbenicima poveriti objavljivanje njegovog strašnog, čudesnog i užasnog suda nad njegovom tvorevinom (Prva Korinćanima 6,2).

Neke crkve traže od svojih članova da se međusobno zavetuju da neće unapređivati samo svoju ličnu svetost, nego i svetost svoje braće i sestara u Hristu. Da li je moguće da je u današnje vreme pogrešno shvatanje Mateja 7,1 poslužilo kao štit za greh i sprečilo zajednicu da živi životom kojim su crkve živele u prošlosti, životom koji i mi možemo ponovo da usvojimo?

Biblijska crkvena stega

Svakako da stav koji glasi „ja sam svetiji od tebe" pokazuje srce koje ne shvata šta duguje Božijoj milosti i milosrđu, ali isto tako je činjenica da ljudi koje ne zanima greh u sopstvenom životu ili u životu onih koje vole ne pokazuju onakvu ljubav kakvu je Isus imao i za koju je rekao da će biti odlika njegovih učenika. Nijednu osobu ne isključujemo iz crkvene zajednice zbog toga što znamo da će njena konačna sudbina biti večno odvojenje od Boga, nego je isključujemo jer smo zabrinuti što njen način života gnevi Boga. Mi ne upražnjavamo crkvenu stegu zato što želimo nekome da se osvetimo, nego je sprovodimo u poniznosti i u ljubavi prema Bogu i prema osobi koju podvrgavamo stezi.

Sada ćemo navesti pet razloga za upražnjavanje crkvene stege u našim crkvama, s tim što treba imati na umu da ih ima i više.

1. Za dobrobit osobe koja se podvrgava stezi

Jedan čovek u Korintu je bio izgubljen u svom grehu jer je mislio da Bog podržava njegov život u preljubi sa ženom svoga oca (vidite Prva Korinćanima 5,1-5). Ljudi u crkvama u Galatiji su mislili da je ispravno da se uzdaju u svoja dela, a ne samo u Hrista (vidite Galaćanima 6,1-5). Aleksandar i Imenej su mislili da je ispravno huliti na Boga (vidite Prva Timoteju 1,20). Ali niko od ovih ljudi nije bio u dobrom odnosu sa Bogom. Želimo da se crkvena stega upražnjava iz ljubavi prema takvim ljudima. Ne želimo da naše crkve ohrabruju licemere koji su okoreli u svom grehu, da im potvrđuju da su ispravni i da ih tako uljuljkuju u njihovom grehu. Ne želimo tako da živimo, ni kao pojedinci, ni kao crkva.

2. Za dobrobit drugih hrišćana koji će videti opasnost greha

Pavle je rekao Timoteju da vođu koji zgreši treba javno ukoriti (Prva Timoteju 5,20). To ne znači da svaki put kad ja, kao

Sedma odlika

pastir, učinim neku grešku, članovi moje crkve treba javno da ustanu na bogosluženju i da kažu: „Hej, Mark, to nije bilo u redu!" To znači da kad neko počini ozbiljan greh (pogotovo greh za koji se nije pokajao) onda to treba izneti u crkvenu javnost da bi i drugi bili upozoreni kad vide ozbiljnost greha.

3. Zbog zdravlja crkve kao celine

Pavle je vernicima u Korintu rekao da ne treba da se hvale što toliko dozvoljavaju greh u crkvi (Prva Korinćanima 5,6-8). Postavio im je retoričko pitanje: „Ne valja vam vaše hvalisanje. Zar ne znate da od malo kvasca sve testo uskisne?" (stih 6). Kvasac predstavlja nečistu i šireću prirodu greha. Stoga im je Pavle rekao:

„Očistite se od starog kvasca, da budete novo testo, bez kvasca, kakvi i jeste. Jer, već je žrtvovano naše pashalno jagnje – Hristos. Zato praznujmo, ali ne sa starim kvascem, niti sa kvascem zloće i pokvarenosti, nego sa beskvasnim hlebom iskrenosti i istine" (stihovi 7-8).

Za pashalni obrok se klalo jagnje i jeo se beskvasni hleb. Pavle je rekao Korinćanima da je jagnje (Hristos) žrtvovano i da oni (korintska crkva) treba da budu beskvasni hleb. U njima ne treba da bude ni malo kvasca, koji predstavlja greh. Oni kao cela crkva treba da budu prihvatljiva žrtva.

Naravno, ništa od toga ne znači da crkvena stega u crkvi treba da bude u centru pažnje ili da postane glavna delatnost. Stega ne treba da zauzima glavno mesto u crkvi kao što ni medicina ne treba da zauzima glavno mesto u nečijem životu. Možda je u nekim razdobljima neophodno da budemo potpuno predani crkvenoj stezi, ali ona uglavnom treba da bude sredstvo koje nam omogućuje da nastavimo da obavljamo svoj glavni zadatak. Crkvena stega svakako nije glavni zadatak crkve.

Biblijska crkvena stega

4. Zbog zajedničkog svedočanstva crkve

Crkvena stega je moćna alatka za evangelizaciju. Ljudi primete kada su naši životi drugačiji, posebno kad postoji čitava zajednica ljudi čiji životi su drugačiji – ne ljudi čiji životi su savršeni – i koji se zaista trude da vole Boga i jedni druge. Kada ljudi vide kako se crkve saobražavaju svetu, naš zadatak da evangeliziramo postaje mnogo teži. Postanemo toliko slični neverujućima da oni više ne žele da nam postave nijedno pitanje. Neka nam Bog dâ život zbog kog će ljudi postati konstruktivno znatiželjni (vidite Matej 5,16; Jovan 13,34-35; Prva Korinćanima 5,1; Prva Petrova 2,12).

5. Zbog slave koju Bog prima kad odražavamo njegovu svetost

(Vidite Efescima 5,25-27; Jevrejima 12,10-14; Prva Petrova 1,15-16; 2,9-12; Prva Jovanova 3,2-3) Iznad svega, treba da upražnjavamo crkvenu stegu da bismo proslavili Boga. Zato i živimo! Mi ljudi stvoreni smo da nosimo Božiju sliku i da njegovoj tvorevini odražavamo njegovu narav (Postanje 1,27). Stoga nas ne iznenađuje što je Bog kroz ceo Stari zavet, oblikujući svoj narod prema svojoj slici da bi njihova narav odražavala njegovu, poučavao taj narod o svetosti (Levitska 11,44; 19,2). To je u starozavetno vreme, kada je Bog za sebe oblikovao narod, bila osnova za popravljanje, pa čak i za isključivanje, a to je osnova i za oblikovanje novozavetne crkve (vidite Druga Korinćanima 6,14-7,1). Hrišćani bi trebalo da budu upadljivo sveti radi Božijeg, a ne radi sopstvenog ugleda. Treba da budemo svetlost svetu, tako da ljudi proslave Boga kad vide naša dobra dela (Matej 5,16). Petar je rekao: „Među neznabošcima se vladajte dobro, da oni, iako vas optužuju za zlodela, vide vaša dobra dela i daju slavu Bogu na Dan pohođenja" (Prva Petrova 2,12). Zato nas je Bog pozvao, spasao i odvojio (Kološanima 1,21-22).

Zar bismo mogli da budemo drugačiji ako nosimo njegovo ime? Pavle je napisao crkvi u Korintu:

SEDMA ODLIKA

„Ili zar ne znate da nepravedni neće naslediti Božije carstvo? Ne zavaravajte se! Ni bludnici, ni idolopoklonici, ni preljubnici, ni pohotnici, ni pederasti, ni kradljivci, ni pohlepni, ni pijanice, ni klevetnici, ni razbojnici neće naslediti Božije carstvo. A neki od vas su bili takvi. Ali, oprali ste se i osveštali ste se i opravdali ste se imenom Gospoda Isusa Hrista i Duhom našega Boga" (Prva Korinćanima 6,9-11).

Isus je od samog početka učio svoje učenike da poučavaju ljude da budu poslušni svemu čemu ih je naučio (Matej 28,19-20). Bog želi sveti narod koji će odražavati njegovu narav. Crkva je na kraju Otkrivenja predstavljena kao slavna nevesta koja odražava narav samog Hrista, dok „napolju ostaju psi, vračari, bludnici, ubice, idolopoklonici i svi koji vole laž i koji lažu" (Otkrivenje 22,15).

Ako uzmemo Prvu Korinćanima 5 kao uzor, vidimo da su crkve odavno shvatile da je crkvena stega jedno od sredstava za čuvanje smisla crkvenog članstva. Stoga je osnovna pretpostavka da su crkveni članovi ljudi koji mogu na doličan način da uzmu pričest, da pri tome ne nanesu sramotu crkvi, da na sebe ne navuku osudu i da ne obeščaste Boga ili njegovo evanđelje (vidite Prva Korinćanima 11).

Kada sagledamo takve odlomke i odlomke o potrebnim osobinama crkvenih vođa, vidimo da odgovornost da imaju dobar ugled hrišćani treba da nose aktivnije nego ljudi u svetu. Naši svetovni sudovi veoma odlučno traže da dokaze dostave oni koji druge optužuju za krivicu – pretpostavljamo nevinost dok se za nekoga ne dokaže da je kriv. Ali naša odgovornost u crkvi je malo drugačija i ta razlika je važna. Naši životi su za svet izlog Božije naravi. Ne možemo u potpunosti da utičemo na mišljenje drugih o nama i znamo da možemo očekivati veoma snažno neodobravanje, pa čak i progon zbog pravednosti, ali, koliko je do nas, naš život treba da bude preporuka evanđelja drugim ljudima. Mi aktivno nosimo odgovornost da živimo životom koji će Bogu doneti hvalu i slavu, a ne stid i sramotu.

Biblijska crkvena stega

Biblijska teologija naše crkve treba da objasni vernicima crkvenu stegu; naše poučavanje i propovedanje treba da se bavi tom temom; crkvene vođe treba da je ohrabruju – ali u krajnjoj liniji, jedino crkva može i treba da je sprovodi.

Biblijska crkvena stega je izraz poslušnosti Bogu i priznanje da nam je potrebna pomoć. Hrišćanski život ne možemo živeti sami. Cilj crkvene stege je pozitivan za osobu koja se podvrgava stezi, za druge hrišćane koji vide stvarnu opasnost od greha, za zdravlje cele crkve i za zajedničko svedočanstvo crkve onima spolja. Iznad svega, naša svetost treba da odražava Božiju svetost. Pojam crkvenog članstva mora imati smisla, i to ne radi našeg ponosa, nego radi Božijeg imena. Biblijska crkvena stega spada među odlike zdrave crkve.

Šta će biti ako ne budemo upražnjavali crkvenu stegu?

Treba da razmislimo šta znači biti crkva koja ne želi da upražnjava crkvenu stegu.[94] Ovo pitanje se tiče prirode naših crkava.

Greg Vils piše da je mnogim hrišćanima u prošlosti „crkva bez stege teško mogla da se računa kao crkva"[95] Džon Dag piše: „Kada stega napusti crkvu, Hristos odlazi s njom."[96] Ako ne možemo da kažemo šta nešto nije, onda ne možemo dobro da kažemo ni šta jeste. Ako se odreknemo mogućnosti da kažemo šta nije hrišćanski život, ne možemo smisleno reći ni šta jeste.

Naše veroispovedanje treba da bude potkrepljeno našim životom. Treba da volimo jedni druge; treba jedni druge da pozivamo na odgovornost, jer svako od nas će doživeti trenutke kada naše telo želi da ide drugačijim putem od onog koji je Bog objavio u Svetom pismu. Jedan od načina da volimo jedni druge jeste da budemo iskreni, da uspostavimo odnose jedni s drugima i da razgovaramo jedni s drugima u ljubavi. Treba da volimo jedni druge, da volimo one van crkve na koje naše svedočenje utiče i da volimo

Sedma odlika

Boga, koji je svet i koji nas ne poziva uzalud da nosimo njegovo ime i da budemo sveti kao što je on svet. To je izvanredna čast i velika odgovornost.

Ako želimo da naše crkve budu zdrave, moramo aktivno da se staramo jedni o drugima sve do tačke suočavanja. Kad malo razmislite, sve je to veoma praktično, zar ne? Sve to o crkvi, o novom životu, o zavetu i o odnosima u kojima vlada predanje? Pitam se – kakva će žetva biti?

„Sejemo seme, kraj puta je, gle,
Sejemo seme na kamen, gde mre,
Sejemo seme i trnje ga guši,
Sejemo seme po plodnoj crnuši,
Sejemo seme bolnoga srca,
Sejemo seme i vlažnih zenica,
Sejemo s nadom dok kosci ne dođu,
I rado s žetvom kući pođu.
Pitam se – kakva će žetva biti?"

ŠTA SLEDI
OSMA ODLIKA: STARANJE ZA UČENIŠTVO I RAST

Biblijska teologija rasta
Biblijsko upražnjavanje rasta
   Ekspozicijsko propovedanje
   Biblijska teologija
   Biblijsko shvatanje evanđelja
   Biblijsko shvatanje obraćenja
   Biblijsko shvatanje evangelizacije
   Biblijsko shvatanje crkvenog članstva
   Biblijsko shvatanje crkvene stege
   Biblijsko shvatanje crkvenog vodstva
Nada u rast
   Pastirske posete
   Zajednički rast crkve
Važnost dobrog rasta
Šta ako ne budemo rasli?

Osma odlika

STARANJE ZA UČENIŠTVO I RAST

Rob se molio da primi Hrista kad je imao sedamnaest godina. Pre toga je doživeo nekoliko teških meseci i osećao se veoma umorno. Možda bi zvučalo suviše dramatično kad bismo rekli da je već pucao po šavovima, ali on se baš tako osećao. Rob nikada nije rado išao u crkvu, ali nije imao ništa protiv crkve. Nije bio ateista, ali prosto nikada nije smatrao da crkva nešto posebno vredi.

Zatim ga je njegov prijatelj Šon pozvao da s njim ode na jedan hrišćanski sastanak, a Rob se tako loše osećao da je pomislio: „Možda će mi to pomoći." Na tom sastanku je skoro do ponoći razgovarao sa Šonom i sa finom mladom damom po imenu Sara.

Razgovor je počeo lagano, ali je postao prilično ozbiljan kada su Šon, a zatim i Sara, počeli da govore o nekim stvarima koje su nedavno doživeli. To je na kraju dotaklo Roba. Nije se slomio ni počeo da plače, nego se prosto otvorio i postao iskreniji s njima nego što je inače bio sam sa sobom. „Osećam da mi život izmiče iz ruku. Čini mi se da ništa ne ide kako treba, a i to što ne valja mi više ne smeta."

Staranje za učeništvo i rast

I zatim je to učinio. Za pet minuta – ili manje – Sara i Šon su mu ispričali o divnom životu koji može da živi kao hrišćanin, o besplatnom daru oproštenja koji može da primi od Boga za sve zlo koje je ikad učinio i o večnom životu s Bogom kada umre. Odavno nije čuo tako dobru ponudu i bilo mu je drago što su to dvoje sedeli s njim, slušali ga i saopštavali mu takve stvari o sebi.

Kada je Rob pitao kako bi mogao da se „učlani", Šon i Sara su mu pružili jednu knjižicu i pokazali mu pasus otkucan masnim slovima. Bila je to molitva. „Ponavljaj za mnom", rekao je Šon, i Rob je to učinio. Svaki put kad bi Šon pročitao jedan red i ućutao, Rob bi ponovio te reči. On ih je čitao upućujući ih Bogu – molio se. I to je bilo to. Šon i Sara su mu uzbuđeno rekli da je upravo postao hrišćanin, pošto je Bog obećao da će oprostiti svakom ko prizna svoje grehe. Rob je znao da je činio loše – zato se i molio. I tako se to dogodilo. Učinio je to i bio je spasen.

U narednim godinama Rob je živeo prilično uzornim životom. Do trenutka kad je napunio četrdeset godina neki ljudi su ga smatrali stubom crkve.

Uključio se u rad crkve gde je propovedanje obično bilo uzbudljivo. Propovedi su bile kratke, jezgrovite i pune dobrih priča, lako pamtljivih anegdota i živopisnih ilustracija. A Rob je stvarno voleo da sluša, posebno priče.

Ali da ga je neko saterao u ćošak, morao bi da prizna da baš ne poznaje Sveto pismo. Iako je već nekoliko godina poučavao u nedeljnoj školi, nije baš umeo da kaže gde se nalazi većina biblijskih knjiga, ili zašto je izlazak Izraelaca iz Egipta bio tako važan, ili o čemu je Knjiga otkrivenja. Rob je imao svoje ideje o Bogu i saopštavao ih je ljudima, ali one nisu poticale neposredno iz Svetog pisma, nego ih je čuo od drugih ili je o njima samostalno razmišljao.

Smatrao je da je evanđelje prilično jasna Božija ponuda – da će nam Bog oprostiti grehe samo ako ih priznamo (ako kažemo: „Da, ja sam to učinio."). Znao je da su Isus i krst važni; nije baš bio siguran zašto, ali je znao da su važni.

OSMA ODLIKA

Rob je u stvari smatrao da je obraćenje poput odluke o kupovini novih kola ili nekih drugih presudnih odluka u životu. To je bio važan događaj, pomalo zastrašujuć, ali koji mora da se prebrodi. Smatrao je da to svako treba da učini pre ili kasnije i da je pre bolje nego kasnije... jer ipak se nikad ne zna.

Rob je smatrao da se evangelizacijom bavi crkveno osoblje i da je možda i sam evangelizirao nekoliko puta. Pre je morao malo više da se bavi time, kad su imali pastira koji je jako podsticao da se ide od vrata do vrata, a onda je opet morao to da radi kada je kao pratilac išao na put sa omladinskim horom, pa je nekoliko momaka iz hora imalo pitanja o značaju krštenja i priključivanju crkvi, tako da je s njima razgovarao o tome.

U stvari, sam Rob se nikad nije priključio crkvi, ali većina to verovatno nije ni primetila. Prolazio je kroz razdoblja veće i manje uključenosti. Ponekad bi dolazio svake nedelje u godini, a ponekad ga ne bi bilo ceo mesec, dva meseca ili tri meseca, i to mu se tako sviđalo. Mogao je da bira u šta želi da se uključi. Na kraju krajeva, priključivanje crkvi mu je uvek izgledalo kao da nekome dajete blanko ček.

A zatim su, pre nekoliko godina, nastali problemi kad je njegova ćerka, koja je bila u crkvenom horu, čula za neke stvari koje je on smatrao suludim. Čoveče, da se to nastavilo, ćerka bi mu možda završila kao nekakva misionarka u inostranstvu! Zato joj je zabranio da ide na hor, na omladinsku grupu, na proučavanje Biblije, a neko vreme i da odlazi na bogosluženja, a ni on sam nije odlazio veći deo godine. Nije mnogo brinuo zbog toga, jer je verovao u „jednom spasen, zauvek spasen", a znao je da je spasen jer je molio tu molitvu sa Sarom i Šonom i nije imao razloga da brine.

Osim toga, u to vreme su imali pastira s kojim se nije baš dobro slagao i odlučio je da sačeka da taj pastir ode. Već je doživeo kako pastiri dolaze i odlaze. Neke od novih stvari koje je ovaj pastir hteo da radi stvarno su mu smetale. Hteo je da daje mnogo više novca za misiju, a bilo je toliko posla da se uradi na njihovoj

Staranje za učeništvo i rast

zgradi. Pričao je o tome da u crkvi treba nešto da se promeni, na primer da se postave starešine. Čak je govorio i o „crkvenoj stezi" (što je Robu zvučalo zastrašujuće, osuđujuće i nehrišćanski). Rob je znao da većina pastira nije trajala dugo, pogotovo ako bi Rob jasno rekao da on već neko vreme izbegava da se uključi u crkvu baš zbog pastira. Da li je čudno što Rob nije rastao kao hrišćanin? I još važnije, što mu nije smetalo što ne raste kao hrišćanin? Iako Rob nije mnogo razmišljao o hrišćanskom rastu, istraživač Džordž Barna kaže da mnogi hrišćani razmišljaju. Krajem 1998. godine Barna je izvestio da 82% Amerikanaca kaže kako oseća potrebu za duhovnim rastom. Druga istraživanja imaju slične rezultate. Barna smatra da takva otkrića pokazuju nagli porast zanimanja za duhovnost i potragu za smislom života. Hajde da razmotrimo četiri pitanja u svetlu ovih rezultata:

1. Da li su želje za duhovnim rastom biblijske ili mi, kao vernici, možemo da se skrasimo i da budemo udobno smešteni i sigurni kao Rob?
2. Ako želimo duhovno da rastemo – kao pojedinci i kao crkva – kako to da postignemo?
3. Da li je duhovni rast stvarno toliko važan?
4. Šta će biti ako ne rastemo?

Zdrava crkva se odlikuje članovima koji se ozbiljno staraju za svoj duhovni rast. U zdravoj crkvi ljudi stalno žele da budu sve bolji sledbenici Isusa Hrista.

Biblijska teologija rasta

Prvo, da li je želja za duhovnim rastom biblijska ili je to samo primer savremene američke okupiranosti napretkom – pošto veličamo napredak u svemu, možda smo stoga tu vrednost uvezli u svoje shvatanje hrišćanstva? Da li je usredsređenost na duhovni

Osma odlika

rast u stvari duhovna usredsređenost na sebe radi koje postajemo hrišćanski narcisi, preterano okupirani sopstvenim duhovnim vrlinama?

Dok proučavamo Sveto pismo, otkrivamo da duhovni rast nije samo briga dalekovidih Amerikanaca željnih rasta, nego je to i biblijski pojam.

U prvom poglavlju Svetog pisma Bog je zapovedio stvorenjima na kopnu i u moru da se množe: „Bog ih blagoslovi i reče: »Budite plodni i množite se i ispunite vode mora. I neka se ptice množe na zemlji«" (Postanje 1,22). On je, između ostalog, dao istu tu zapovest Adamu i Evi, svega nekoliko stihova dalje: „Bog ih blagoslovi i reče im: »Budite plodni i množite se, ispunite zemlju i potčinite je sebi. Vladajte nad ribama u moru i nad pticama na nebu i nad svim živim stvorenjima koja se kreću uz tlo«" (stih 28).

Nekoliko poglavlja kasnije, nakon što je Bog zbrisao svet osudivši ga na potop, šta je bilo prvo što je zapovedio Nojevim sinovima? „Tada Bog blagoslovi Noja i njegove sinove, rekavši im: »Budite plodni i množite se i ispunite zemlju" (Postanje 9,1).

Kasnije u Postanju Bog je obećao Avraamu da će njegovi potomci biti brojni i da će im se broj uvećavati. Kada su Izraelovi potomci otišli u Egipat u ropstvo, množili su se i postajali sve brojniji. To je bio znak Božijeg blagoslova. Bog ih je ponovo blagoslovio kada su ušli u obećanu zemlju. Šta se dogodilo čak i kada su bili odvedeni u izgnanstvo u Vaviloniju? Gospod im je naložio preko Jeremije: „Ženite se i imajte sinove i kćeri. Ženite svoje sinove i udajte kćeri, da i oni imaju sinove i kćeri. Množite se – ne smanjujte se" (Jeremija 29,6).

Bog se ne slaže s idejom E. F. Šumahera, koji je rekao „Malo je lepo!" Iako ponekad nešto što je malo može imati veliki značaj, to ne znači da je manje uvek bolje. Ne kažem da je Bog poput megalomana iz Teksasa, ali izgleda da obilje smatra blagoslovom. Jedan od načina na koji je Bog ohrabrivao pravednost u Starom zavetu bilo je obilje blagoslova koje je izlivao dajući rast i blagostanje. Stoga ovako čitamo u Psalmu 92,12-13:

212

Staranje za učeništvo i rast

„Pravednik će bujati kao palma,
rasti kao kedar libanski.
Oni koji su posađeni u Domu GOSPODNJEM
u dvorištima našeg Boga cvetaju."

A u Poslovicama Bog daje uputstva za naš rast. U stvari nam je rekao da možemo da uvećamo svoju snagu tako što ćemo uvećati svoju mudrost, a da možemo da uvećamo svoju mudrost tako što ćemo provoditi vreme sa mudrima (Poslovice 24,5 i 13,20). Naravno, ne treba da težimo za pogrešnom vrstom rasta. Ne treba da budemo suviše pod utiskom fizičkih pojava poput bogatstva i imovine. Psalam 49,16-17 nas upozorava na sledeći način:

„Ne boj se kad se neko obogati,
kad se namnoži blago njegovog doma.
Jer, kad umre, ništa sa sobom neće poneti,
neće s njim u grob sići blago njegovo."

Smrt nam oduzima svu imovinu koju skupimo na ovom svetu i stoga ne treba da budemo toliko oduševljeni imovinom. Sveto pismo nas uči i da će Božije carstvo rasti. To je bilo predskazano u Starom zavetu, a i Isus je to obećao. To proroštvo obično pevamo svake godine oko Božića. Ono potiče iz Isaije 9,7, gde je Gospod obećao da će carstvo njegovog Pomazanika rasti:

„Njegovoj silnoj vlasti
i miru neće biti kraja.
Vladaće na prestolu Davidovom
i nad njegovim carstvom,
učvrstivši ga i održavajući
na pravdi i pravednosti,
od tada pa doveka.
Učiniće to revnost
GOSPODA nad vojskama."

Sam Gospod Isus je govorio o tome kako će njegovo carstvo rasti da bi se ispunilo ovo predskazanje. Rekao je da će ono rasti

Osma odlika

od najmanjeg semena do najveće biljke u bašti: „Iako je najmanje od sveg semenja, kada izraste, veće je od sveg povrća. Razvije se u drvo, pa ptice dolaze i gnezde se u njegovim granama" (Matej 13,32).

Naravno, Seme je palo na zemlju i umrlo, ali iako je bio raspet i sahranjen, podignut je iz mrtvih i s Božijim carstvom, koje je počeo da gradi, dogodilo se upravo ono što je i prorokovao – počelo je da raste. Dela apostolska ponavljaju sledeće reči kao refren:

„Tih dana, kako je broj učenika sve više rastao... Tako se Božija reč širila. Broj učenika u Jerusalimu brzo je rastao, a veri se pokorilo i veliko mnoštvo sveštenika" (6,1, 7).

„A Božija reč je rasla i širila se" (12,24).

„...a Gospodnja reč se proširi po celom tom kraju" (13,49).

„Tako se Gospodnjom snagom Reč širila i jačala" (19,20).

Dakle, u Novom zavetu vidimo brojčani rast kao i u Starom zavetu, ali rast o kom se u Novom zavetu raspravlja, i koji se podstiče, i za koji se moli, nije samo brojčani rast. Ako u vašoj crkvi danas ima više ljudi nego što ih je bilo pre nekoliko godina, da li to znači da je vaša crkva zdrava? Ne mora da znači.[97] Postoji i druga vrsta rasta. Novozavetni pojam rasta ne obuhvata samo veći broj ljudi, nego veći broj ljudi koji odrastaju, sazrevaju i postaju sve dublji u veri. U Efescima 4,15-16 čitamo sledeće reči: „Nego, držeći se istine, u ljubavi, u svemu ćemo izrasti u njega, koji je Glava – u Hrista. On čini da celo Telo – povezano i ujedinjeno svakim podupirućim zglobom – raste i izgrađuje se u ljubavi, srazmerno delotvornosti svakog pojedinog dela."

Kako dolazi do takvog rasta? Konačni uzrok je Božije delovanje. Mi rastemo kao Hristovo telo kada Bog proizvodi rast. Prema

Staranje za učeništvo i rast

Ološanima 2,19, Hristos je Glava „od koje celo Telo, poduprto i povezano zglobovima i žilama, raste Božijim rastom." Nije propovednik taj koji čini da crkva raste. Bog može da upotrebi propovednika ako tako želi i Pavle je korintskim hrišćanima pisao upravo o tome, jer su bili posebno skloni veličanju rečitih propovednika. Stoga ih je Pavle podsetio da je on „posadio, Apolos zalio, ali Bog je dao da izraste. Tako nije važan onaj koji sadi ni onaj koji zaliva, nego Bog, koji daje da izraste" (Prva Korinćanima 3,6-7).

Pavle je bio dobar Hristov učenik, koji je i sam poučavao da rast Božijeg carstva potiče od Boga i da u krajnjoj liniji ne zavisi od nas. U Marku 4 Isus je uporedio Božije carstvo sa žitaricom koja raste dok ratar spava. Bilo da ratar ustane ili ne, žitarica nastavlja da raste. Isusova poenta nije da treba da budemo lenji i dokoni, nego da rast Božijeg carstva na kraju krajeva ne zavisi od nas. Sam Bog se stara o rastu svoje crkve: „...bilo da [ratar] spava ili ustaje, noću i danju, seme klija i raste, a on i ne zna kako" (Marko 4,27). Bog proizvodi rast.

Zato Pavle nije mnogo čestitao Solunjanima na tome što rastu. Nije im rekao: „O, baš ste lepo uzrasli!", nego je za to zahvalio Bogu. Rast ne mora da izazove ponos, nego može da stvori poniznost ako prepoznamo da nam Bog daje da rastemo: „Uvek smo dužni da zahvaljujemo Bogu za vas, braćo, i to s pravom, jer vaša vera sve više raste i sve je veća ljubav svakog od vas prema drugima" (Druga Solunjanima 1,3).

Stoga se Pavle, kada je želeo da neka zajednica raste, molio za njih jer je shvatio da Bog proizvodi rast. Pavle se u Prvoj Solunjanima molio na sledeći način:

„Neka sâm naš Bog i Otac i naš Gospod Isus usmere naš put prema vama. A vama Gospod dao da jedan prema drugom i prema svima rastete i obilujete u ljubavi, kao i mi prema vama. Neka vam učvrsti srce, da budete besprekorni i sveti pred našim Bogom i Ocem kada dođe naš Gospod Isus sa svim njegovim svetima" (Prva Solunjanima 3,11-13).

Osma odlika

Pavle se i u Poslanici Kološanima molio da njegovi čitaoci duhovno rastu: „[Molimo se] da živite dostojno Gospoda i da mu u svemu ugodite: da budete plodonosni u svakom dobrom delu, da rastete u spoznanju Boga" (Kološanima 1,10). Naravno, ne želim da kažem da mi ne igramo nikakvu ulogu u svom duhovnom rastu. Sama činjenica da sam se potrudio da pišem o ovome znači da smatram da mi, kao hrišćani, na određeni način učestvujemo u svom duhovnom rastu. U Drugoj Petrovoj 3,18 Petar završava svoje pismo podsticajem: „Rastite u milosti i spoznanju našega Gospoda i Spasitelja Isusa Hrista." U pitanju je zapovedni način: „Rastite!"
Trebalo bi da želimo duhovno da rastemo, ali kako to činiti?

U prvom poglavlju ovog pisma Petar je rekao: „Jer, ako sve to posedujete u sve većoj meri, nećete biti dokoni i jalovi u spoznanju našega Gospoda Isusa Hrista" (Druga Petrova 1,8). Na šta Petar misli kad kaže „sve to"?

„Upravo zato uložite svaki trud da svojoj veri pridodate dobrotu, dobroti znanje, znanju uzdržljivost, uzdržljivosti strpljivost, strpljivosti pobožnost, pobožnosti bratoljublje, bratoljublju ljubav" (Druga Petrova 1,5-8).

Treba da imamo želju da rastemo, a rastemo tako što negujemo ove osobine.

Petar je na drugom mestu naglasio važnost Božije reči i rekao da je za rast potrebno da činimo sledeće:

„Kao novorođenčad žudite za čistim duhovnim mlekom, da od njega odrastete za spasenje, sad kad ste se uverili da je Gospod dobar. Priđite njemu, Živom kamenu, koji su, doduše, ljudi odbacili, ali je u Božijim očima izabran i dragocen, pa se kao živo kamenje ugradite u duhovnu kuću, da budete sveto sveštenstvo, da kroz Isusa Hrista prinosite duhovne žrtve koje su Bogu mile" (Prva Petrova 2,2-5).

Staranje za učeništvo i rast

Jasno je da je duhovni rast biblijski pojam. Nisu samo Amerikanci zainteresovani za rast i to nije pojam koji potiče iz naše nacionalne kulture. Rast je ideja koju nalazimo u Svetom pismu, a potiče još iz vremena stvaranja.

Biblijsko upražnjavanje rasta

Kako, dakle, rastemo kao hrišćani? Kakva crkva neguje takvo učeništvo među svojim članovima? U određenom smislu, time smo se bavili kroz celu ovu knjigu, ali postavlja se pitanje kako svaka od ostalih osam odlika koje smo razmotrili u ovoj knjizi utiče na naš hrišćanski rast – kako pojedinačni, tako i zajednički? Ubeđen sam da svaka od ovih odlika može doprineti da budemo bolji sledbenici Isusa Hrista. Svaka od njih daje svoj doprinos duhovnom zdravlju pojedinačnih hrišćana, dobrobiti drugih hrišćana, zdravlju crkve kao celine, dobrobiti našeg svedočanstva nehrišćanima i Božijoj slavi.

Ekspozicijsko propovedanje

Crkva u kojoj se propoveda ekspozicijski je crkva koja ohrabruje hrišćanski rast. Ako hoćemo da rastemo, potrebna nam je Božija reč. Kultura oko nas nam neće pružiti ono što nam je najpotrebnije. Ne možemo da pogledamo čak ni u sopstveno srce da bismo našli potrebno znanje. Os Ginis je napisao sledeće:

> „Prenaglašena poluistina da crkva 'treba da ispuni potrebe...' stvara neželjene posledice. Baš kao što će savremena strast za 'celishodnošću' postati put u necelishodnost, tako će i savremena strast za ispunjenjem 'potreba koje osećamo' pretvoriti crkvu u glasni skup pomodnih potreba koje guše jedini glas koji se obraća pravoj ljudskoj potrebi, koja leži ispod svih potreba koje osećamo. Na kraju krajeva, ako su prave potrebe prvi korak ka veri i molitvi, lažne potrebe su upravo suprotno. Kao što je

Osma odlika

to rekao Džordž Makdonald: 'Ta potreba koja nije potreba u stvari je demon koji sisa duh tvog života.'"[98]

Da bismo saznali šta nam je najpotrebnije u životu, treba da se okrenemo samom Bogu. Treba da čujemo kako se njegova reč ekspozicijski propoveda u celosti, a ne da slušamo samo izabrane teme. U Svetom pismu postoje neke stvari koje smo u iskušenju da izbegavamo. Niko od nas nije toliko svet, savršen i duhovno sazreo da bi rado prihvatio svaku reč iz Božije knjige. Bože, sačuvaj nas od crkve gde se tvoja reč propoveda probirljivo. Treba da se molimo da Bog obdari svoju crkvu propovednicima koji će propovedati svu njegovu reč.

Dok proučavamo Božiju reč i sagledavamo njegovu pomoć i staranje za njegov narod kroz celu istoriju, postajemo svesni lepote Božijeg nauma i vidimo slavu evanđelja. Vidimo kako nas Bog popravlja. Možda je čudno, ali kada slušamo ekspozicijsko propovedanje, postajemo manje zavisni od propovednika i više razmišljamo o Božijoj reči. Stoga je sasvim u redu ako vaš pastir nije tu i neko drugi stoji za propovedaonicom. Mi volimo svoju službu, ali više od službe volimo Božiju reč. Nju želimo da čujemo. Crkva je sagrađena na slušanju Božije reči, koja nam govori dok je Sveti Duh koristi u našim srcima. Kroz Božiju reč sve bolje upoznajemo Boga i njegovu narav, mnogo više nego što smo vi ili ja ikada mogli i da pretpostavimo.

Budite veoma pažljivi pre nego što se priključite nekoj crkvi koja ne naglašava ekspozicijsko propovedanje ili koja u goste poziva propovednike koji ne propovedaju ekspozicijski i koji nisu predani propovedanju sve Božije reči i pored toga što su nam neki njeni delovi neprijatni.

Biblijska teologija

Rastemo sve više shvatajući istine o Bogu i o sebi. Rastemo sve više shvatajući da se on stara za nas i sve više shvatajući o njegovoj naravi. Rastemo čitajući biblijski zapis o tome kako je

Staranje za učeništvo i rast

on izabrao jedan narod i zatim radio s njim u veoma teškim okolnostima. Ohrabreni smo kad steknemo celovitu sliku o njegovom naumu i kad shvatimo njegov smisao. Počinjemo da rastemo u svom bogopoznanju i počinjemo da mu verujemo sve više. Kako rastemo u svom pouzdanju u Boga? Rastemo delimično kroz teškoće kroz koje Bog dozvoli da prođemo, ali iskustvo je samo pola našeg rasta u ovoj oblasti. Ono nam daje priliku da verujemo, ali zašto bismo mu verovali? Verujemo mu zato što je pokazao da je savršeno verodostojan. Božije samootkrivanje kroz Sveto pismo tokom istorije pokazuje da je on dostojan našeg poverenja bez obzira šta dozvoli u našem životu.

Biblijsko shvatanje evanđelja

Učimo da se oslanjamo na Hrista tako što sve bolje i bolje shvatamo dubinu svoje potrebe. Džon Njuton, autor pesme „Divna milost", napisao je i pesmu o pouzdanju u Hrista i o naporima da se raste u Hristu. U njoj peva kako je molio Gospoda da uzraste u veri i ljubavi i svakoj milosti, da još bolje spozna njegovo spasenje i da još ozbiljnije traži njegovo lice. Peva kako se nadao da će Bog u povoljnom času odjednom odgovoriti na njegovu molbu, silom svoje ljubavi pokoriti njegove grehe i dati mu počinak, ali da je Gospod umesto toga učinio da oseti skrivena zla svoga srca i dozvolio ljutim silama pakla da napadnu svaki deo njegove duše.[99]

Kada steknemo biblijsko poimanje čovekovog stanja, i dalje nas veoma žaloste tragedije poput terorističkih napada i raznih masovnih ubistava, ali ne možemo reći da smo šokirani u istoj meri kao nehrišćani. Mi donekle shvatamo neverovatne sposobnosti koje imamo kao nosioci Božije slike i shvatamo koliko te sposobnosti mogu užasno da se izopače kada ih ne koristimo u pokornosti Bogu. Kada počnemo da shvatamo svoju slomljenost i svoju sopstvenu grešnu pobunu, tada počinjemo bolje da shvatamo – koliko god to čudno bilo – i Božiju ljubav. Neki ljudi

OSMA ODLIKA

razlikuju propovednike koji propovedaju "pakleni oganj" i propovednike koji shvataju Božiju ljubav, ali ta razlika je puka karikatura.

Propovednici koji govore jedino o Božijoj ljubavi govore o njoj sve manje i manje u svakoj sledećoj propovedi jer sve manje razmišljaju o zlu uprkos kom nas Bog voli. Sve manje i manje su svesni problema koje je Bog rešio. Teret koji je Hristos nosio je sve manji i manji u njihovim očima i sve manje i manje su svesni do koje mere je Bog bio spreman da pokaže svoju ljubav.

Ali kada s druge strane počnemo da shvatamo stvarnost svoje grešne pobune protiv Boga, tada sve više počinjemo da shvatamo Božiju ljubav prema nama u Hristu.

Crkva koja jasno propoveda evanđelje pomoći će vam da rastete kao hrišćani. Pomoći će vam da rastete u sigurnosti, jer ćete spoznavati Božiju ljubav i zapravo će biti nemoguće da ne rastete ako budete sve bolje shvatali šta je Bog učinio za vas u Hristu. Da li želite da rastete u Hristu? Ponovo se vratite u stanje oduševljenosti evanđeljem.

Biblijsko shvatanje obraćenja

Kad shvatite svoje duhovno stanje i zavisnost od Boga u hrišćanskom životu, zbog toga ne postanete ravnodušni, nego zahvalni – duboko zahvalni Bogu što se smilovao i vama i mnogim drugima. Vaša nada postaje sigurnija, jer shvatate da se ona ne zasniva na vašoj, nego na Božijoj vernosti. To je izvanredno ohrabrenje svakome ko zna da je grešnik. Božija ljubav prema nama proističe iz njegove prirode, jer on je ljubav.

Kada počnemo da shvatamo sopstveno spasenje kao plod Božijeg rada u našem životu, tada više čak ni ne padamo u iskušenje da osetimo onu pogrešnu vrstu ponosa na sopstveni duhovni život, jer iz Svetog pisma shvatamo šta je obraćenje, shvatamo bolje šta znači biti istinski hrišćanin i da to možemo postati jedino Božijom milošću.

Staranje za učeništvo i rast

Biblijsko shvatanje evangelizacije

Nedostatak duhovnog rasta kod ljudi koji sebe nazivaju hrišćanima često je dokaz da su evangelizirani na pogrešan način. Ljude koji nisu hrišćani navodimo na pomisao da jesu. Jedan konsultant za crkveni rast nedavno je rekao da bi se „pet do deset miliona ljudi iz pokolenja rođenih nakon Drugog svetskog rata vratilo u crkvu u roku od mesec dana kada bi crkve usvojile tri jednostavne promene: 1. Reklamiranje, 2. Jasno objašnjenje dobrobiti proizvoda, 3. Ljubazno ophođenje prema novim ljudima."[100] To je to? Reklamirajte, jasno pokažite dobrobiti proizvoda i budite ljubazni prema ljudima i pet do deset miliona ljudi će se vratiti u crkve za mesec dana? Možda. Ali ne znam da li bi doživeli obraćenje.

Nemojte pogrešno da me shvatite. To ne znači da želim da uklonim table ispred crkava i da ne reklamiram evanđelje. To ne znači da želim da propustim da saopštim ljudima i jedno jedino dobro koje hrišćanski život donosi i da to zadržim kao svoju tajnu. Nije da želim da budemo neljubazni prema novim ljudima kada dođu u crkvu, ali moramo shvatiti da je evangelizacija mnogo više od svega toga. Crkva nije puka ustanova za podršku. Mi ljudima saopštavano ozbiljnu poruku o njihovom položaju pred Bogom, saopštavamo im izvanredne vesti o novom životu koji im Bog nudi u Hristu i pozivamo ih da započnu taj život pomoću veoma ozbiljnih sredstava – pokajanjem i verom.

Kada počnemo bolje da shvatamo šta Sveto pismo uči o evangelizaciji, počećemo da se uzdamo da će nam Bog pomoći da širimo radosnu vest. Radije ćemo mu biti poslušni kad shvatimo da nije naša dužnost da bilo koga obratimo, nego samo da verno saopštimo radosnu vest. To donosi predivnu slobodu. Nije moja obaveza da odgovorim na svako pitanje svake osobe. Samo treba da im kažem istinu o Isusu, da ih volim i da se molim za njih. Pozvan sam samo da budem veran u saopštavanju poruke i to donosi predivnu slobodu. Kada potpunije shvatim Božije delo obnovljenja, to me ohrabruje da se uzdam u Boga.

Osma odlika

Biblijsko shvatanje crkvenog članstva

Hrišćanski život obuhvata i međusobnu predanost. Hrišćanski život podrazumeva pripadanje zajednici koja je usredsređena na Isusa Hrista. U međusobnim odnosima smo primorani da se bavimo oblastima svojih života koje bismo inače izbegavali, ali se zbog međusobne ljubavi i predanja molimo i razmišljamo o tim oblastima i kajemo se. Kroz obaveze i odgovornosti koje imamo kao crkveni članovi sve više učimo šta je prava hrišćanska ljubav. Ohrabrimo se kada vidimo Božije delovanje u životu drugih ljudi. Ohrabrimo se kada vidimo da se neko stara o starijim članovima i da mlađi hrišćani sazrevaju. Čak i kad se neke stvari u našem životu ne odvijaju baš najbolje, možemo se ohrabriti Božijim delovanjem u životu drugih ljudi, jer to je tako i zamišljeno. To je jedan od razloga zbog kojih nas Bog ne poziva da sami trčimo ovu trku. Kada smo ukorenjeni u nekoj mesnoj crkvi, to ohrabruje i međusobnu odgovornost i višestruko nam pomaže da rastemo kao hrišćani.

Biblijsko shvatanje crkvene stege

Kada crkva zanemari ispravnu crkvenu stegu, jedna od neželjenih posledica je i veoma otežano stvaranje učenika. U crkvi u kojoj nema stege ne može se jasno pokazati primer i nije jasno ko je pravi uzor.

„Gospodin taj i taj je član crkve već četrdeset godina, ali vidi šta radi."

„Da, ali on je u svim crkvenim odborima."

Korov je nepoželjan. Nijedan baštovan ne radi da bi gajio korov. On može loše da utiče na biljke oko sebe. Božiji naum za mesnu crkvu nas ne ohrabruje da ostavljamo korov da buja. Bog je, za sopstvenu slavu, naumio da se crkva sastoji iz nesavršenih ljudi, ali on želi da ga ti nesavršeni ljudi vole i da u njihovim životima radi i da ih učini svetijima.

Staranje za učeništvo i rast

Upražnjavanje crkvene stege će nam pomoći u rastu i doneće dobro onome ko se podvrgava crkvenoj stezi, dobro drugim hrišćanima koji će videti stegu kao upozorenje, zdravlje celoj crkvi, dobrobit našem svedočanstvu nehrišćanima i Božijoj slavi.

Biblijsko shvatanje crkvenog vođstva

U hrišćanskom životu će nam pomoći biblijsko shvatanje vođstva. Kada Bog u naš život bude dovodio ljude koje je pozvao da budu duhovne vođe, mi ćemo na taj način pred sobom imati uzore na koje praktično možemo da se ugledamo i crkva će imati pobožnu viziju za budućnost. Ovo ćemo podrobnije razmotriti u sledećem poglavlju.

To su bili neki od načina na koje ostalih osam odlika zdrave crkve doprinose našem duhovnom, hrišćanskom rastu.

Nada u rast

Pre nego što počnemo s razmatranjem *važnosti* duhovnog rasta, dozvolite mi da s vama podelim neke svoje nade vezane za službu – po pitanju duhovnog rasta u mom životu i u životu moje crkve.

Pastirske posete

U svojoj ulozi pastira posebno se nadam da ću polako ali sigurno moći da obavljam pastirske posete onako kako je bilo uobičajeno u prošlim vremenima. Kada sam prvi put došao u Baptističku crkvu na Kapitol Hilu, počeo sam da se sastajem s tadašnjim članovima zajednice. Ja ili neko od drugih starešina lično smo razgovarali sa svim potencijalno novim članovima o njihovom shvatanju evanđelja i o njihovom ličnom svedočanstvu o tome kako su postali hrišćani i kakav je njihov hrišćanski život. To smo radili jer smo na taj način hteli da shvatimo ove ljude na nivou koji je mnogo dublji od nivoa koji se može postići u kratkim

Osma odlika

susretima koje inače doživimo sa svakim od njih – na primer na vratima crkve u nedelju ujutro. Mnogi pastiri su se trudili da posećuju vernike na ovaj način i pravili su raspored redovnih poseta, srećući se sa svakim članom crkve radi molitve i razgovora o životu tog člana. Evo nekih pitanja koja mi je dao jedan pastir i koja nam pomažu da upoznamo svoje članove:

> Na koje načine ste razvili svoje razumevanje hrišćanskog života od našeg prethodnog susreta?
> Kako ste porasli u svom praktikovanju hrišćanskog života od našeg prethodnog susreta?
> U kojoj oblasti vam je potrebna pouka?
> Da li ste razočarani rezultatima svoje težnje ka svetosti? Ako jeste, molim vas obrazložite.
> Za šta mogu da se molim za vas?

Voleo bih da se ovo dešava u crkvi u kojoj služim i molim se da to postane uobičajenije i u vašoj crkvi.

Zajednički rast crkve

Nadam se da ćemo u našoj crkvi na Kapitol Hilu sve više i više živeti u skladu s onim na šta smo se obavezali Bogu i jedni drugima kada smo potpisali naš crkveni zavet, koji glasi ovako:

„Pošto smo, kao što verujemo, Božijom milošću dovedeni do pokajanja i vere u Gospoda Isusa Hrista i do toga da se radi njega odreknemo sebe, i pošto smo kršteni u ime Oca i Sina i Svetoga Duha nakon što smo ispovedili svoju veru, mi sada, oslanjajući se na njegovu milostivu pomoć, ozbiljno i s radošću obnavljamo svoj zavet koji smo sklopili jedni s drugima.

„Radićemo i molićemo se da se jedinstvo Duha održava pomoću spone mira.

„Živećemo zajedno u bratskoj ljubavi, kao što i priliči članovima hrišćanske crkve. Pažljivo ćemo se starati jedni o drugima,

Staranje za učeništvo i rast

paziti jedni na druge i verno opominjati i prekoravati jedni druge shodno prilikama.

„Nećemo propuštati naše sastanke ni zanemariti molitvu za sebe ili druge.

„Trudićemo se da odgojimo sve koji nam u bilo koje vreme budu povereni, opominjući i izgrađujući ih u Gospodu, i bićemo čisti uzori, puni ljubavi prema svojoj porodici i prijateljima, i tako se truditi da ih dovedemo do spasenja.

„Radovaćemo se s onima koji su među nama radosni i truditi se da nežno i saosećajno nosimo terete i tuge jedni drugih.

„Trudićemo se, uz Božiju pomoć, da u svetu živimo pažljivo, da se odričemo bezbožnosti i svetovnih požuda, sećajući se da imamo posebnu dužnost da živimo novim i svetim životom, jer smo krštenjem svojevoljno bili sahranjeni i ponovo podignuti iz tog simboličnog groba.

„Radićemo zajedno, neprestano i verno održavajući službu evangelizacije u ovoj crkvi, podržavajući crkveno slavljenje, crkvene obrede, crkvenu stegu i učenja. Radosno i redovno ćemo davati za službu crkve, za njene troškove, za pomoć siromašnima i za širenje evanđelja u svim narodima.

„Ako se odselimo odavde, ujedinićemo se, najbrže što možemo, s nekom drugom crkvom gde možemo da nastavimo da se držimo duha ovog zaveta i načela iz Božije reči.

„Neka milost Gospoda Isusa Hrista, Božija ljubav i zajedništvo Svetog Duha budu sa nama. Amin."

Svaki put kad se okupimo oko Gospodnjeg stola, na svakom sastanku članova, članovi crkve stoje dok glasno čitamo ovaj zavet. On izričito izlaže na šta smo se obavezali jedni drugima u sklopu našeg obavezivanja Bogu.

Ovaj zavet jasno odražava i naše shvatanje da duhovni rast nije samo odgovornost pojedinca i nije samo moja odgovornost kao pastira. Članovi crkve treba da poučavaju jedni druge. To je jedna od stvari koja nas povezuje kao Hristovo telo. Naš crkveni zavet obuhvata i obavezu koju kao crkva preuzimamo da jedni drugima pomognemo u duhovnom rastu. Nema sumnje da ćemo to činiti nesavršeno, ali ovo je moja nada: da ćemo mi u svojoj crkvi, a vi u

Osma odlika

vašoj, sve više raditi i moliti se zajedno; živeti zajedno; nećemo propuštati zajedničke sastanke; trudićemo se da odgojimo u Gospodnjoj volji i putevima one koje nam je poverio; da ćemo se zajedno radovati i tugovati; da ćemo se truditi da živimo pažljivo; da ćemo zajedno učestvovati u službi; da ćemo zajedno doprinositi troškovima širenja evanđelja i ispunjenju potrebe za evanđeljem u svim narodima; da ćemo se kada se odselimo na neko drugo mesto ujediniti s nekom drugom mesnom crkvom gde možemo nastaviti sve to da činimo. To je naš zavet da ćemo pomagati jedni drugima u duhovnom rastu.

Važnost dobrog rasta

Da li je rast važan? Da, duhovni rast je veoma važan za hrišćane. Na taj način svedočimo o Bogu. Kada vidimo crkvu koja se sastoji od članova koji rastu u hristolikosti, kome pripada zasluga za to? Na to pitanje smo već pronašli odgovor u Svetom pismu: „Bog je dao da izraste" (Prva Korinćanima 3,6), a i Petar je napisao: „Među paganima se vladajte dobro, da oni, iako vas optužuju za zlodela, vide vaša dobra dela i daju slavu Bogu na Dan pohođenja" (Prva Petrova 2,12).

Petar se ovde očigledno priseća Isusovih reči iz Propovedi na gori: „Neka tako vaša svetlost svetli pred ljudima, da vide vaša dobra dela..." Da je Isus ovde stao, bilo bi prirodno upasti u zamku samodivljenja, ali Isus je nastavio: „...i da slave vašeg Oca, koji je na nebesima" (Matej 5,16).

Rad na unapređivanju hrišćanskog učeništva i rasta je rad koji ne donosi slavu nama, nego Bogu. Tako će se Bog objaviti svetu.

U zdravoj crkvi preovladava staranje za crkveni rast – ne samo za brojčani rast, nego i za duhovni rast članova. Crkva koja je puna hrišćana koji duhovno rastu odlikuje se baš onim crkvenim rastom kakav ja želim. Izgleda da neki danas smatraju da ljudi mogu da budu „hrišćanske bebe" ceo svoj život. Na rast se gleda kao na neki

Staranje za učeništvo i rast

neobavezni dodatak za posebno revnosne učenike. Ali budite veoma oprezni da ne usvojite takav način razmišljanja. Rast je znak života. Drveće koje raste je živo drveće. Životinje koje rastu su žive. Kada nešto prestane da raste, ono umire.

Rast ne mora da znači da ćete kroz sledeću oluju proći dvostruko brže nego kroz prethodnu, nego možda samo da ćete biti sposobni da nastavite da idete u dobrom pravcu kao hrišćanin bez obzira na okolnosti koje vam se protive. Zapamtite – samo bića koja su živa mogu da plivaju uzvodno. Mrtva plutaju i struja ih nosi.

Pavle se nadao da će Korinćani uzrasti u veri (Druga Korinćanima 10,15). Nadao se i da će Efesci „izrasti u njega, koji je Glava – u Hrista" (Efescima 4,15; uporedite Košošanima 1,10; Druga Solunjanima 1,3). Pastiri su ponekad u iskušenju da svoje crkve svedu na statistiku o broju posetilaca, broju krštenja, davanju i broju članova, jer je takav rast opipljiv, može da se zabeleži, jasno pokaže i uporedi. Ipak, takva statistika nije ni blizu pravog rasta koji Pavle opisuje u ovim stihovima i za kojim Bog čezne. Umesto da razmišljamo o rastu kao o linearnom grafiku na kom beležimo uspone i padove – ukupan broj dolazaka na službe, broj dolara iz dobrovoljnog priloga, broj pročitanih knjiga – možda je bolje razmišljati o hrišćanskom rastu kao o video igri u kojoj svaki dan imate novi izazov – da tog dana živite kao hrišćanin.

Džonatan Edvards je u svojoj knjizi *Treatise Concerning Religious Affections*[101] obrazložio kako pravi rast u hrišćanskom učeniku nije istovetan čistom uzbuđenju, ili povećanoj upotrebi crkvenog rečnika, ili uvećanom poznavanju Svetog pisma. Pravi rast nije čak ni jasno uvećanje radosti, ili ljubavi, ili staranja za crkvu, pa čak ni porast u revnosti, veličanju Boga i sigurnosti u sopstvenu veru. To nisu nepogrešivi dokazi pravog hrišćanskog rasta. Ali šta onda *jeste* dokaz pravog hrišćanskog rasta? Prema Edvardsu, iako sve ovo može da bude dokaz pravog hrišćanskog rasta, jedini pravi primetan znak takvog rasta je život sve veće svetosti ukorenjen u hrišćanskom odricanju od sebe. Crkva treba da se odlikuje

Osma odlika

revnosnim staranjem za ovu vrstu rastuće pobožnosti u životu svojih članova.

Dobri uticaji u zajednici međusobno zavetovanih vernika mogu da budu oruđe koje će Bog upotrebiti za rast svoga naroda. Dok se Božiji narod izgrađuje i zajedno raste u svetosti i samodajućoj ljubavi, istovremeno treba sve više da ohrabruje učeništvo i unapređuje svoju sposobnost upražnjavanja crkvene stege. Crkva ima obavezu da bude oruđe koje Bog koristi da po milosti učini da njegov narod raste. Ako, umesto toga, naše crkve budu mesta gde se poučava jedino o pastirovim mislima, gde se Bog više dovodi u pitanje nego što se slavi, gde je evanđelje razvodnjeno, a evangelizacija iskrivljena, gde je crkveno članstvo beznačajno i gde je svetovnom kultu ličnosti dozvoljeno da raste oko pastira, onda teško možemo očekivati da ćemo tu zateći zajednicu koja je dobro povezana i koja raste. Takva crkva sigurno neće proslaviti Boga.

Stoga je Petrov završni blagoslov u Drugoj Petrovoj bio u zapovednom načinu: „Rastite u milosti i spoznanju našega Gospoda i Spasitelja Isusa Hrista. Njemu slava i sada i u Večni dan. Amin" (Druga Petrova 3,18).

Od svih devet odlika koje su obrađene u ovoj knjizi ova je prva o kojoj sam razmišljao. Mnogi od nas su videli velike crkve s hiljadama članova koji nikad ne dolaze i gde stotine onih koji dolaze na službe izgledaju kao da ih Bog ne zanima baš mnogo. U svakoj crkvi će biti mnoštvo veoma finih ljudi koji žive moralno, ali biće i onih kod kojih će biti vidljivo da posebno vole Gospoda, i oni će obično „štrčati" od ostalih – izgledaće drugačije od ostatka crkve. Više od trideset godina sam se pitao zašto su crkve takve. Šta se dogodilo našim crkvama kad ljudi koji stvarno žive kao hrišćani izgledaju neobično čak i kad se uporede sa drugim članovima crkve? U ovoj knjizi sam se osvrnuo na sve što sam zapazio po tom pitanju, konačno se vraćajući do izvora Božijeg delovanja među nama – do njegove reči.

Ako hoćemo da rastemo kao pojedinci i kao crkve, moramo da se pokorimo Božijoj reči. Moramo da se molimo Svetom Duhu

Staranje za učeništvo i rast

da zasadi i oplevi bašte naših srca. Duhovni rast nije neobavezan, nego je od ključnog značaja, jer rast pokazuje da ima života. Sve što stvarno ima život, to i raste.

Šta ako ne budemo rasli?

Konačno, šta ako ne budemo duhovno rasli? Šta je s ljudima kao što je Rob? Zašto Rob nije rastao u svom hrišćanskom životu? Da li on možda uopšte nije ni bio hrišćanin?

Možda ćete pomisliti: „To je ipak malo pregrubo. Možda je Rob samo jedan od onih »telesnih hrišćana« o kojima Pavle govori negde u Svetom pismu."

Da, Pavle u Prvoj Korinćanima govori o „telesnim" hrišćanima. Napisao je: „Ja vama, braćo, nisam mogao da govorim kao duhovnima, nego kao telesnima, kao nejači u Hristu" (Prva Korinćanima 3,1). Ali ko su bili ti ljudi? Da li su ti telesni hrišćani neka „srednja kategorija", ljudi koji su primili Isusa u svoj život, ali on ipak nije na prestolu njihovog života? To zvuči kao čudna ideja, zar ne? S jedne strane imate hrišćane kojima Hristos jeste Gospod i kod kojih Isus jeste na prestolu, a s druge strane imate nehrišćane, dok neki kažu da postoji i „srednja kategorija", gde Isus stvarno jeste prisutan u nečijem životu, ali nije na prestolu i to su, stoga, „telesni" hrišćani. Mislim da je prirodnije da ove stihove shvatimo kao da Pavle želi da postidi svoje čitaoce tako što o njima, koji za sebe kažu da su hrišćani, govori kao o svetovnim ljudima. Pavle namerno koristi oksimoron nazivajući ih „svetovnima" ili „telesnima". Oksimoron je spajanje dve reči koje su u protivrečnosti. U tom smislu, „telesni hrišćani" znači isto što i „vreo led" – taj izraz prosto nema nikakvog smisla. Pišući na ovaj način, Pavle u stvari govori ovim hrišćanima: „Odlučite se već jednom! Živite drugačije od onoga što govorite, a ne treba tako da bude. Ta dva konja idu na dve različite strane, odlučite se na kog ćete skočiti!"

Mnogi ljudi su pogrešnom upotrebom ovog stiha postali ubeđeni da su na neki način zaista spaseni i zaista pravi hrišćani,

Osma odlika

iako se nisu stvarno pokajali i poverovali. Nije ni čudo što je život mnogih ljudi koji kažu da su hrišćani u takvom neredu kad su crkve u kojima su ti ljudi članovi toliko zbunjene po tako osnovnom pitanju. Razmislite šta znači biti hrišćanin. To ne znači da ste savršeni, ali znači da vaše srce zaista namerava da traži Gospoda. Ako ste hrišćanin, to je zbog toga što je Bog svojim milostivim delovanjem u vašem životu učinio da u vama raste želja da živite sve ugodnije Bogu. Takav rast je znak pravog duhovnog života i još jedna odlika zdrave crkve.

Šta sledi
Deveta odlika: Biblijsko crkveno vođstvo

Saborni kontekst crkvenog vođstva
Biblijske osobine vođa
Harizmatska priroda crkvenog vođstva
Hristolikost crkvenog vođstva
Četiri vida vođstva
  Rukovodilac
  Predvodnik
  Snabdevač
  Služitelj
Odnos crkvenog vođstva s Božijom prirodom i
  Božijom naravi

Deveta odlika

Biblijsko crkveno vođstvo

„Sve životinje su ravnopravne, ali neke su ravnopravnije od drugih." Džordž Orvel je tom rečenicom iz poslednjeg poglavlja *Životinjske farme* sažeo svoju kritiku Karla Marksa i vlade Sovjetskog Saveza.[102] Ova priča je veoma poznata: životinje su digle ustanak, organizovale se, isterale Džounsove (ljude koji su bili vlasnici farme) i počele da vode farmu za svoju korist – zato se priča zove *Životinjska farma*. Naravno, pošto se ovaj utopijski ogled dogodio nakon Pada, morao je doživeti neuspeh i tako je zaista i bilo. Na kraju se pojavio novi vladajući stalež – svinje – i do kraja knjige one su postavljale ovakve natpise: „Sve životinje su ravnopravne, ali neke su ravnopravnije od drugih."

Orvel je rekao da problem ne predstavlja samo zloupotreba vlasti pre pojave komunističke ekonomije, kao što je Marks govorio, nego leži još dublje – u prirodi ljudskih odnosa, u prirodi stvarnosti i u prirodi ljudskog srca.

Orvelova kritika vlasti je delovala prodorno i oštroumno kad se pojavila pre pedeset godina, a danas nam se čini očiglednom.

Deveta odlika

Navikli smo na razmišljanje o zloupotrebi i moći kao o povezanim pojmovima, i na razmišljanje o zahtevima bespogovorne poslušnosti kad god razmišljamo o vlasti. U našem društvu iz nekog razloga preovladava sumnja u vlasti. Možda je to otud što je naša vlada uspostavljena bunom protiv zahteva parlamenta u Londonu ili možda zbog toga što se vlada, koja sada radi da svima obezbedi jednaku priliku, u prošlosti starala da neki Amerikanci nemaju nikakvu priliku. Možda to ima veze s predstavom o ljudskoj plemenitosti, s američkim optimizmom koji veruje da su ljudi veoma dobri i da bismo, prepušteni sebi, „mi, narod" bili najbolji što možemo.

A možda je objašnjenje našeg protivljenja vlasti mnogo jednostavnije – možda je vezano za našu sebičnost.

Hrišćanstvo je oduvek shvatalo potrebu za vlastima u društvu, u kući i u crkvi, a ovo poslednje je tema ovog poglavlja: biblijsko crkveno vođstvo. To je poslednja odlika zdrave crkve u ovoj knjizi. Ona je posebno važna i s obzirom na to da nas danas okružuje sve veći broj loših uzora vlasti.

Šta Sveto pismo govori o vlasti i vođstvu u crkvi? Odgovarajući na to pitanje, usredsredićemo se na pet vidova crkvenog vođstva:

1. Saborni kontekst vođstva
2. Biblijske osobine vođa
3. Harizmatska priroda vođstva
4. Hristolikost vođstva
5. Odnos vođstva sa Božijom prirodom i Božijom naravi

Saborni kontekst crkvenog vođstva

Kad raspravljamo o biblijskom crkvenom vođstvu, prvo treba da razmotrimo ulogu članova crkve, odnosno ulogu zajednice. U Svetom pismu se prilikom razmatranja crkvenog vođstva uvek pretpostavlja kontekst crkvene zajednice.

Protekla desetleća i vekove crkvenog života pratila je rasprava o Božijem naumu: Ko treba da ima poslednju reč o tome čemu se

Biblijsko crkveno vodstvo

poučava i šta se radi u crkvama? Neki smatraju da su to episkopi, a drugi kažu da to treba da bude samo jedan određeni episkop. Treći kažu da to treba da budu sveštenici ili neko ko ih predstavlja. Četvrti tvrde da to treba da bude mesni pastir ili neki posebno darovit vođa koga je Bog postavio. Razumemo zašto postoji ova zbrka. Ako počnete da istražujete Novi zavet o pitanju kako treba da ustrojimo crkvu, nećete naći jasan priručnik za upravljanje crkvom. Ne postoji idealno ustrojstvo crkve, ali to ne znači da Sveto pismo ne govori baš ništa o tome kako da se organizujemo. Jedan od najvažnijih odlomaka o crkvenom životu je Matej 18,15-17, gde je Isus rekao:

„Ako tvoj brat zgreši protiv tebe[103], idi i nasamo ga prekori. Ako te posluša, ponovo si stekao brata. A ako te ne posluša, povedi sa sobom još jednoga ili dvojicu, da se svaka stvar utvrdi na osnovu svedočenja dva ili tri svedoka. Ako ni njih ne posluša, obavesti crkvu. Pa ako ni crkvu ne posluša, odnosi se prema njemu kao prema paganinu ili cariniku."

Zapazite koga na kraju treba obavestiti u takvim situacijama. Koji sud ima konačnu reč? Nisu u pitanju episkop, papa ili starešina. Nije u pitanju neki poseban skup, sinod ili konferencija. Nije čak ni pastir, ni odbor starešina, ni odbor đakona, niti crkveni odbor. U pitanju je, sasvim prosto, crkva, to jest skup svih vernika od kojih se ta crkva sastoji.

U Delima 6,2-5 čitamo o događaju iz života prve crkve koji je važan za ovu raspravu. Nastao je problem oko podele crkvenih sredstava koji je zahtevao pažnju apostola:

„Tada Dvanaestorica pozvaše k sebi sve učenike, pa rekoše: »Ne bi bilo pravo da mi zanemarimo Božiju reč da bismo služili oko trpeza. Stoga, braćo, pronađite među sobom sedmoricu ljudi za koje se zna da su puni Duha i mudrosti. Njima ćemo poveriti ovu dužnost, a mi ćemo se posvetiti molitvi i služenju Reči.« "Ovaj predlog se svide svima okupljenima..."

Deveta odlika

Luka nas zatim izveštava o imenima onih koje je crkva izabrala za ovu službu.

Prisustvo apostolâ u prvim crkvama nam otežava upotrebu Novog zaveta kao vodiča za ustrojavanje crkvenog života. Koliko možemo mi, koji smo posleapostolske starešine, pastiri i nadglednici, da preuzmemo praksu apostola kao vodič za svoju službu? Možemo li da definišemo doktrine, da odredimo šta su greške ili da se setimo Hristovih reči kao oni koji su bili s Isusom tokom njegove zemaljske službe, koje je on poučavao, kojima je davao uputstva i koje je posebno odredio da budu temelj njegove crkve? Da li će imena današnjih starešina biti upisana na temeljima Novog Jerusalima kao što će to biti imena apostola (Otkrivenje 21,14)? Odgovor na sva ova pitanja očigledno glasi ne.

Dakle, to je naš problem s apostolskim modelom: ako ga se mi, današnje crkvene vođe, budemo pridržavali, možda ćemo u svoje ruke uzeti preveliku vlast, iako nam ona ne pripada. A ipak, u Delima 6 vidimo da su baš apostoli prepustili odgovornost zajednici. Gotovo se čini da su u crkvenoj zajednici prepoznali onu istu vrhovnu vlast, podložnu Bogu, koju je Isus izložio u Mateju 18,15-17.

Konačno, da bismo iz Novog zaveta saznali više o crkvenom životu, treba da razmotrimo Pavlove poslanice. U njima nalazimo nastavak Hristovog učenja i prakse apostola. U Pavlovim poslanicama vidimo da u pitanjima crkvene stege i doktrine sama zajednica ima vrhovnu vlast, podložnu Bogu. Stega i doktrina su u krajnjoj liniji odgovornost zajednice podložne Bogu.

Što se tiče pitanja naše odgovornosti za sprovođenje crkvene stege, pogledajte, na primer, kako je Pavle pozvao *celu zajednicu* u Korintu u Prvoj Korinćanima 5,4-5:

„Kada se u ime našega Gospoda Isusa okupite vi i moj duh, sa silom našega Gospoda Isusa, predajte tog čoveka Satani, da mu telo propadne, a duh da se spase na Dan Gospodnji."

Biblijsko crkveno vodstvo

Pavle je pozvao celu crkvu – ne samo vođe – da preduzme potrebne korake. On je zapravo bio ljut na celu crkvu – ne samo na vođe – što to već nisu učinili i što su zanemarili takav greh. U Drugoj Korinćanima 2,6 donekle vidimo kako se ova crkva odazvala na Pavlova uputstva. Očigledno je da se onaj čovek koji je bio u tako gadnom grehu pokajao (uz pretpostavku da je to isti čovek o kom se govori u Prvoj Korinćanima). Ali zapazite kako je Pavle opisao odluku koju je crkva donela: „Takvome je dovoljna ova kazna većine" (Druga Korinćanima 2,6). Izgleda da reč koja je u grčkom tekstu upotrebljena za „većinu" pretpostavlja da je postojao tačno određeni broj ljudi i da je većina tog određenog broja donela ovu odluku. Možda ste čuli kako ljudi kažu da u Novom zavetu nije zabeleženo da ljudi glasaju, ali u ovom odlomku izgleda kao da je postojalo glasanje (stoga reč „većina"). Pavle je znao da je zajednica u Korintu sposobna da sprovodi crkvenu stegu.

Pavle je verovao da svaka zajednica ima konačnu odgovornost čak i za učenje koje sluša. On je Galaćanima uputio pozdrav, zabeležio kratku molitvu za svoje čitaoce (stihovi 1-5) i zatim rekao:

„Čudim se da se od Onoga koji vas je Hristovom milošću pozvao tako brzo okrećete nekom drugačijem evanđelju, koje to, u stvari, i nije. Ima samo nekih koji vas zbunjuju i koji hoće da iskrive Hristovo evanđelje. Ali, čak kada bismo vam mi, ili kada bi vam anđeo sa neba propovedao evanđelje različito od onog koje smo vam mi propovedali, neka je proklet. Kao što smo već rekli, i sada opet kažem: ako vam neko propoveda evanđelje različito od onog koje ste primili, neka je proklet" (Galaćanima 1,6-9).

Pavle kroz čitavu Poslanicu Galaćanima govori crkvi da je sama odgovorna za prosuđivanje o ispravnosti poruke koju im neko propoveda. Pavle je rekao da poruka koju su slušali u stvari uopšte nije evanđelje i da stoga treba da preuzmu odgovornost i odbace tu poruku i one koji su je saopštavali.

Deveta odlika

Značajno je što Pavle, kad se borio s ovim lažnim evanđeljem, nije pisao samo pastirima, ili starešinama, ili glavnom starešini, ili episkopu, ili teološkom fakultetu – nego je pisao crkvama. On je pisao hrišćanima od kojih su se crkve sastojale i koji su poznavali Božiju silu u svojim životima. Zato članovi svake zajednice moraju biti nanovo rođeni. Hristov Duh je potreban u Hristovom telu. Sveti Duh vodi crkvu, ali jedino ako se ona sastoji od ljudi u kojima on prebiva.

Pavle je ovim hrišćanima u Galatiji jasno rekao da su sposobni da prosude poruku koju im neko predstavlja kao evanđelje i da se to stoga i *zahteva od njih*. Svaki put kad neko dođe i saopšti neku poruku nazivajući je evanđelje, zajednica mora da donese odluku. Galaćani su imali neizbežnu dužnost da prosuđuju čak i one koji su tvrdili da su apostoli.

Pavle je to još jasnije rekao u Drugoj Timoteju, gde je savetovao Timoteja, pastira crkve u Efesu, kako da izađe na kraj s lažnim učiteljima. Dok je Pavle opisivao nadolazeću plimu lažnih učitelja u crkvi, nije govorio samo o učiteljima. Posebno je krivio one koji će „u skladu sa svojim požudama sebi nagomilavati učitelje da im govore ono što prija njihovim ušima" (Druga Timoteju 4,3). Ako ste u crkvi gde se ne propoveda evanđelje, nadam se da ćete iz ovog stiha shvatiti kolika je vaša odgovornost, bilo da je u pitanju biranje učitelja ili plaćanje učitelja, odobravanje njihove nauke ili prosto pristajanje da ih slušate iznova i rado. Zajednica je odgovorna za lažno učenje koje podnosi i materijalno podržava. Njih je trebalo smatrati krivima isto koliko i one koji su zaista širili lažno učenje. Ponovo vidimo da je sama zajednica imala konačnu odgovornost.

Da li ste nekad slušali propoved koja je bila toliko loša da ste hteli da izađete sa službe? Ja sam jednom izašao sa službe i to veoma glasno, jer sam smatrao da je poruka koja se govori toliko štetna po evanđelje da se ne bi smela trpeti. Nisam hteo da moje fizičko prisustvo, moje sedenje zatvorenih usta, bilo koga ohrabri da sluša tog govornika. (Taj govornik je neposredno protivrečio nauci o praroditeljskom grehu.)

Biblijsko crkveno vodstvo

Ako samo sedite i slušate smeće koje vam se predstavlja kao Božija reč, odgovaraćete za to. Zapravo, ako budete sedeli i slušali *moje* pouke, snosićete neku odgovornost i za to.

Svaka mesna crkva u hrišćanskom svetu, bilo da je grčka pravoslavna, pentekostalna, rimokatolička, baptistička, episkopalna, luteranska, prezbiterijanska ili metodistička, svaka je saborna po svojoj prirodi. Te crkve postoje samo ako ljudi nastave da učestvuju u njenim aktivnostima. Kad ljudi glasaju – bilo na sastanku zajednice ili (u crkvama gde to nije dozvoljeno) pomoću svojih sredstava ili svojim dolaskom – vođe zajednice moraju da slušaju. Ne moraju da se slože, ali moraju da slušaju. Zajednica treba da kaže svoje mišljenje. To je činjenica.

Pored svoje neizbežne saborne prirode, svaka zajednica ima divnu odgovornost koju treba prepoznati, ohrabrivati i negovati. Ljudi u zajednici su odgovorni da se postaraju da nauka u crkvi bude zdrava. Mi se u svom crkvenom zavetu obavezujemo da ćemo se starati da se među nama nastavi služba vernog propovedanja evanđelja. Odgovorni smo da se postaramo da se Bogu među nama ukazuje čast tako što će se njegova reč ispravno propovedati, što će se njegove zapovesti sprovoditi i što će naš zajednički život odražavati njegovu narav. To je odgovornost naše crkve i svake druge mesne crkve u svetu.

Današnje zajednice moraju zajednički da donose odluke o crkvenoj stezi i crkvenoj nauci, baš kao što su to činili i prvi učenici. Da li to znači da je sabornost u stvari demokratija? Možda na određeni način, po tome što *demos* – narod – donosi odluke. Ali postoje i razlike. Mesna crkva nije čista demokratija, jer crkve shvataju čovekovo palo stanje, čovekovu sklonost da pogreši, ali i *nepogrešivost* Božije reči. Stoga su članovi mesne crkve demokrate u smislu zajedničke saradnje radi ispravnog shvatanja Božije reči.

Ja svakako ne verujem u nepogrešivost glasanja u crkvi. Kad sam postao pastir u ovoj zajednici, rekao sam im da svi treba da shvatimo da ću ja kao pastir pre svega raditi za Boga, a ne za ljude. Zajednica može pastiru da pruži uputstva da učini jedno ili drugo,

Deveta odlika

ali pastir ne sme da pogreši tako što će mišljenje zajednice nužno prihvatiti kao Božije vođstvo.

Kao crkvene vođe i kao zajednice treba da se trudimo da održimo jedinstvo Duha pomoću spone mira. Zajednički radimo na ispunjenju ciljeva za koje smatramo da su najbolji za crkvu i sarađujemo sve dok su naša shvatanja Božije reči i njegove volje dovoljno usklađena. Da li je sabornost isto što i demokratija? Iako imaju neke važne sličnosti i zajednička načela, jednostavan odgovor morao bi glasiti ne – nisu potpuno isti. Možda je to najbolje rečeno u veroispovedanju *The Cambridge Platform*[104] iz 1648. godine:

„Ovakva uprava crkve je mešovita (i kao takva je prepoznata mnogo pre nego što se čulo za reč nezavisnost). Što se tiče Hrista, koji je glava i car crkve, i svevladajuće sile koja je u njemu i koju on koristi, crkva je monarhija. Što se tiče Hristovog tela, odnosno bratstva crkve i sile koju im je Hristos dao, crkva liči na demokratiju. Što se tiče starešina i sile koja im je data, crkva je aristokratija" (X.3).[105]

Pojedinci treba aktivno da učestvuju u svojim crkvama, a ne samo da dolaze na službe, da se mole i da daju (iako treba sve to da čine). Treba aktivno da upoznaju crkvenu porodicu. Treba da se molite nad spiskom ljudi s kojima ste se zavetovali da ćete služiti Bogu. Treba da slušate kada drugi delovi tela govore šta Bog radi u njihovom životu i kad govore šta ih brine – i treba da se molite s njima. Treba da shvatite da je deo vaše obaveze i vaše časti kao člana crkve da upoznate druge vernike i da dozvolite da oni upoznaju vas. Proučavajte Božiju reč zajedno. Naučite da razmišljate o Božijoj reči kao crkva. Vi lično treba da rastete u milosti, u poznavanju Božije reči, u poznavanju sopstvenog srca, u poznavanju srca svoje braće i sestara i u svesti o prilikama koje Bog pruža vašoj crkvi.

Ali Bog ne želi da mi uvek radimo kao „odbor koji predstavlja celinu". Treba da se uzdamo da će Bog određenim ljudima dati

Biblijsko crkveno vodstvo

darove da služe kao crkvene vođe. Stoga treba da čeznemo da u svojoj crkvi vidimo ispravnu ravnotežu vlasti i poverenja. Postoji ozbiljan duhovni nedostatak u crkvi koja ima nepouzdane vođe ili koja ima članove koji nemaju poverenja u vođe. Kao pojedinačni članovi moramo znati kako da zahvalimo Bogu za vođe koje je postavio među nama, da prepoznamo one koji imaju te darove i da im verujemo. Pavle u Efescima 4 govori o takvim vođama kao o Božijim darovima crkvi. Treba da negujemo crkvenu kulturu u kojoj se takvim vođama ukazuje čast i u kojoj su cenjeni.

Kraj trinaestog poglavlja Poslanice Jevrejima zvuči čudno našim savremenim ušima. Molite se da nam Bog pomogne da to razumemo i da dobro primenimo u svojim srcima: „Slušajte svoje vođe i pokoravajte im se. Oni bde nad vašim dušama kao oni koji će polagati račun. Slušajte ih, da bi oni to činili s radošću, a ne uzdišući, jer vam to ne bi bilo od koristi" (Jevrejima 13,17).

Pomislite na pastire koji su služili u vašoj crkvi. Da li ste se trudili da im vodstvo i bdenje nad vašim dušama bude *radost*? Ili ste učinili da im sve to bude teret?

Ovaj odlomak sadrži neke reči na koje nismo navikli u današnje vreme: *poslušati* i *pokoriti se*. Iako ih ne čujemo veoma često, one su deo Božije reči i zahtevaju od nas određenu količinu poverenja.

Često čujemo da poverenje treba da se zaradi i ja razumem šta to znači. Kada se formira nova vlada ili kada dobijemo novog rukovodioca na poslu, pa čak i kad započnemo neko novo prijateljstvo, želimo da iskusimo kako ta osoba podnosi teškoće. Da li će istrajati i da li će doprineti dobrobiti svih koji su uključeni? Stoga kažemo da se poverenje mora zaraditi. „Pokaži mi svoju stručnost za vođenje i ja ću ti ukazati svoje poverenje tako što ću ići za tobom."

Ali taj stav je u najboljem slučaju samo poluistinit. Naravno da u crkvi, kao i u bilo kojoj sferi života, želimo da vidimo vođe koje su sposobne da izvršavaju svoje obaveze. I sam Pavle u svojim pismima Timoteju i Titu izlaže neke zahteve za starešine i đakone.

Deveta odlika

Ali istovremeno je istina i da vrsta poverenja koje treba da ukažemo svojim nesavršenim vođama u krajnjoj liniji ne može da se zaradi, bilo da su u pitanju članovi porodice, prijatelji, poslodavci, zvaničnici vlade ili vođe crkve. Ono se mora dati kao dar – dar koji se daje u veri, s većim poverenjem u Boga koji daje vođe nego u same vođe koje je dao (Efescima 4,11-13). To je saborni kontekst biblijskog crkvenog vođstva. Hajde sada da razmotrimo same vođe.

Biblijske osobine vođa

Kao pastir se redovno molim da nam Bog dâ dobre vođe u našoj mesnoj crkvi. Posebno se molim da Bog u našoj zajednici podigne ljude čiji duhovni darovi i pastirska briga pokazuju da ih je Bog pozvao da budu starešine i nadglednici (ove reči se u Svetom pismu koriste kao istoznačne, vidite na primer u Delima 20). Ako postane jasno da je Bog nekom čoveku u crkvi dao takve darove i ako ih crkva nakon molitve prepozna, onda ga treba odvojiti za starešinu.

Sve novozavetne crkve su imale starešine čak i kad za njih nije bila upotrebljena ta reč. Dva najčešća novozavetna naziva za ovu službu su *episkopos* (nadglednik) i *prezviteros* (starešina). Kada današnji evanđeoski hrišćani čuju reč *starešina*, mnogi odmah pomisle na prezviterijance. A ipak, kada su se u XVI veku pojavile crkve sabornog ustrojstva, i one su naglašavale starešinstvo. Starešine su se mogle naći u baptističkim crkvama u Americi tokom XVIII i početkom XIX veka. V. B. Džonson, prvi predsednik Saveza južnih baptista *(Southern Baptist Convention)*, napisao je knjigu o crkvenom životu u kojoj je snažno zastupao ideju većeg broja starešina u svakoj mesnoj crkvi.

Ta praksa je nekako prestala među baptistima (a nikad i nije bila rasprostranjena među svim baptistima). Bilo zbog toga što se nije obraćala pažnja na Sveto pismo, bilo zbog pritisaka života na terenu (tamo gde su crkve nicale neverovatnom brzinom), praksa

Biblijsko crkveno vodstvo

negovanja takve vrste sabornog vođstva prestala je među baptističkim crkvama, ali rasprava o oživljavanju ove biblijske ustanove nastavila se u baptističkim izdanjima. Baptistička izdanja su čak i na početku XX veka oslovljavale vođe rečju *starešina*, ali kako je XX vek odmicao, ova ideja je nestala i danas je postalo veoma neobično da baptistička crkva ima starešine. Ali danas postoji sve jača struja povratka ovoj biblijskoj ustanovi i to s dobrim razlogom. To je bilo potrebno u novozavetna vremena, a potrebno je i danas. Sveto pismo jasno govori o većem broju starešina u svakoj mesnoj crkvi. Iako u Novom zavetu nigde nije propisan tačno određeni broj starešina za bilo koju zajednicu, u njemu se uvek, u kontekstu mesne crkve, govori o „starešinama" u množini (na primer Dela 14,23; 16,4; 20,17; 21,18; Titu 1,5; Jakov 5,14).

Shvatio sam koliko je to korisno kad sam u svojoj pastirskoj službi prepoznao kao starešine nekoliko muškaraca iz naše crkve. Kad sam saznao da je i zajednica prepoznala te ljude kao darovite i pobožne, to mi je izuzetno pomoglo u pastoralnom radu. Mi se sastajemo, molimo se, razgovaramo o raznim pitanjima i na taj način se moja mudrost značajno dopunjuje. Stoga i moje lično iskustvo potvrđuje koliko je korisno držati se novozavetnog uzora i imati, gde god je moguće, više starešina u mesnoj crkvi, a ne samo usamljenog pastira – pri tome je važno da te starešine potiču iz zajednice i da ne budu samo crkveno osoblje unajmljeno spolja.

To ne znači da ja nemam nikakvu prepoznatljivu ulogu kao pastir, ali i ja sam u osnovi starešina, jedan od ljudi kojima je Bog dao darove da vodi crkvu zajedno s drugima. Kako da nađemo takve vođe u svojoj crkvi? Tako što ćemo se moliti za mudrost i proučavati Božiju reč, posebno Prvu poslanicu Timoteju i Poslanicu Titu. Znaćemo kad vidimo ko ispunjava te zahteve, jer ne tražimo ljude koji su samo uticajni u mesnoj crkvenoj zajednici, nego i koji ispunjavaju Božija merila.

U Novom zavetu pronalazimo naznake da je glavni propovednik bio drugačiji od ostalih starešina i postoji nekoliko

DEVETA ODLIKA

odlomaka o propovedanju i propovednicima koji se ne odnose na sve starešine u nekoj zajednici. Pavle se u Korintu predao samo propovedanju, a starešine koje nisu plaćene to ne bi mogle. Crkva je verovatno mogla punovremeno da plaća samo ograničen broj starešina (vidite Dela 18,5; Prva Korinćanima 9,14; Prva Timoteju 4,13; 5,17). Izgleda da su se propovednici selili u određenu oblast upravo da bi propovedali (Rimljanima 10,14-15), dok se čini da su starešine već pripadale mesnoj crkvenoj zajednici (Titu 1,5).

Ali ne treba da zaboravimo da je propovednik (ili pastir) u osnovi takođe jedan od starešina u svojoj zajednici. To znači da mnoge odluke koje se tiču crkve, a ne zahtevaju pažnju svih njenih članova, ne treba da padnu samo na pastirova leđa, nego na sve starešine. Iako je takav postupak ponekad glomazan, on donosi nemerljive dobrobiti zbog dopunjavanja pastirovih darova, nadomeštanja njegovih nedostataka, pomoći u njegovom prosuđivanju i pružanja podrške zajednici za donošenje odluka, što će učiniti da vođe budu manje izložene nepravičnim kritikama. Isto tako, vođstvo na taj način postaje čvršće ukorenjeno, trajnije i omogućuje zreliju neprekidnost rada. Ono ohrabruje crkvu da preuzme veću odgovornost za duhovni rast svojih članova i pomaže da crkva manje zavisi od svojih zaposlenika.

Mnoge savremene crkve brkaju starešine s ljudima koji su zaposleni u crkvi ili s đakonima. I đakoni su novozavetna služba i ustanovljeni su u Delima 6. Iako je teško povući tačnu granicu između ove dve službe, đakoni se pre svega staraju za praktične pojedinosti crkvenog života: za upravna pitanja, za održavanje crkve i za staranje o fizičkim potrebama crkvenih članova. Đakoni su u mnogim današnjim crkvama preuzeli i određenu duhovnu ulogu, ali to se većinom prepušta pastiru. Takve crkve bi doživele određene dobrobiti kad bi ponovo prepoznale razliku između uloge starešine i uloge đakona.

Kada pomislite o današnjem crkvenom vođi, šta vam pada na pamet? Os Ginis u knjizi *Dining With the Devil*[106] oplakuje

Biblijsko crkveno vodstvo

mnoge crkve koje su u načinu na koji biraju svoje vođe potpale pod svetovni uticaj. On piše sledeće:

„Kao prepoznatljiva suprotnost široko rasprostranjenoj grešci iz osamdesetih godina XX veka, najoštriji izazov modernizma nije sekularizam, nego sekularizacija. Sekularizam je filozofija, a sekularizacija je proces. I dok je ova filozofija očigledno neprijateljski nastrojena prema hrišćanstvu i dodiruje samo malobrojne, proces sekularizacije je uglavnom nevidljiv i zato dotiče mnoge. Pošto je otvoreno neprijateljski nastrojen, sekularizam retko zavede hrišćane, a sekularizacija, pošto je neprimetnija, često zavede hrišćane pre nego što toga postanu svesni, uključujući i hrišćane u pokretu za crkveni rast. Kako drugačije objasniti opasku jednog japanskog biznismena koju je uputio Australijancu koji mu je bio u poseti: 'Kad god se sretnem s nekim budističkim vođom, sretnem svetog čoveka, a kad god se sretnem s nekim hrišćanskim vođom, sretnem menadžera.'"[107]

Umesto što tražimo vođe sa svetovnim kvalifikacijama, treba da tražimo ljude dobre naravi, dobrog ugleda, koji su sposobni da upravljaju Božijom rečju i u čijim životima se vidi plod Svetog Duha.

Pronalaženje dobrog crkvenog vođe delimično se sastoji iz pronalaženja ljudi kojima možemo da verujemo i koji mogu da veruju nama kao zajednici – koji mogu da imaju dovoljno vere u odluke zajednice i u obaveze za koje treba da smatraju da će moći zajedno da ispunjavaju s nama i jedni s drugima.

Smatram da je Pavle upravo stoga u Prvoj Timoteju 3 naglasio kako starešina treba da postupa sa svojom porodicom – zato što to veoma mnogo otkriva o njemu i o tome kako će raditi kao starešina. Zanimljivo je zapaziti i koliki broj ovih merila se tiče služenja drugima. Starešine treba da budu usredsređene na druge. Treba da budu besprekorni, posebno što se tiče vidljivog ponašanja. Njihov brak i porodični život treba da budu uzorni. Starešina treba da bude umeren u svemu, da bude „razborit, sređen, gostoljubiv, sposoban da pouči", da ne bude nasilan,

Deveta odlika

svadljiv ili gramziv, da ne bude nedavno obraćen i da ga poštuju ljudi van crkve. Takvi treba da budu i ljudi koji žele da budu pastiri u Božijoj crkvi. Kao dobri pastiri, oni ne treba da šišaju stado za sopstvenu korist, nego da se staraju za svaku ovcu pojedinačno.

Još jedno merilo za pastire ili starešine glasi da treba da budu muškarci (Prva Timoteju 2,12; 3,1-7; Titu 1,6-9). Ovu izjavu ne treba pogrešno shvatiti. Svakako je istina da su svi hrišćani od Boga dobili darove za izgradnju Hristovog tela (Prva Petrova 4 i Prva Korinćanima 14). Svi hrišćani poučavaju jedni druge u odnosima koje Pavle izlaže u Titu 2.

Ali šta je s pitanjem polova u crkvenom vođstvu? Da li svojom praksom rizikujemo da naša doktrina izgleda proizvoljno? To jest, da li istrajno branimo rukopoloženje starešina (zbog Prve Timoteju 3 i Titu 1), ali pri tome umanjujemo jasnoću Božijih metoda poučavanja zbog toga što uvek postavljamo muškarce za učitelje u malim grupama i u nedeljnoj školi za odrasle?

Žene su veoma cenjene u Svetom pismu. I muškarci i žene su načinjeni na Božiju sliku. Osim toga, Bog je ponekad upotrebljavao i same žene za objavljivanje istine o sebi. Mirjam je pevala (Izlazak 15), Ana se molila (Prva o Samuilu 2), a Marija je veličala Gospoda (Luka 1,46-51). Devora je u starozavetnom Izraelu bila uzdignuta na mesto sudije (Sudije 5), iako to nije bio uobičajen položaj za žene. Jelisaveta i Ana su javno prorokovale o Hristovom dolasku (Luka 1,42-45; 2,38). (Zanimljivo je koliki broj ovih tekstova se tiče rođenja dece, što i jeste deo Božije posebne uloge za žene; uporedite Prva Timoteju 2,15.) Sveto pismo ne postavlja prepreku ženama da poučavaju muškarce kroz povremenu molitvu ili prorokovanje (Prva Korinćanima 12) niti u ličnom razgovoru (kao što je to bilo sa Akilom i Priskilom i Apolosom u Delima 18,26).

Ali izbor muškaraca za javne propovednike Božije reči je u skladu s ulogom koju je Bog odredio muškarcima koji odražavaju

Biblijsko crkveno vodstvo

njegovu sliku kao starešine i muževi. Većina muškaraca nisu starešine. Mnogi muškarci (poput Pavla, pa čak i samog Isusa) nisu bili oženjeni, ali i muževi i starešine treba da budu uzor Božije vlasti i stoga službu za poučavanje odraslih u mesnoj crkvi treba da vrše sposobni i daroviti muškarci.

U naše vreme, kad se naglašava jednakost polova, treba bez stida da prihvatimo razlike među polovima kao dar od Boga, što Postanje 1 i 2 jasno pokazuju. Osim toga, dva pola, sa svojim međusobno povezanim ulogama, zapravo su znak i ključ dubljeg značenja života. Upravo to je Pavle rekao u Efescima 5. U stvari, izgleda da on tamo govori da nam Bog nije dao crkvu da bi nas učio o braku, nego nam je dao brak da bi nas naučio o Hristovoj ljubavi prema crkvi.

Današnja jednakost među polovima često je veoma tesno povezana s protivljenjem vlasti, ali Sveto pismo govori da vlast dolazi od Boga: jedino on je svevladajući Gospod i svaka vlast potiče od njega (vidite Efescima 3,15). Zloupotreba nečega dobrog ne dokazuje da je to samo po sebi loše. Vlast je dobra sama po sebi, onakva kakvu je Bog zamislio. Ona je čak i životodavna, a ispravno biblijsko potčinjavanje isto može biti životodavno. Potčinjavanje dece roditeljima, ženâ muževima, članova crkve starešinama – sve to ukazuje na potčinjavanje ljudi Bogu. U krajnjoj liniji, mi imamo život zbog toga što se večni Sin potčinio volji svog nebeskog Oca. Satanina je laž da je potčinjavanje ujedno i poniženje.

Zbog toga je ispravno da crkve ograniče ulogu javnog propovedanja na muškarce, što donekle simbolizuje vlast na koju je Bog i inače pozvao muškarce. Prema Prvoj Timoteju 2,12 posebno je važno da muškarci svoju vlast u crkvi pokažu javnim propovedanjem Božije reči: „Ženi ne dopuštam da uči muškarca, niti da ima vlast nad njim, nego neka bude mirna."

Pitanje da li samo muškarci treba da budu pastiri ili starešine sve češće postaje predmet podele između onih koji prilagođuju Sveto pismo kulturi i onih koji se trude da uobliče svoje živote prema Svetom pismu.

Deveta odlika

Ovu grešku jednakosti među polovima (ideju da ne postoji razlika među polovima u biblijskim službama u crkvi) stavljam nasuprot onome što kao baptista smatram drugom greškom – a to je krštenje dece. Krštenje dece nije nova ideja. U stvari, u pitanju je veoma stara greška! Ona ima dugačku istoriju. Evanđeoski hrišćani koji veruju da Sveto pismo poziva na krštenje dece verni su u drugim pitanjima već više od pet stotina godina – u stvari se mnogo puta dešavalo da njihova vernost posrami nas koji imamo bolje učenje o krštenju! Jednakost među polovima nije takva. To je nova ideja i nema tako dugačku istoriju, a istorija koja je nastala u proteklih nekoliko desetleća nije ohrabrujuća.

Naravno, postoje pitanja koja su za evanđelje važnija od pitanja razlike među polovima. Ipak, mali je broj pitanja (ako ima i jednog) koja autoritet Svetog pisma u današnjim evanđeoskim crkvama podrivaju toliko kao ideja o jednakosti polova. A kad se autoritet Svetog pisma podrije, evanđelje ne može dugo da opstane. Stoga ljubav prema Bogu, prema evanđelju i prema budućim pokolenjima zahteva da pažljivo izložimo biblijsko učenje da vođe u mesnoj crkvi – pastiri i starešine – treba da budu muškarci.

Harizmatska priroda crkvenog vođstva

Treće, treba da zapazimo harizmatsku prirodu biblijskog crkvenog vođstva. Pod rečju „harizmatski" ne mislim na određena natprirodna iskustva poput govora u jezicima, jer grčka reč *harizma* (množina: *harizmata*) prosto znači milosni dar – dar dobijen po Božijoj milosti. U Svetom pismu je jasno da Božiji Duh svojoj crkvi daje darove da bi izgradio svoj narod u veri. Čak se i o našem spasenju govori kao o *harizmi* – milosnom daru. Darovi Svetog Duha su posebni primeri Božije milosti, bilo da je u pitanju naše spasenje ili bilo koji drugi dar koji Bog daje svojoj deci. Pavle govori o daru Hristove pravednosti (Rimljanima 5,17)

Biblijsko crkveno vodstvo

i o daru večnog života u Hristu (6,23). Hristova pravednost je Božija *harizma* za nas. Ali mi čitamo i o posebnijim primerima Božijih darova. Pavle u Rimljanima 11 govori o darovima koje je Bog posebno dao svom narodu Izraelu (11,29; uporedite 9,4-5). U Rimljanima 12,6-8 on spominje neke posebne darove koje je Bog dao crkvi:

„A u skladu s milošću koja nam je data, imamo različite darove. Ako je nečiji dar prorokovanje – neka bude srazmerno veri; ako je služenje – neka služi; ako je poučavanje – neka poučava; ako je tešenje – neka teši; ako je davanje – neka daje od srca; ako je upravljanje – neka bude revnostan; ako je pokazivanje milosrđa – neka to čini s radošću."

(Zapazite da su svi ovi darovi dati za dobrobit *drugih*.)

Pavle u Prvoj Korinćanima govori o poučavanju, ohrabrivanju, velikodušnom davanju, vođstvu i ukazivanju milosrđa kao o milosnim darovima. On se obraća hrišćanima u Korintu kao onima koji su se „u njemu u svemu obogatili – u svakoj reči i svakom znanju" i koji ne oskudevaju „ni u jednom milosnom daru" (Prva Korinćanima 1,5, 7). U Prvoj Korinćanima nailazimo na veliki broj duhovnih darova. Pavle u Prvoj Korinćanima 7,7 čak i bezbračnost i brak naziva duhovnim darovima.

U stvari, Pavle je to pismo između ostalog i napisao da ovim hrišćanima dâ uputstva o „duhovnim darovima" (12,1). On u ovom poglavlju (s početkom u 7. stihu) nabraja „izvanredne darove", kao što ih je nazvao Džon Oven, puritanski pisac iz XVII veka. Pavle kaže: „I sve to čini jedan isti Duh, koji svakom dodeljuje kako hoće" (stih 11). On u stihovima 27-31 navodi još jedan spisak duhovnih darova, a zatim zaključuje upućujući Korinćane da čeznu za većim milosnim darovima.

Pavle u Drugoj Korinćanima 1,11 govori o svom fizičkom oslobođenju kao o *harizmi*, to jest o milosnom daru, a u Prvoj Timoteju 4,14 i Drugoj Timoteju 1,6 on Timotejev poziv u službu

Deveta odlika

naziva darom. Kao što je rekao Efescima: mi imamo „svaki duhovni blagoslov u Hristu" (1,3). Svi ovi darovi imaju zajednički cilj. Pavle je shvatao da su duhovni darovi dati za međusobno ohrabrivanje i međusobnu izgradnju (Rimljanima 1,11-12). U Prvoj Korinćanima 12,4-7 jasno vidimo da su ovi darovi dati za opšte dobro.

Prva Korinćanima 14 sadrži najjasnije učenje o svrsi duhovnih darova. Zapazite 4. stih, koji se često pogrešno shvata: „Ko govori čudnim jezikom, samoga sebe izgrađuje, a ko prorokuje, izgrađuje crkvu." Neki misle da je ovo neutralna izjava, kao da Pavle prosto komentariše da postoje dve vrste dobre izgradnje: ako želiš samoizgradnju, onda treba da tražiš govor u jezicima ili da se moliš u jezicima; ako želiš da izgrađuješ crkvu, onda treba da tražiš da prorokuješ. Ali mislim da Pavle ovde ne misli tako. On u 1. stihu ohrabruje hrišćane u Korintu da posebno čeznu za darom prorokovanja. Zatim u 12. stihu piše: „Tako i vi, pošto čeznete za duhovnim darovima, trudite se da njima obilujete radi izgrađivanja crkve." U 19. stihu kaže: „...u crkvi ću radije da kažem pet reči svojim umom, da i druge poučim, nego deset hiljada reči čudnim jezikom." Pavle kaže da je neophodno da nešto razumeš da bi to moglo da te izgradi. Razumljivost je neophodna za izgradnju crkve! A to, kaže Pavle, i jeste cilj duhovnih darova.

Svaki put kad se reč *harizma* upotrebi u Novom zavetu radi se o upotrebi darova za izgradnju Hristovog tela. Od Pavlovog preživljavanja brodoloma do spiska u Prvoj Korinćanima 14, svi duhovni darovi su uvek za izgradnju crkve.

Pavle jasno kaže da je cilj svih ovih duhovnih darova „osnaživanje crkve" (Prva Korinćanima 14,26). Zato Duh te darove daje crkvi. Stoga Pavle u Prvoj Korinćanima 14,4 ne spominje dve različite vrste izgradnje. On kritikuje svaku vrstu služenja sebi pomoću darova i ponovo definiše ciljeve za ove darove preusmeravajući ciljeve Korinćana kako bi bili u skladu s ciljevima Svetog Duha, a to je izgradnja crkve.

Biblijsko crkveno vodstvo

U svom komentaru Prve Korinćanima 14,12 Žan Kalvin je napisao sledeće: „Što je neka osoba željnija da se posveti izgradnji, to više Pavle želi da se ta osoba ceni."[108] Kao što je Petar napisao: „Služite jedan drugom u skladu s milosnim darom koji je svaki od vas dobio, kao dobri upravitelji raznolike Božije milosti" (Prva Petrova 4,10).

Ako je izgradnja cilj duhovnih darova koje je Hristos dao svojoj crkvi, šta to onda znači za nas i za naše crkve? To znači da treba posebno da vrednujemo darove za koje je jasno da izgrađuju crkvu. Osim toga, treba da shvatimo kako izgradnja crkve treba da zauzme važno mesto u našem hrišćanskom životu – ne samo u organizacijskom smislu, nego u smislu međusobnog izgrađivanja u zajedničkoj ljubavi, međusobnom staranju i molitvama. Svi smo pozvani da budemo pokretači uključenosti u život drugih. Kao što sam rekao, u našoj crkvi se međusobno zavetujemo da ćemo raditi zajedno, da ćemo se moliti za jedinstvo, da ćemo zajedno živeti u ljubavi, da ćemo se starati jedni za druge i paziti jedni na druge, da ćemo verno upozoravati i opominjati jedni druge u skladu s okolnostima, da ćemo se okupljati, da ćemo se moliti jedni za druge, da ćemo se radovati jedni s drugima, biti strpljivi jedni s drugima i moliti se za Božiju pomoć u svemu.

Zamislite dve zajednice, jednu u kojoj mnogi govore u jezicima i drugu gde brojni mladi ljudi prisustvuju sahrani starca kog su poznavali kao člana svoje crkve. Ova druga crkva mi se čini „harizmatičnijom" u biblijskom smislu, više mi liči na crkvu koja je u skladu s mojim shvatanjem novozavetnog poziva za identitet crkve – da bude zajednica u kojoj su ljudi naučili da vole jedni druge i da se staraju jedni za druge. To je novo društvo i Bog nas, kao hrišćane, poziva da učestvujemo u njemu.

Hrišćanstvo nije samo samostalna odluka da dođemo u crkvu i da vidimo koju korist možemo da dobijemo u njoj. „Koristiću propovednika kao javnog učitelja, kao svog ličnog duhovnog trenera i dok god mi on donosi dobrobit, moj život će biti bolji." To nije hrišćanstvo. Hrišćanstvo je u Novom zavetu

Deveta odlika

veoma vezano za naše odnose s ljudima koji sede oko nas u crkvi. Prema Novom zavetu, zdrava crkva se prepoznaje po staranju i brizi koji vladaju među nama, u grupi međusobno zavetovanih vernika, i po našoj spremnosti da se obavežemo Bogu i da te svoje dužnosti ispoljimo ispunjavajući obaveze koje imamo jedni prema drugima.

Harizmatska priroda crkve znači da Božiji Sveti Duh radi među nama da bismo voleli jedni druge i starali se jedni o drugima. Milosni je dar (*harizma*) kad neko ustane i vodi slavljenje. Milosni je dar kad neko drugi čita Sveto pismo s nekim u bolnici. Milosni je dar hvatati beleške na crkvenim sastancima. Milosni je dar poučavati grčki jezik. Milosni je dar nazvati svog pastira i reći mu da se molite za njega. Prema Novom zavetu, sve su to milosni darovi. Pavle nije nameravao da pruži sveobuhvatan spisak milosnih darova kad je zapisao onih sedamnaest darova. Kad god crkva silom Svetog Duha radi na izgradnji Hristovog tela, prisutni su darovi Svetog Duha. Kako god shvatali crkveno vođstvo, to mora biti u ovom kontekstu.

Crkveno vođstvo se sprovodi u zajednici međusobno zavetovanih ljudi koje je Bog posebno opremio. To je harizmatska priroda biblijskog crkvenog vođstva.

Hristolikost crkvenog vođstva

Naravno, sam Hristos je „glava Telu – Crkvi" (Kološanima 1,18; uporedite Efescima 1,22-23). Samo on je ugaoni kamen i završni kamen (Prva Petrova 2,6-7). Isus Hristos je vrhovni vođa vaseljenske crkve i svake mesne crkvene zajednice.

Stoga ne iznenađuje što vođe unutar mesnih crkvenih zajednica treba da odražavaju Hristovu narav i njegove uloge i odgovornosti. Četiri vida Hristovog vođstva mogu se predstaviti pomoću četiri trougla koji su okrenuti na različite strane. U pitanju su četiri uloge koje je Isus vršio kao vođa i na koje danas poziva crkvene vođe.

BIBLIJSKO CRKVENO VOĐSTVO

ČETIRI VIDA VOĐSTVA

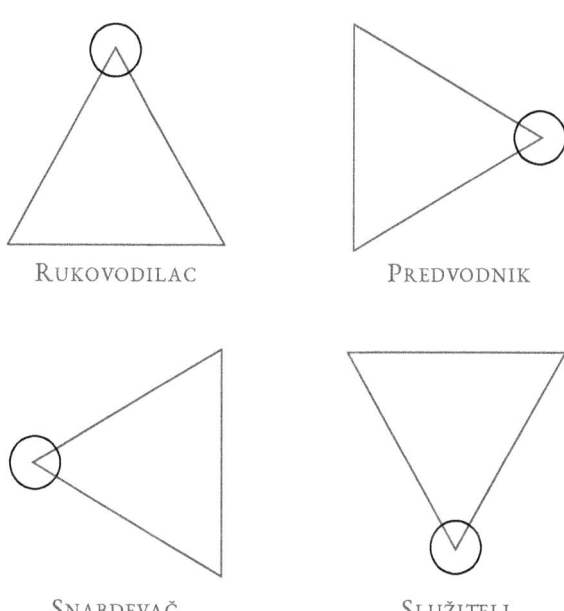

Ovi vidovi vođstva mogu da se primene na mnoge životne pozive, ali o njima raspravljam u kontekstu hrišćanskog života i u kontekstu vođenja crkvene zajednice.

Rukovodilac

Sam Hristos je izdao brojne zapovesti. Na primer, zapovedio nam je da poučavamo druge (Matej 28,20). I Pavle je izdavao zapovesti. Rekao je hrišćanima da kažu drugima šta da rade. Dao je uputstva starešinama da odluče o čemu treba poučavati i da to treba da rade blago (Druga Timoteju 2,24-25) i sa strpljenjem i

Deveta odlika

istrajnošću (Druga Timoteju 4,2). Starešine treba da poučavaju pažljivo jer će odgovarati za to koliko su bili verni Božijoj reči (Jakov 3,1). Jasno je da crkvene vođe – kao i bilo koje druge vođe – moraju ponekad da izdaju zapovesti, da donose odluke i da preuzmu odgovornost za njih.

Nekima danas smeta da ovo čuju, ali Isus je svojim sledbenicima (a to uključuje i nas) dao jasna uputstva da čine to isto: da poučavaju, da daju uputstva i da budu spremni da sprovode vlast kad ih on na to pozove. Ne treba izbegavati ovu vrstu vođstva. Iako može da se zloupotrebi, takva vlast je sama po sebi dobra i mi možemo da doprinesemo obnovi pobožnog poštovanja vlasti tako što ćemo je pažljivo sprovoditi.

Predvodnik

Slika ispod koje piše *Predvodnik* ima trougao okrenut udesno, a desni vrh mu je zaokružen. Ona predstavlja još jedan vid vođstva – kad je neko predvodnik koji preuzima prvi korak i vodi primerom. Veliki deo vođstva sastoji se iz pružanja uzora i preduzimanja prvog koraka. U poznatoj knjizi Džona Kigana *The Mask of Command*[109] Aleksandar Veliki je predstavljen kao veliki upravo zbog toga što je lično i neustrašivo vodio svoje trupe u najopasnije delove bitke. Na njega se ugledao nemački general Romel, tenkovski zapovednik zvan „Pustinjska Lisica", koji je verovatno ulivao najveći strah u Drugom svetskom ratu. Često je bio pred svojim trupama, što je bilo neuobičajeno za generale u Drugom svetskom ratu. Kad bi počinjala neka bitka u kojoj su učestvovale njegove snage, govorilo se: „Romel predvodi!" Ta poruka bi naelektrisala trupe da ga slede. Dobre vođe preduzimaju prvi korak.

Još jedan sastavni deo ovog vida vođstva je pružanje primera. Isus je rekao u Jovanu 13,34: „Kao što sam ja voleo vas, tako i vi volite jedan drugoga." Pavle je napisao: „Razmišljajte isto kao i Hristos Isus" (Filipljanima 2,5). Petar je podsetio prve

Biblijsko crkveno vodstvo

hrišćane: „...Hristos stradao za vas, ostavivši vam primer, da idete njegovim stopama" (Prva Petrova 2,21). Pavle je napisao hrišćanima u Korintu: „Ugledajte se na mene kao što se i ja ugledam na Hrista" (Prva Korinćanima 11,1). Isto tako, Pavle je vernicima u Solunu izričito rekao da se trudio da im pruži uzor na koji treba da se ugledaju (Druga Solunjanima 3,7-9). On se svesno trudio da živi uzornim životom – ne savršenim životom, ali životom koji služi za primer. Pavle je ukazivao na svoj život kao na uzor i tako je bio predvodnik koji pokazuje kako nešto treba da se radi.

Tako treba da rade i današnje vođe u crkvi. Predvođenje primerom treba da bude jedan vid našeg vođstva (vidite Jovan 13,15; Filipljanima 3,17; Prva Timoteju 4,12; Titu 2,7; Jakov 5,10).

Snabdevač

Slika ispod koje piše *Snabdevač* okrenuta je ulevo i levi vrh trougla je zaokružen. Ova slika nas podseća da je i snabdevanje jedan vid vođstva.

Razmislite o vojsci koja ima neophodnu liniju snabdevanja koja vodi sve do snaga na frontu. Dobro vođstvo će strateški raditi na tome da omogući izvršavanje zadataka na koji su drugi pozvani, da im pruži slobodu kretanja i da ih usmeri. Vođe usmeravaju saobraćaj u crkvi deleći službu na male zadatke koje drugi mogu da obave.

Ako smo pozvani da budemo snabdevači, treba da budemo iza linije fronta i da ljudima dostavljamo alate koji su im potrebni za izvršavanje poverenih zadataka. Kad je Isus pripremio svoje učenike, poslao ih je na zadatak (Luka 9-10). Bili su neuspešni u Luki 9, ali Isus ih je ponovo poslao u Luki 10 i tada su bili uspešni. Isus je u ovom primeru bio iza linije fronta, snabdevajući i opremajući učenike.

Naravno da ne možemo ići s ljudima koje šaljemo, za razliku od Isusa, koji to može kroz Svetog Duha. Naša situacija je

Deveta odlika

sličnija Pavlovoj, koji je u svom poslednjem pismu savetovao Timoteja da poučava ljude koji mogu da pouče i druge (Druga Timoteju 2,2). Pavle je shvatio da može višestruko da umnoži svoju službu snabdevajući druge sredstvima za njihove službe.

Služitelj

Na slici gde piše *Služitelj* trougao je okrenut naniže i taj donji špic je zaokružen. Ova slika predstavlja ulogu služitelja i to je verovatno najprepoznatljiviji hrišćanski oblik vođstva. Najpotpunije ga vidimo kod Hrista, koji je samog sebe dao za nas na krstu, umrevši za nas da bismo mi mogli da živimo za njega. Dirljivi opisi ove samožrtvujuće službe nalaze se u svakom od četiri evanđelja, a o njoj nalazimo dalja razmišljanja u raznim delovima Novog zaveta. Posebno jasne i dirljive odlomke nalazimo u Filipljanima 2 i Prvoj Petrovoj 2.

Ovo je primer vođstva koji nam je Hristos ostavio i to posebno važi za nas koji smo pozvani da budemo vođe u zajednici. Petar je napisao sledeće:

„Molim starešine među vama, ja, koji sam i sâm starešina, svedok Hristovih stradanja i onaj koji će imati udela u slavi koja će se otkriti: napasajte Božije stado koje vam je povereno. Nadgledajte ga ne zato što morate, nego dragovoljno – kako Bog hoće; ne radi prljavog dobitka, nego s predanošću; ne kao gospodari nad onima koji su vam povereni, nego kao uzori stadu. A kada se pojavi Vrhovni pastir, primićete venac slave, koji ne vene" (Prva Petrova 5,1-4).

Svaki od ova četiri različita vida vođstva – rukovodilac koji zapoveda, predvodnik koji vodi primerom, snabdevač koji pruža ono što je potrebno i služitelj – svi spadaju u biblijsko crkveno vođstvo.

Biblijsko crkveno vodstvo

Odnos crkvenog vođstva s Božijom prirodom i Božijom naravi

Zaključujući ovo naše razmatranje crkvenog vođstva, treba da razmislimo kako je sprovođenje takvog vođstva povezano s Božijom prirodom i naravi.

Vođstvo, u krajnjoj liniji, nije samo pitanje crkvene uprave. Kad sam jednom prilikom bio u Kembridžu, jedan prijatelj s kojim sam večerao izrazio je svoj bes zbog nedavne odluke gradskih vlasti da prodaju neki komad zemlje pored škole u blizini njegove kuće. Dok je pričao, setio sam se da mu je takav način govora u stvari svojstven. Uvek je ispoljavao svoj bes po pitanju ovog ili onog postupka vlasti. Zato sam mu postavio jednostavno i neposredno pitanje: „Da li smatraš da su sve vlasti loše?" Mislio sam da će mi dati pažljivo sročen odgovor, pun istančanih misli, ali me prenerazio svojim grubim, prostim, neposrednim odgovorom bez ikakvog ustručavanja: „Da, svaka vlast je loša."

Zdravo je shvatiti palu prirodu ljudske vlasti i shvatiti da se vlast može zloupotrebiti. Sila koja nije u skladu s Božijim ciljevima uvek je demonska, ali i sumnja u svaku vlast je takođe loša. Ona često više otkriva o osobi koja dovodi vlasti u pitanje nego o samoj vlasti. Da bismo živeli kao što je Bog zamislio, moramo mu verovati i moramo verovati ljudima koji su načinjeni na njegovu sliku.

To ne znači da je pobožnost istovetna naivnosti, ali znači da je sposobnost verovanja ključni sastojak odražavanja Božije slike i funkcionisanja u životnim odnosima u kojima se ta slika ispoljava i izražava.

Kad se molio za hrišćane u Efesu, Pavle im je u Efescima 3,14-15 rekao da se moli „pred Ocem, od koga dolazi ime cele njegove porodice[110] na nebu i na zemlji." Pavlova poenta nije samo da Bog jeste Otac porodice vaseljenske crkve (iako to svakako jeste istina), nego da je tvorac koji nas je stvorio na svoju sliku i da čak i same društvene strukture vlasti, koje imamo u svojim porodicama, potiču od njega i njegove vlasti. Stoga vlasti i vođstvo nisu

Deveta odlika

nevažni za nas hrišćane. To su pitanja od velike važnosti zato što se tiču Božije slike koju treba da odražavamo svojim životom.

Svet bez vlasti bio bi kao želja bez uzdržavanja, kola bez sistema za upravljanje, raskrsnica bez semafora, igra bez pravila i dom bez roditelja. To bi moglo da traje neko vreme, ali uskoro bi postalo besmisleno, zatim okrutno i onda neizrecivo tragično.

U svojoj knjizi *Authority: The Most Misunderstood Idea in America*[111] Judžin Kenedi i Sara Čarls tvrde da „nedostaje stabilizujuća narav zdrave vlasti. Ako se ona vrati, onda ćemo svojim životom upravljati s više samopouzdanja i manje brige."[112] Oni smatraju da „zdrava vlast ispunjava potrebe i ciljeve ozbiljnih bliskih odnosa jer ne želi da nadvlada druge nego da bude pokretač rasta ljudi koji se osećaju bezbedno jedni s drugima."[113]

Prema ovim piscima, u filmovima poput filma Plezentvil (*Pleasantville*):

„Veća seksualna sloboda se, sama po sebi, smatra plodom plemenite pobune protiv neljudskih i porobljavajućih sila. Ona je u popularnoj kulturi prihvaćena kao cilj sama po sebi i potpuno seksualno oslobođenje, to jest seks odvojen od međuljudskih odnosa, postaje glavno načelo popularne mudrosti."[114]

A ipak, iznošenje te bliskosti van strukture predanosti, vlasti, potčinjavanja i zavetne ljubavi predstavlja odbacivanje nekih od najvažnijih lekcija koje možemo da naučimo kao bića stvorena na Božiju sliku – lekcija o odnosu koji treba da imamo jedni prema drugima i prema Bogu.

Sećam se da sam jednom propovedao kroz Prvu i Drugu knjigu o Samuilu i naišao na Davidove poslednje reči u Drugoj o Samuilu 23. Te reči su me pogodile i pitao sam se zašto ih ranije nisam primetio: „Ko ljudima vlada pravedno, ko vlada u strahu od Boga, taj je kao svetlost jutarnja kada sunce izađe, kao jutro bez oblakâ, kao svetlucanje posle kiše koja travu izmamljuje iz zemlje" (Druga o Samuilu 23,3-4). Kako divan opis zdrave vlasti i njenog ploda!

Biblijsko crkveno vodstvo

Mislim da sam u to vreme primetio Davidove reči na poseban način zato što sam sada čovek koji sve više sprovodi vlast, kako u svojoj porodici, tako i u svojoj crkvi. Zbog toga mi je istina o tome postala očiglednija, važnija i dragocenija. Porodica treba da bude naš poligon za obuku u ljubavi prema vlastima. To je mesto razvoja koje nam je Bog dao da naučimo ljubav, poštovanje, uvažavanje, poslušnost i poverenje, da bi nas pripremio za odnos sa drugima i sa samim sobom.

Kada sprovodimo vlast na dobar i ispravan način – kroz zakon, oko porodičnog stola, na svom poslu, sa izviđačima, u svom domu i posebno u crkvi – doprinosimo pokazivanju Božije slike njegovoj tvorevini.

Naš odnos prema vođstvu u crkvi ne treba da dovede evanđelje na zao glas, nego da ga uzdigne kao slavno svetlo nade i istine u svetu. Naš zajednički život treba da bude najčistiji što može da bi Božije srce puno ljubavi prema svetu jasno sijalo kroz nas.

Bog nam je dao izvanredno velik poziv da prepoznamo i poštujemo pobožne vlasti u crkvi. To je odlika zdrave crkve i zdravih hrišćana, i to je naš poziv i naša čast. Postoji svet kojem je potrebno da vidi kako ljudi stvoreni na Božiju sliku pokazuju tu sliku svojim životom. Hajde da se molimo da nam Bog dâ da to zajednički postignemo u svojim crkvama – radi zdravlja naših crkava i radi Božije slave.

Dodatak 1

SAVETI ZA VOĐENJE CRKVE U ZDRAVOM PRAVCU

Zdrav pravac

Kad je većina ljudi u mesnoj crkvi nanovo rođena i predana crkvi, tada novozavetne slike crkve kao tela i kao porodice mogu da postanu živa stvarnost.

Bog nas je u svojoj dobroti pozvao da zajedno živimo hrišćanskim životom. Kada sam deo crkve, rastem kao hrišćanin zbog Božijeg rada kroz moju braću i sestre. Mislim da je to normalno i da ne treba da bude ništa neobično. Bog želi da radi na nama kroz svog Duha, koji radi kroz ljude. I svetovni ljudi očekuju uzajamno predanje u međuljudskim odnosima, a značaj odnosa u crkvi sigurno ne treba da bude manji.

Bog je u trećoj zapovesti (Izlazak 20,7; Ponovljeni zakoni 5,11) upozorio svoj narod da ne zloupotrebljava njegovo ime. Pri tome nije mislio samo na izbegavanje psovki, nego i na više od toga. U suštini je rekao: „Ne upotrebljavajte moje ime za sebe, nemojte tvrditi da ste moji sledbenici ako nećete živeti kao da mi stvarno pripadate." I to bi bila zloupotreba Božijeg imena, ništa manje nego psovke.

Dodatak 1

Ta zapovest važi i za nas kao crkvu. Mnoge današnje crkve brkaju sebičnu dobit i duhovni rast. Brkamo puko uzbuđenje i pravo slavljenje. Drago nam je kad nas ovaj svet prihvata umesto da živimo životom koji će uzrokovati protivljenje sveta (vidite Druga Timoteju 3,12). Bez obzira na brojke kojima mogu da se pohvale, preveliki broj današnjih crkava deluje nezainteresovano za biblijske odlike po kojima bi trebalo da se prepoznaju žive rastuće crkve. Zdravlje crkve treba da bude briga svih hrišćana, zato što se tiče duhovnog života svih ljudi koji su hrišćani i koji su članovi neke mesne crkve, a posebno vođa. Naše crkve treba Božijoj tvorevini da pokažu Božije slavno evanđelje na razne načine, kroz sve različite sklopove ličnosti koje on stavlja u crkvu i kroz njihove međusobne odnose. Tako crkva pokazuje Božiju slavu. Na to smo pozvani – da Božijoj tvorevini na slavan način pokažemo Boga i njegovu narav (Efescima 3,10). Treba da ga proslavljamo svojim zajedničkim životom.

Saveti za vođenje

Razmišljao sam da napišem knjigu za pastire koja bi se zvala *Kako dobiti otkaz i to brzo!* Sažeću osnovnu ideju ove nenapisane knjige u jednoj rečenici pavlovskih razmera: Pastir treba da dođe na sastanak crkvenih članova i da počne da dovodi u pitanje spasenje nekih članova crkve, da odbija da krsti decu, da zastupa stav da je važnije da zajednica peva nego da neko svira, da traži da se uklone hrišćanske i državne zastave, da prestane da poziva ljude da u crkvi izađu napred da predaju život Bogu, da zanemari svetovne praznike poput Dana majki, Dana očeva, Dana rada, Noći veštica, Dana veterana, Nove godine, rođendana Martina Lutera Kinga Mlađeg, Dana zaljubljenih, kao i maturu mesne srednje škole, da počne da upražnjava crkvenu stegu, da uklanja žene s položaja koji nose starešinske uloge u crkvi i da kaže da ima teološke prigovore na održavanje više od

Saveti za vođenje crkve u zdravom pravcu

jedne službe u nedelju ujutru. Takav pastir verovatno ne bi dočekao sledeći sastanak članova.

Iako bih mogao da napišem takvu knjigu, mislim da prvo treba da preduzmem konstruktivniji pristup. Plašim se da bi neki koji pročitaju tu knjigu odmah postali nestrpljivi i stalno se pitali kad će nastupiti radikalna promena u njihovoj zajednici. Ali možda biste se iznenadili koliko mnogo možemo postići s našim crkvama uz malo mudrosti, strpljenja, molitve, pažljivih uputstava i ljubavi. Priča o upornoj kornjači i brzom zecu primenjiva je i na pastire.

Evo četiri osobine koje kao pastir treba da negujete da biste lakše sproveli promene koje smatrate da su potrebne u vašoj crkvi.

1. Budite verni Božijoj reči

Zamolite Boga da vam pomogne da budete verni njegovoj pisanoj reči. Nikad ne potcenjujte silu poučavanja istini. Molite se za doslednost u sopstvenom razmišljanju i za iskrenost sa svima – u odgovaranju na pitanja ljudi, ali i aktivnije, trudeći se da omogućite ljudima da vas upoznaju.

2. Budite puni pouzdanja u Boga

Oslanjajte se na Boga, a ne na svoje darove i sposobnosti. Provodite vreme u ličnoj molitvi, u molitvi s drugima i u molitvi sa zajednicom. Budite strpljivi. Setite se Pavlovih reči koje je uputio Timoteju u Drugoj Timoteju 4,2: „Propovedaj Reč, spreman i u vreme i u nevreme, uveravaj, prekorevaj, bodri, sa svom strpljivošću i poukom."

Predajte svoje ambicije Gospodu, a budite spremni da mu poverite i svoj život. Budite voljni da se molite Bogu da vas ostavi da služite u istoj crkvi do kraja života. Bog je osmislio dugovečnost zbog odgajanja dece do odraslog doba, a dugovečne su bile i službe

Dodatak 1

mnogih vernih Božijih slugu. Puritanski pastir Vilijam Gudž često je govorio da mu je želja da iz svoje crkve ode u nebo. Gudž je bio pastir iste crkve od juna 1608. godine do svoje smrti 12. decembra 1653. godine. Bio je pastir iste crkve četrdeset šest godina. Molite se da Bog uveća vašu veru i da vam pomogne da uvidite da je njegova briga za crkvu veća od vaše.

3. Budite pozitivni

Molite se da ne budete kritički nastrojeni, ali i da vas tako ne doživljavaju. Izložite pozitivan plan. Pojasnite Božiju viziju za crkvu i pojasnite svoje planove, kako dugoročne ciljeve, tako i kratkoročne. Molite se da vam Bog pomogne da izgradite čvrste lične odnose, a posebno se molite da vam Bog pomogne da razvijete što veći broj vođa u crkvi (Druga Timoteju 2,2). Molite se da vas Bog učini uzornim evangelizatorom i misionarom i glavnim pokretačem na evangelizaciju i misiju. Molite se da Bog uveća vašu revnost i revnost vaše crkve za njegovu slavu.

4. Budite određeni

Kontekstualizujte Božiju brigu za crkvu. Koristite dobra sredstva iz istorije vaše crkve, učite o njoj od starijih članova crkve. Budite crkveni dendrolog (proučavalac drveća). Jedan vodič mi je kod Katedrale u Linkolnu rekao da su dendrolozi uzeli uzorke iz četrnaest metara dugih hrastovih greda koje već vekovima drže krov te katedrale i da su shvatili kada je to drvo posađeno i kada je posečeno. Drva za grede koje nam je pokazao bila su posečena pri starosti od oko sto pedeset godina. Mnoge od njih su posađene tokom X veka, a posečene su u XII veku. Postanite glavni student istorije svoje crkve. Tako ćete pokazati svoje poštovanje i uvećati svoje znanje.

Saveti za vođenje crkve u zdravom pravcu

Nek vam Bog dâ da postanete posrednik obnove svega što je u prošlosti bilo dobro u vašoj crkvi i da povedete svoju crkvu u velike stvari koje Bog ima za njenu budućnost, dok crkva pokazuje Božiju narav Božijoj tvorevini. Pokazivanje Božije naravi je naša velika odgovornost i naša velika čast. Neka Bog učini vašu crkvu zdravom i neka izlije svog Duha na crkve širom naše zemlje i širom sveta, kako bi i one bile zdrave na njegovu slavu. Neka vas Bog blagoslovi u svim pokušajima da to postignete.

Dodatak 2

„NE ČINITE TO" – ZAŠTO *ne treba* DA PRAKTIKUJETE CRKVENU STEGU

„Ne činite to." To je prvo što kažem pastirima kad otkriju da Sveto pismo poziva na crkvenu stegu. Kažem im: „Ne činite to bar još neko vreme." Zašto ih tako savetujem? Hajde da razmislimo šta se dešava u procesu otkrivanja ove teme. Kad pastiri prvi put čuju za crkvenu stegu, često najpre pomisle kako je ta ideja besmislena. Crkvena stega zvuči kao nedostatak ljubavi, kao nešto što će narušiti evangelizaciju, kao nešto uvrnuto, kao sredstvo prekomerne kontrole, kao nešto legalistično i osuđujuće. Stega svakako deluje neizvodljivo, a oni se pitaju čak i da li je zakonita.

Zatim otvore Sveto pismo

Možda će ovi pastiri, kad niko ne gleda, istražiti šta o tome piše u Svetom pismu i naići na odlomke poput Druge Solunjanima

DODATAK 2

3,6 ili Galaćanima 6,1 ili na klasičan tekst o crkvenoj stezi, a to je Prva Korinćanima 5. Zatim će razmotriti starozavetnu pozadinu isključivanja iz zajednice i setiti se da je Bog uvek tražio da njegov narod bude slika njegove svetosti (Ponovljeni zakoni 17,7; Levitska 19,2; Isaija 52,11; Prva Petrova 1,16).

Nakon toga će početi da istražuju Isusovo učenje i otkriti da je Isus, u istom poglavlju gde je zabranio da sudimo drugima (vidite Matej 7,1), upozorio svoje učenike da se čuvaju lažnih proroka i onih koji tvrde da su njegovi sledbenici, ali se ne pokoravaju njegovoj reči (Matej 7,15-20, 21-23). Konačno će stići do Mateja 18, gde Isus svojim sledbenicima daje nalog da u određenim situacijama isključe grešnika koji se ne kaje (stih 17). Nakon svega će postaviti pitanje: Možda crkve *treba* da upražnjavaju crkvenu stegu?

Otkriće da neke crkve zaista upražnjavaju crkvenu stegu na kraju gurne ove inače fine, normalne, dobro prilagođene i dotad popularne pastire preko ivice, jer to nisu neke čudne, uvrnute crkve, nego srećne, rastuće, velike crkve utemeljene na milosti, poput crkve *Grace Community*[115] u San Veliju u Kaliforniji, crkve *Tenth Presbyterian Church*[116] u Filadelfiji, crkve *First Baptist Church*[117] u Daramu u Severnoj Karolini ili crkve *Village Church*[118] blizu Dalasa.

Tako se ovi pastiri odjednom zateknu u nevolji. Shvate da treba da budu poslušni. Postanu uvereni zbog toga što steknu biblijski pojam svete, ujedinjene crkve, pune ljubavi, crkve koja odražava jednog svetog Boga punog ljubavi. Shvate da odsustvo crkvene stege šteti njihovoj crkvi i svedočanstvu crkve u svetu.

Oni u tom trenutku često donesu ovakvu odluku: „Vodiću ovu zajednicu u biblijskom pravcu po ovom pitanju makar mi to bilo poslednje!" Suviše često baš tako i bude.

Kao grom iz vedra neba

Iz vedrog neba mirnog života nevine zajednice koja veruje u Sveto pismo odjednom udara grom crkvene stege! To može da se

„Ne činite to" – Zašto ne treba *da praktikujete crkvenu stegu*

desi kroz propoved, u razgovoru između pastira i nekog đakona ili ishitrenim potezom na sastanku članova. Kako god bilo, grom negde udari, obično praćen velikom rešenošću i bujicom odlomaka iz Svetog pisma. Zatim nastupa iskrena akcija.

A za njom stiže reakcija: pogrešno shvatanje i povređena osećanja, a onda protivoptužbe. Zatim se greh napada i brani, ljudi počnu međusobno da se vređaju i situacija postaje sve zaoštrenija! Simfonija mesne crkve postaje disharmonija rasprave i optužbi. Ljudi počnu da viču: „Dokle će ovo ići?" i „To znači da *ti* misliš da si savršen!"

Šta pastir treba da uradi u takvim okolnostima? Moj savet bi bio sledeći: „Nemojte ni da se dovedete u takvu situaciju. Kad otkrijete da je popravna crkvena stega biblijska, suzdržite se neko vreme i nemojte početi da je upražnjavate." (Crkvena stega je i popravna i uobličavajuća, a ova druga se tiče rada crkve na poučavanju i oblikovanju hrišćana.)

Možda sad mislite: „Mark, da li nam ti to govoriš da ne poslušamo Sveto pismo?"

Naravno da ne. Pokušavam da vam pomognem da učinite baš ono što je Isus rekao svojim učenicima (vidite u Luki 14,25-33): izračunajte troškove pre nego što počnete. Postarajte se da vaša zajednica dovoljno shvati i prihvati ovo biblijsko učenje. Vaš cilj nije da odmah unesete promene koje će zatim dovesti do eksplozije, nego vam je cilj da se zajednica preoblikuje Božijom rečju. Želite da crkva ide u ispravnom pravcu, a to zahteva strpljiv pastirski rad.

Kako pastirski voditi svoju crkvu prema upražnjavanju stege?

Prvo, *ohrabrujte poniznost*. Pomozite ljudima da shvate kako je moguće imati pogrešno mišljenje o svom duhovnom stanju. Razmislite o primeru čoveka iz Prve Korinćanima 5, kao i o

Dodatak 2

Pavlovom pozivu hrišćanima u Korintu u Drugoj Korinćanima 13,5. Pavle nas poziva da ispitamo sami sebe, da vidimo da li smo u veri. Da li članovi vaše crkve shvataju da u tome treba da pomognu jedni drugima? Drugo, *postarajte se da vaša zajednica ima biblijsko shvatanje crkvenog članstva.* Ljudi ne razumeju crkvenu stegu zato što ne razumeju crkveno članstvo. Članstvo je osnova svih odnosa u zajednici. Ono ne nastaje, ne održava se, niti prestaje samo odlukom pojedinca. Pojedinac ne može da se priključi crkvi samovoljno, bez pristanka zajednice. Slično tome, pojedinac ne može da ostane član ili da napusti članstvo određene zajednice bez izričitog ili prećutnog pristanka zajednice (osim u slučaju smrti). Hoću da kažem da je zadatak crkve da odluči ko su njeni članovi, a članovi ne mogu prosto da odu kad počnu da žive u grehu za koji se ne kaju.

Takva vizija članstva prvo treba da se predstavi pozitivno. Shvatite šta Sveto pismo uči o crkvenom članstvu. Postarajte se da dobro razumete nekoliko ključnih istina i biblijskih odlomaka na koje možete da podsetite članove crkve kad vas o tome upitaju. Koristite svaku priliku da u propovedima poučavate o razlici između crkve i sveta i o važnosti te razlike za prirodu i misiju crkve. Pomozite svojoj zajednici da stekne takvu sliku o Božijem naumu za crkvu toliko da nedostatak crkvene stege postane vidljiv i na toj slici i u praksi vaše crkve. Ne zaboravite da članovi crkve treba da shvate pojmove članstva i stege zato što oni treba da sprovode stegu.

Treće, *molite se da vam Bog pomogne da budete uzor službe* drugim hrišćanima u svojoj crkvi, kako svojim javnim poučavanjem, tako i svojim radom sa porodicama i pojedincima. Radite na stvaranju kulture učeništva i međusobne odgovornosti u svojoj crkvi, kulture u kojoj hrišćani shvataju da je sastavni deo njihovog života sa Isusom da pomognu drugima da žive sa Isusom (i kroz evangelizaciju i kroz poučavanje hrišćana). Pomozite im da shvate posebne odgovornosti koje imaju prema drugim članovima

"*Ne činite to*" – *Zašto ne treba da praktikujete crkvenu stegu*

svoje zajednice. Poučavajte ih da hrišćanski život jeste lična stvar, ali ne i privatna.

Četvrto, *pripremite pisani statut i pisani zavet svoje zajednice*. Počnite s poukama za potencijalne članove i tamo izričito poučavajte o pitanjima koja se tiču crkvenog članstva i crkvene stege.

I peto, kad propovedate, *nikad se nemojte umoriti od poučavanja o tome šta znači biti hrišćanin*. Redovno definišite evanđelje i obraćenje. Izričito poučavajte da se crkva sastoji od grešnika koji se kaju, koji veruju samo u Hrista i koji uverljivo ispovedaju svoju veru. Molite se da budete usredsređeni na evanđelje. Odlučite da s Božijom pomoći polako ali sigurno dovedete svoju zajednicu do promene. Molite se da ne budete crkva u kojoj je čudno pitati ljude kakav im je duhovni život, nego crkva u kojoj će biti čudno ako vas neko *ne pita* o vašem životu.

Znaćete da ste spremni kada...

Evo kako ćete znati da je vaša zajednica spremna za upražnjavanje crkvene stege:

> Kad vođe u vašoj crkvi shvate crkvenu stegu, kad je prihvate i kad razumeju njenu važnost. (Zrelo vođstvo nekolicine starešina predstavlja model vođstva koji je najusklađeniji sa Svetim pismom i koji veoma olakšava vođenje crkve kroz rasprave koje bi mogle postati opasne.)
> Kad vaša zajednica bude ujedinjena u shvatanju da je crkvena stega biblijska.
> Kad se vaše članstvo bude pretežno sastojalo od ljudi koji redovno slušaju vaše propovedi.
> Kad se pojavi posebno jasan slučaj u kom će gotovo svi vaši članovi biti istog stava da je isključenje iz zajednice ispravan postupak. (Na primer, isključenje zbog preljube verovatno će lakše dovesti do slaganja među vašim članovima nego isključenje zbog nedolaženja na bogosluženja.)

DODATAK 2

Stoga, moj prijatelju pastiru, iako si nekad možda mislio da je crkvena stega samo besmislena ideja, moli se da ti Bog pomogne da dovedeš svoju zajednicu do shvatanja da je to čin poslušnosti, milosrđa i ljubavi, čin koji pokreće crkvu, koji je privlačan, prepoznatljiv, vredan poštovanja i pun milosti, da pomaže da se crkva izgradi i da se Bog proslavi.

Ali ne zaboravite, kada tek doživite uverenje da je crkvena stega biblijska, vaš prvi korak u zajednici koja već ima svoj ustaljeni život verovatno *ne treba* da bude da odmah počnete da upražnjavate crkvenu stegu. Ovo će vam omogućiti da to jednog dana zaista počnete.

Dodatak 3

IZVORNO PISMO SA DEVET ODLIKA ZDRAVE CRKVE

Ovo je pismo koje sam napisao starešinama crkve koju sam osnovao u Masačusetsu, u kojoj sam bio pastir do pre nekoliko godina i koja je u to vreme tražila pastira. U ovom pismu sam prvi put izložio „devet odlika zdrave crkve".

Draga braćo i sestre,

Već neko vreme razmišljam i molim se spremajući se da vam napišem ovo pismo. Šaljem ga vama starešinama, zato što ste, biblijski gledano, vi odgovorni za duhovno dobrostanje stada, ali mi neće smetati ako se ono pročita i na većem skupu.

Oduševljen sam stabilnošću i rastom koji vam je Bog, kao crkvi, milostivo dao u proteklih pet godina. Čini mi se da vam je to u velikom delu dato kroz verno i posvećeno starešinstvo, a posebno kroz Zejnovo predanje zdravom biblijskom propovedanju. Dok se približavate ovom teškom prelaznom razdoblju, želim s vama da podelim nekoliko misli o pitanju kakvog pastira

Dodatak 3

treba da tražite. Zapazite da prisustvo ovih devet stavki koje ću izložiti u ovom pismu ne jemči da će ta osoba biti dobar pastir, ali mislim da nedostatak bilo koje od njih znači da je ta osoba nepodobna za pastira i da bi taj nedostatak polako ali sigurno negativno uticao na crkvu. Stoga smatram da je svaka od njih ključna, ali da ni sve zajedno, same po sebi, nisu dovoljne. Na primer, možete naći nekoga ko veruje u sve ove međusobno povezane tačke, a ipak nema darove ili poziv za pastira. U stvari, verujem da je to sada slučaj s velikom većinom članova u crkvi u Nju Medouzu. S druge strane, čak i ako nađete čoveka koji je izvanredno darovit u ličnim odnosima i komunikaciji, čak i ako se čvrsto drži autoriteta Svetog pisma i redovno se moli, ali propusti jedno ili dva od ovih pitanja o kojima ću dalje govoriti, ubeđen sam da bi crkva u Nju Medouzu vremenom postala kao bušna kofa i da, poput mnogih današnjih crkava, više ne bi zadržavala živu vodu više od sveta koji je okružuje. Ističem ove odlike nakon mnogo razmišljanja i molitve, jer se one, nažalost, retko cene među ljudima koji tvrde da su pozvani da budu pastiri. Stoga, da sažmem, ovde vam ne dajem sveobuhvatni spisak osobina koje mislim da treba da tražite kod pastira. Postoje i mnoga druga pitanja koja se tiču tog izbora, ali ovde vam pružam spisak odlika koje su potrebne i, nažalost, veoma retke. Molim se Bogu da vam da pouzdanje da će vam dati pastira s takvim odlikama.

Prva odlika koju treba da tražite kod svakoga koga ćete ikad razmatrati za primanje u starešinstvo, a posebno u pastirsku službu, jeste predanost *ekspozicijskom propovedanju*. Tu se pretpostavlja da on veruje u autoritet Svetog pisma, ali i više od toga. Ubeđen sam da je predanost ekspozicijskom propovedanju u stvari predanost slušanju Božije reči. Ako nađete nekoga ko rado prihvata autoritet Božije reči, ali u praksi (svesno ili nesvesno) ne propoveda ekspozicijski, ta osoba neće propovedati više od onoga što već zna. Kad neko pročita odlomak Svetog pisma i onda poučava zajednicu o temi koja je važna, ali pritom ne propoveda baš poentu tog odlomka, time ograničava svoje slušanje Svetog

Izvorno pismo sa devet odlika zdrave crkve

pisma samo na ono što je već znao kad je pristupio tekstu. Kad je neko predan propovedanju Svetog pisma u skladu s kontekstom odlomka, ekspozicijski, i kad je poruka njegove propovedi u stvari poruka tog odlomka, tada mu Bog saopšti nešto što nije ni znao da će čuti kad je počeo da se priprema.

Celo naše spasenje – od prvobitnog poziva na pokajanje do poslednje pouke u koju vas je Sveti Duh uverio – sastoji se od slušanja Boga i saznavanja istine na koju ne bismo ni pomislili pre nego što smo je čuli. Poveriti odgovornost duhovnog nadgledništva nad stadom nekome ko u praksi ne pokazuje predanje slušanju i poučavanju Božije reči u najmanju ruku znači usporiti, a u najgorem slučaju zaustaviti rast crkve na nivou pastira. Crkva će tada polako biti saobražena pastirovom, a ne Božijem umu.

Druga osobina koju se nadam da ćete naći u onome koga ćete pozvati u starešinstvo jeste zdrav teološki sistem – a to znači da će imati *reformatsku teologiju*. Pogrešno shvatanje temeljnih učenja poput *izabranja* (Da li naše spasenje u krajnjoj liniji potiče od Boga ili od nas?), *ljudske prirode* (Da li su ljudi u osnovi zli ili dobri? Da li im je potrebno samo ohrabrenje i bolja slika o sebi ili su im potrebni oproštenje i novi život?), *prirode Hristovog dela na krstu* (Da li je on za nas otvorio samo još jednu mogućnost ili je bio naša zamena?), *prirode obraćenja* (o tome će više biti ispod), *sigurnosti koju možemo imati u Božiju neprekidnu brigu zasnovanu na njegovoj naravi, a ne na našoj* – sve to nisu pitanja za opušten razgovor uz ručak na teološkom fakultetu, nego imaju stvarnu važnost u životu vernosti Svetom pismu i za stvarne pastoralne probleme koji neprekidno iskrsavaju. Opiranje osnovnoj ideji Božije svevlasti bi za hrišćanski život svakog hrišćanina, a posebno starešine, bilo igranje s pobožnim paganizmom. Krstiti čoveka u takvom stanju značilo bi krstiti srce koje na neki način i dalje ne veruje i postaviti za primer osobu koja je možda duboko nespremna da veruje Bogu. U ovo vreme kad naša kultura zahteva da evangelizaciju pretvorimo u reklamiranje, kad rad Svetog Duha objašnjava kao marketing i kad Boga u crkvama često prekrajaju

DODATAK 3

prema čovekovoj slici, posebno bih pazio da nađem čoveka koji ima biblijsko shvatanje Božije svevlasti i u čijem životu se to vidi.

Treća odlika koju svaki starešina koji želi aktivno da vodi crkvu treba da ima jeste *biblijsko shvatanje evanđelja*. Dž. I. Paker na divan način izlaže odnos ove i prethodne tačke u svom uvodu u knjigu Džona Ovena koja se zove *The Death of Death in the Death of Christ*[119]. Ako niste skoro čitali tu knjigu, ponovo je pročitajte dok ste u procesu molitve i traženja novog pastira. Imati srce za evanđelje znači imati srce za istinu – za Božije predstavljanje samog sebe, naših potreba, Hristovog rešenja i naše odgovornosti. Ako predstavimo evanđelje samo kao dodatak životu koji nehrišćanima pruža nešto što oni i onako prirodno žele (radost, mir, sreća, ispunjenost, samopoštovanje, ljubav), onda saopštavamo samo delimičnu istinu, a ne potpunu. Kao što Paker kaže: „Poluistina koja se predstavlja kao cela istina zapravo je potpuna neistina." Nama su u stvari potrebni oproštenje i duhovni život. Predstaviti evanđelje manje radikalno od toga znači prizivati lažna obraćenja i sve veću beznačajnost crkvenog članstva, a i jedno i drugo će otežati evangelizaciju sveta oko nas.

Četvrta osobina koju treba zahtevati od svakog starešine jeste *biblijsko shvatanje obraćenja*. Ako obraćenje shvatamo kao svoje delo, a ne kao Božije, onda ga pogrešno shvatamo. Iako obraćenje uključuje naše *iskreno predanje, našu svesnu odluku*, ono je više od toga. Sveto pismo jasno govori da ljudi nisu u potrazi za Bogom i da se ne radi o tome da su neki našli put, a drugi još traže. Ono umesto toga govori da ljudi imaju potrebu da im se zameni srce, da im se preobrazi um i da se njihovom duhu dâ život. Ništa od toga ne možemo sami. Mi možemo da *donesemo* odluku, ali moramo da *budemo* spaseni. Promena koja je potrebna svakom čoveku, bez obzira na to kako izgleda spolja, toliko je korenita da samo Bog može da je učini. Potreban nam je Bog da nas obrati. Sećam se Sperdženove priče o tome kako je hodao Londonom i kako mu je prišao jedan pijanac, naslonio se na banderu i rekao: „Gospodine Sperdžen, ja sam jedan od vaših

Izvorno pismo sa devet odlika zdrave crkve

obraćenika." Sperdžen mu je odgovorio: „Mora biti da si jedan od mojih – jer sigurno nisi jedan od Gospodnjih!" Američke crkve, crkve južnih baptista, pune su ljudi koji su u nekom trenutku iskreno doneli odluku, ali koji očigledno nisu doživeli tu korenitu promenu koju Biblija naziva obraćenjem. Prema skorašnjim istraživanjima, rezultat je stopa razvoda koja je 50% veća od državnog proseka. Uzrok, bar delimično, mora biti taj što više hiljada pastira među južnim baptistima nebiblijski propoveda o obraćenju. Ponovo kažem, ako se ne držite prve tri odlike koje sam spomenuo gore, neće biti čudno ako i ova bude pogrešna. (Molim vas, nemojte pogrešno da me shvatite. Ne insistiram na emotivno uzbudljivom obraćenju, nego na teološkoj istini koja je temelj obraćenja. Drvo se poznaje po svojim plodovima.)

Peta odlika koju svako kome ćete ikad poveriti duhovnu odgovornost poučavanja (a sve starešine treba da budu sposobne da pouče, Druga Timoteju 2,2) treba da ima jeste *biblijsko shvatanje evangelizacije*. Ako vam je um oblikovan Svetim pismom po pitanju Boga, evanđelja, čovekove potrebe i obraćenja, onda ispravno shvatanje evangelizacije dolazi samo. Biblijski gledano, evangelizacija je saopštavanje radosne vesti i pouzdanje da će Bog učiniti obraćenja. Svaki način evangelizacije u kom pokušavamo usiljeno da proizvedemo ponovna rođenja biće jednako delotvoran kao što bi to bio Jezekilj da je pokušao sam da poveže suve kosti. Ponavljam, ako obraćenje shvatamo samo kao iskrenu odluku, onda prosto treba sve ljude da dovedemo do te tačke na svaki mogući način. Ali biblijski gledano, iako treba da nam bude bitno i iako treba da ih preklinjemo i uveravamo, naša prva dužnost je da verno ispunjavamo obavezu koju nam je Bog dao, a to je da saopštavamo radosnu vest koju nam je on predao. On će na osnovu toga učiniti obraćenja. Ako postoji značajna razlika između broja članova crkve nekog pastira i broja ljudi koji dolazi na službe, zapitao bih se kako ta crkva shvata obraćenje i kakvu vrstu evangelizacije su upražnjavali kad su stvorili tako veliki broj ljudi koji nisu uključeni u život crkve, a ipak su sigurni u svoje spasenje i pri

Dodatak 3

tome imaju blagoslov crkve. Mogao bih da vam dam čitav spisak knjiga za svaku od ovih odlika, ali neću to učiniti, jer pretpostavljam da znate koje knjige bih vam predložio. U nizu evangelizacijskih govora koje sam u februaru prošle godine održao na ovdašnjem univerzitetu zaključio sam da ljudima treba da saopštim tri stvari o odluci koju treba da donesu za evanđelje (Bog, čovek, Hristos, odaziv), a to je da je ta odluka skupa (i da stoga treba pažljivo da se razmotri), *i* da je hitna (i stoga mora što pre da se donese), *i* da je vredna (i stoga treba da se donese). To je ravnoteža kojoj bih težio u svojoj evangelizaciji.

Šesto, iz ovoga što sam upravo rekao proističe da bih zahtevao *biblijsko shvatanje crkvenog članstva*. Nažalost, pastiri južnih baptista bi bili ponosniji na šest hiljada članova koje njihova crkva ima na papiru (da zaista imaju tolike crkve) nego što bi bili postiđeni što samo osamsto ljudi dolazi na službe. Zapisani brojevi mogu lako da postanu idoli, možda čak i lakše nego tesani kipovi, ali Bog će meriti kvalitet našeg rada, a ne kvantitet. Ako je crkva zgrada, onda mi treba da budemo njene cigle. Ako je telo, mi smo njeni delovi. Ako smo porodica vere, onda se pretpostavlja da smo članovi te porodice. Ovce su u stadu, a grane na lozi. Zaboravite na kratkotrajne kulturne tokove poput spiskova na računarima, jer biblijski gledano, ako smo hrišćani – moramo biti i članovi crkve. Ne treba da propuštamo sastanke (Jevrejima 10,25). Članstvo nije samo beleška o izjavi koju smo dali, nego odraz živog predanja.

Sedmo i možda na početku najteže u vašoj situaciji, tražio bih da ta osoba shvati i da veruje u novozavetnu praksu postavljanja *većeg broja starešina* (Dela 14,23, Pavle je redovno spominjao veći broj starešina u svakoj mesnoj crkvi). Potpuno sam ubeđen da je to bila novozavetna praksa i da je bila veoma potrebna u ondašnjim crkvama u kojima nije bilo apostola, a potrebna je i danas. To ne znači da pastir nema prepoznatljivu ulogu (potražite u konkordanci stihove koji se tiču „propovedanja" i „propovednika"), ali i on je u osnovi pripadnik starešinstva. To znači da

Izvorno pismo sa devet odlika zdrave crkve

odluke o kojima ne odlučuje cela crkva ne treba da padnu samo na pastira, nego na sve starešine. Iako je povremeno nezgrapan (a siguran sam da to već dobro znate), taj postupak ipak donosi nemerljive dobrobiti, jer dopunjava pastirove darove i daje mu dobru podršku u crkvi i to na toliko mnogo načina da se sada ne mogu svi ni spomenuti. U svakom slučaju, to bi trebalo veoma jasno izložiti prilikom traženja pastira. Ako je on tipičan južni baptista, pretpostaviće da su starešine u stvari đakoni ili da su tu prosto da mu pomognu u onome što on hoće da radi. On možda neće dobro shvatiti da ga vi zapravo pozivate da *u suštini* bude jedan od starešina i među vama pastir, odnosno starešina koji najviše poučava. Ubeđen sam da bi pastiri većinom skočili od sreće kad bi razumeli tu ideju, jer bi shvatili koliki teret to sklanja s njihovih ramena, ali istovremeno me brine što mnogi od onih koji ne bi skočili od radosti ne bi to učinili zbog nebiblijskog shvatanja svoje uloge ili, još gore, zbog nezadovoljene samocentričnosti.

Osmo pitanje koje bih voleo da novi starešina jasno shvati i prihvati jeste pitanje *crkvene stege*. To je jedna od onih stvari koje daju značenje pojmu crkvenog člana i koje je crkva svuda upražnjavala, ali je ipak u prethodna tri pokolenja gotovo potpuno iščezla iz crkava južnih baptista. Isusove reči u Mateju 18 i Pavlove reči u Prvoj Korinćanima 5,4-13 (a ima i drugih odlomaka) jasno pokazuju da crkva treba da sudi u unutrašnjim pitanjima i to u cilju otkupljenja, a ne osvete. Ako ne možemo reći kako hrišćani ne treba da žive, ne možemo dobro reći ni kako treba. Kod crkvenih programa za učeništvo između ostalog mi smeta što su kao sipanje vode u bušnu kofu. Istina je da upražnjavanje crkvene stege stvara mnoštvo problema u pastirskoj službi, ali to je istina i u sveukupnom hrišćanskom životu i stoga nikad ne bi trebalo da bude izgovor da se crkvena stega ne upražnjava. Crkveno članstvo mora imati značenje, ne zbog našeg ponosa, nego radi Božijeg imena.

Konačno, deveto pitanje koje bih zahtevao da starešina shvati jeste uloga crkve u razvijanju *hrišćanskog učeništva i rasta*. Kao što

DODATAK 3

sam već spomenuo, kada crkva ne sprovodi stegu, to između ostalog otežava odgajanje učenika. Primeri koje vernici pružaju drugima su nejasni i nije jasno na šta se treba ugledati. Crkva ima obavezu da bude sredstvo koje Bog koristi za odgajanje svog naroda u milosti. Ipak, ako postoje mesta gde se samo pastirove misli poučavaju, gde se Bog više dovodi u pitanje nego što se slavi, gde je evanđelje razvodnjeno i evangelizacija izobličena, u kojoj je crkveno članstvo postalo beznačajno i gde je svetovnom kultu ličnosti dozvoljeno da raste oko pastira, onda se teško može očekivati da se takva grupa ljudi međusobno poveže i da učestvuje u međusobnoj izgradnji, a kamoli da proslavlja Boga. Kad su ljudi u crkvi zaista nanovo rođeni i predani crkvi, onda novozavetne slike crkve kao porodice i tela mogu da postanu više od dobrih propovedi i zapravo mogu da postanu stvarnost uzbudljivog zajedničkog života. Svetovni ljudi očekuju predanje u međuljudskim odnosima i stoga svakako ne treba misliti da je u crkvi potrebno manje.

Dragi prijatelji, mogao bih još mnogo da vam pišem. Bili ste strpljivi što ste čitali sve dovde. Ne mislim da već ne znate sve što sam vam gore napisao i da već i sami niste tome predani, ali veoma mi je stalo do crkve u Nju Medouzu. Osećam određenu obavezu u srcu i u molitvi i smatrao sam da je ispravno da je izrazim na papiru. Ja nemam pravo glasa u starešinstvu i u crkvi (niti treba da ga imam!), ali sam želeo ovo da vam napišem u nadi da će vam možda pomoći u nekim raspravama, molitvama i procenama. Znajte da ću se – a to je mnogo važnije od ovog pisma – svakodnevno moliti s vama za crkvu, posebno u ovom ključnom razdoblju.

Vaš brat u Hristu,
Mark
30. oktobar 1991.

Napomene

1 Navedeno prema: *The Complete Works of Richard Sibbes, D.D.* (Sabrana dela Ričarda Sibsa, doktora teologije; prim. prev.), urednik Aleksander Baloh Grosar, Edinburg, izdavač: J. Nikol, 1862-1864.
2 Devet odlika, prim. prev.
3 Dejvid Vels, *God in the Wasteland: The Reality of Truth in a World of Fading Dreams* (Bog u pustoši: stvarnost istine u svetu snova koji blede, prim. prev.), Grand Rapids, Mičigen, izdavač: *Eerdmans*, 1994, str. 213.
4 Džon Stot, *Men with a Message* (Ljudi s porukom, prim. prev.), London, izdavač: *Longmans*, 1954, str. 163-164. Ponovo štampano u SAD pod naslovom *Basic Introduction to the New Testament* (Osnovni uvod u Novi zavet, prim. prev.), Grand Rapids, Mičigen, izdavač: *Eerdmans*, 1964.
5 Razmatranja o radu Svetog Duha, prim. prev.
6 Edmund Klauni, *The Church* (Crkva, prim. prev.), Dauners Grouv, Ilinoj, izdavač: *InterVarsity*, 1995, str. 101.
7 Žan Kalvin, *Institutes of the Christian Religion*, urednik: Džon Maknil, prevod na engleski: F. L. Batls (Filadelfija, izdavač: *Westminster*, 1977), 4.2.3, str. 1045. (Ova knjiga je objavljena na srpskom pod naslovom *Nauk hrišćanske vere*, prim. prev.)
8 Ovo se može uporediti s raznim Luterovim spisima o neophodnim odlikama istinske crkve. Na primer, vidite njegovo delo *Against Hanswurst* (Protiv Lakrdijaša, prim. prev.), raspravu kojom brani Reformaciju od napada Henrija, vojvode od Braunšvajga/Volfbutela, u kojoj Luter izlaže deset odlika crkava za koje smatra da su „verne istinskim drevnim crkvama" – Martin Luter, *Against Hanswurst*, iz: *Church and*

NAPOMENE

Ministry III (urednik: Erik Grič; to je 41. tom iz: *Luther's Works* – Luterova dela, prim. prev. – američko izdanje, urednici: Jaroslav Pelikan i Helmut Leman; Filadelfija, izdavač: *Fortress*, 1966), str. 194–198.

9   Filip Melanhton, *Loci Communes* (česta mesta, prim. prev.), prevod: J. A. O. Projs (Sent Luis, izdavač: *Concordia*, 1992), str. 137.

10   Džerald Brej, urednik, *Documents of the English Reformation* (Spisi Reformacije u Engleskoj, prim. prev.), Kembridž, Ujedinjeno Kraljevstvo, izdavač: Džejms Klark, 1994, str. 296.

11   Uporedite: Kalvin, *Institutes of the Christian Religion*, 4.1.7, str. 1025–1026.

12   Za primer savremene i popularne obrade ove teme, vidite: dr Martin Lojd-Džouns, *The Church and the Last Things* (Crkva i poslednja vremena, prim. prev.), Viton, Ilinoj, izdavač: *Crossway*, 1998, str. 13-18.

13   Vidite: A. C. Kokran, urednik, *Reformed Confessions of the Sixteenth Century* (Reformatska veroispovedanja iz XVI veka, prim. prev.), Filadelfija, izdavač: *Westminster*, 1966; i: *The Scottish Confession* (Škotsko veroispovedanje, prim. prev., 1560. god.), Član 18: „Verno propovedanje Božije reči... ispravno obavljanje svetih tajni Isusa Hrista... crkvena stega koja se ispravno sprovodi" Vidite: Džejms Buloh, prevodilac: *The Scots Confession of 1560* (Škotsko veroispovedanje iz 1560. godine, prim. prev.), Edinburg, izdavač: *St. Andrews College Press*, 1993.

14   Klauni, *The Church* (Crkva, prim. prev.), na stranama 99–115 se nalazi dobar sažetak o odlikama crkve iz biblijskog i istorijskog ugla, kao i iz ugla razlikovanja crkve i paracrkve.

15   Karl Braten, *The Gospel for a Neopagan Culture* (Evanđelje za novopagansku kulturu, prim. prev.), iz: *Either/Or: The Gospel or Neopaganism* (Ili-ili: evanđelje ili novopaganizam, prim. prev.), urednici Karl Braten i Robert V. Dženson; Grand Rapids, Mičigen, izdavač: *Eerdmans*, 1995, str. 19-20.

16   Os Ginis, *Dining with the Devil: The Megachurch Movement Flirts with Modernity* (Večera sa đavolom: pokret mega-crkava koketira s modernizmom, prim. prev.), Grand Rapids, Mičigen, izdavač: *Baker*, 1993, str. 49. Jedan zanimljiv primer takvog nenamernog posvetovljavanja možete videti u članku Samjuela Hila, *Forum: Southern Religion* (Rasprava o južnjačkoj religiji, prim. prev.), iz: *Religion and*

NAPOMENE

American Culture 8 (Religija i američka kultura 8, prim. prev.), br. 2, leto 1998, str. 160–161.

17 Ričard Maler, *The Study of Theology* (Proučavanje teologije, prim. prev.); Grand Rapids, Mičigen, izdavač: Zondervan, 1991, str. xiii.

18 Braten, *The Gospel for a Neopagan Culture* (Evanđelje za novopagansku kulturu, prim. prev.), str. 19. Još jedan od eseja u toj zbirci izražava istu brigu: „Crkva je u iskušenju da postane celishodna za ljude u ovoj kulturi tako što će usvojiti njihove želje i merila, a ne crkvene. Tako evangelizacija postaje oblikovana razmišljanjem tržišta ili potrošača. Crkva može da 'ispuni potrebe ljudi' onako kako ih oni definišu. Tako ljudi koji imaju malo ili nimalo svežeg iskustva s crkvom razvijaju merila za procenu crkve i crkva se muči ne bi li ispunila njihova očekivanja." Džejms Kramli, *Setting the Church's Agenda* (Određivanje zadatka crkve, prim. prev.), iz: *Either/Or: The Gospel or Neopaganism* (Ili-ili: evanđelje ili novopaganizam, prim. prev.), urednici Karl Braten i Robert V. Dženson (Grand Rapids, Mičigen, izdavač: Eerdmans, 1995), str. 119.

19 Vrbov potok, prim. prev.

20 Džon Brodus, *A Catechism of Bible Teaching* (Katihizis biblijske nauke, prim. prev.), iz: *Teaching Truth, Training Hearts: The Study of Catechisms in Baptist Life* (Poučavanje istine, uvežbavanje srcâ: proučavanje uloge katihizisâ u životu baptističkih crkava, prim. prev.), Tom Netls, Amitivil, Njujork, izdavač: Calvary, 1998, str. 208.

21 Mark Ros, neobjavljene beleške za propovedi.

22 Moj sažetak njegovih komentara na konferenciji u Vitonu u Merilendu, 9. oktobra, 1997. god.

23 Dejvid Hilborn, *Picking Up the Pieces: Can Evangelicals Adapt to Contemporary Culture?* (Skupljanje krhotina: da li evanđeoski hrišćani mogu da usvoje savremenu kulturu?, prim. prev.), London, izdavač: Hodder and Stoughton, 1997, posebno str. 148–162.

24 Vidite: Mark Dever i Greg Gilbert, *Preach: Theology Meets Practice* (Propovedaj: susret teologije i prakse, prim. prev.); Nešvil, izdavač: B&H, 2012. Za neka upozorenja o zloupotrebi ekspozicijskog propovedanja uzastopnih odlomaka Svetog pisma vidite delo Ijana Mareja *Archibald G. Brown* (Arčibald Braun, prim. prev.); Karlajl, Pensilvanija, izdavač: Banner of Truth, 2011, str. 353–363. Marej želi da

NAPOMENE

upozori da propovedanje koje nadahnjuje, pleni pažnju i donosi obraćenje ne treba brkati s pogrešno usmerenom predanošću svojevrsnom stilu predavanja koje mnogi nazivaju „ekspozicijsko propovedanje".

25   **sa četiri strane sveta** Doslovno: od četiri vetra (napomena iz SSP-a, prim. prev.)

26   Bog, otkrivenje i vlast, prim. prev.

27   **priznaješ** ili: ispovedaš (napomena iz SSP-a, prim. prev.)

28   Martin Luter, *Sermons I* (Propovedi I, prim. prev.), urednik Džon Doberstajn; 51. tom serijala *Luther's Works* (Luterova dela, prim. prev.), američko izdanje, urednik Jaroslav Pelikan i Helmut Leman, Filadelfija, izdavač: *Fortress*, 1966, str. 77.

29   Navedeno u A. T. Robertson, *New Testament Revelation (Matthew–Revelation): Notes on Lectures of A. T. Robertson in the Southern Baptist Theological Seminary* (Novozavetno otkrivenje – od Mateja do Otkrivenja: beleške A. T. Robertsona za predavanja na Teološkom fakultetu južnih baptista, prim. prev.), Luisvil, Kentaki: nema izdavača, 1921.

30   Jovan Zlatousti, *On Wealth and Poverty* (O bogatstvu i siromaštvu, prim. prev.), Jonkers, Njujork, izdavač: *St. Vladimir's Seminary Press*, 1999, str. 58.

31   Čarls Kranfild, *On Romans* (O Poslanici Rimljanima, prim. prev.) Edinburg, Ujedinjeno Kraljevstvo, izdavač: *T&T Clarke*, 1998, str. 69.

32   Hjuz Old, *The Reading and Preaching of the Scriptures in the Worship of the Christian Church* (Čitanje i propovedanje Svetog pisma na bogosluženjima hrišćanske crkve, prim. prev.), tom 7, Grand Rapids, Mičigen, izdavač: *Eerdmans*, 2010, str. 557–558.

33   Njujorčanin, prim. prev.

34   Citirao Os Ginis u knjizi *Dining with the Devil: The Megachurch Movement Flirts with Modernity* (Večera sa đavolom: pokret megacrkava koketira s modernizmom, prim. prev.), Grand Rapids, Mičigen, izdavač: *Baker*, 1993, str. 59.

NAPOMENE

35 Karl Poper, *The Open Society and Its Enemies* (Otvoreno društvo i njegovi neprijatelji, prim. prev.), Prinston, Nju Džerzi, izdavač: *Princeton University Press*, 1966.

36 K. S. Luis, *Poslednja bitka (The Last Battle)* Njujork, izdavač: *Macmillan*, 1956, str. 183.

37 Os Ginis, *Dining with the Devil: The Megachurch Movement Flirts with Modernity* (Večera sa đavolom: pokret mega-crkava koketira s modernizmom, prim. prev.), Grand Rapids, Mičigen, izdavač: *Baker*, 1993, str. 63.

38 *I'm OK—You're OK*

39 Loreta Lin, intervju na *CNN*-u, 7. april 1998.

40 Vidite: Džejms Miler, *The Passion of Michel Foucault* (Strast Mišela Fukoa, prim. prev.), Njujork, izdavač: *Simon and Schuster*, 1993, str. 375–385.

41 Vestminstersko veroispovedanje, 2,2.

42 Ispričano u knjizi Ijana Mareja *Archibald G. Brown*, Karlajl, Pensilvanija, izdavač: *Banner of Truth*, 2011, str. 75–76.

43 Isto.

44 Džon Rajl, *Holiness* (Svetost, prim. prev.), Grand Rapids, Mičigen, izdavač: *Baker*, 1979, str. 204.

45 Bendžamin Vorfild, *The Divine Origin of the Bible* (Božansko poreklo Svetog pisma, prim. prev), ponovo štampano u *The Works of Benjamin Warfield* (Dela Bendžamina Vorfilda, prim. prev.), Filadelfija, izdavač: *Presbyterian Board of Publication*, 1991, str. 1.432.

46 Citirano u časopisu *Newsweek* (Njuzvik), broj od 10. jula, 1995, str. 8.

47 Fjodor Dostojevski, citat kod Žan Pol Sartra, *Existentialism and Human Emotions* (Egzistencijalizam i ljudska osećanja, prim. prev.), prevod na engleski: Bernard Frečman, Njujork, izdavač: *Philosophical Library*, 1957, str. 22.

48 Džon Vesli, *Inspiration Three* (Treće nadahnuće, prim. prev.), Nju Kejnan, Konektikat, izdavač: *Keats*, 1973, str. 119.

49 Robert Dženson, *The God-Wars* (Bogoratovi, prim. prev.) iz: *Either/Or: The Gospel or Neopaganism* (Ili-ili: evanđelje ili novopaganizam, prim.

NAPOMENE

prev.), urednici Karl Braten i Robert V. Dženson (Grand Rapids, Mičigen, izdavač: *Eerdmans*, 1995), str. 25.

50 The *Trial of Joan of Arc* (Suđenje Jovanki Orleanki, prim. prev.), prevod na engleski: Danijel Hobins (Kembridž, Masačusets, izdavač: *Harvard University Press*, 2007), str. 60–61.

51 Čarls Sperdžen, *The Soul Winner* (Pridobijač duša, prim. prev.), Grand Rapids, Mičigen, izdavač: *Eerdmans*, 1963, str. 37. Zahvaljujem se Majku Gilbart-Smitu, koji mi je ukazao na grešku u prethodnim izdanjima ove knjige, gde sam navodio da se ovo dogodilo samom Sperdženu, dok u stvari Sperdžen izveštava da se to dogodilo Roulandu Hilu. Tako sam postao tvorac izmišljene priče o Sperdženu – a to me veoma ozlojeđuje s obzirom na to da želim da budem istoričar!

52 Čarls Sperdžen, *The Prayer of Jabez* (Jaabecova molitva, prim. prev.), iz: *The Metropolitan Tabernacle Pulpit* (Propovedi iz crkve *The Metropolitan Tabernacle*, prim. prev.), Pasadena, Teksas, izdavač: *Pilgrim*, 1969, 17,320.

53 Vidite: O. C. S. Volas, *What Baptists Believe: The New Hampshire Confession: An Exposition* (Šta baptisti veruju: izlaganje o Njuhempširskom veroispovedanju, prim. prev.), Nešvil, Tenesi, izdavač: *The Sunday School Board of the Southern Baptist Convention*, 1934.

54 Ejdan V. Tozer, *Men Who Met God* (Ljudi koji su se sreli s Bogom, prim. prev.), prikupio i uredio: Džerald Smit (Kemp Hil, Pensilvanija, izdavač: *Christian Publications*, 1986), str. 83.

55 Vil Mecger, *Tell the Truth: The Whole Gospel to the Whole Person by Whole People* (Kaži istinu: kad celovit narod propoveda celovito evanđelje celovitim osobama, prim. prev.), Dauners Grouv, Ilinoj, izdavač: *InterVarsity Press*, 1984.

56 Mak Stils, *Speaking of Jesus: How to Tell Your Friends the Best News They Will Ever Hear* (Kako govoriti o Isusu: kako saopštiti svojim prijateljima najbolje vesti koje će čuti u životu, prim. prev.), Dauners Grouv, Ilinoj, izdavač: *InterVarsity Press*, 1995.

57 Mak Stils, *Marks of a Messenger: Knowing, Living, and Speaking the Gospel* (Odlike glasnika: poznavanje, življenje i saopštavanje evanđelja, prim. prev.), Dauners Grouv, Ilinoj, izdavač: *IVP Books*, 2010.

NAPOMENE

58   Ijan Marej, *Revival and Revivalism* (Probuđenje i pokretanje probuđenja, prim. prev.), Karlajl, Pensilvanija, izdavač: *Banner of Truth*, 1994.

59   Dž. I. Paker, *Evangelism and the Sovereignty of God* (Evangelizacija i Božija svevlast, prim. prev.), Dauners Grouv, Ilinoj, izdavač: *InterVarsity*, 1991.

60   Mark Dever, *The Gospel and Personal Evangelism* (Evanđelje i lična evangelizacija, prim. prev.), Viton, Ilinoj: izdavač: *Crossway*, 2007.

61   Donald Makgavran, *The Dimensions of World Evangelization* (Dimenzije evangelizacije sveta, prim. prev.), iz: *Let the Earth Hear His Voice* (Nek zemlja čuje njegov glas, prim. prev.), urednik: J. D. Daglas (Mineapolis, izdavač: *World Wide*, 1975), str. 109.

62   Džon Stot, *The Biblical Basis of Evangelism* (Biblijska osnova evangelizacije, prim. prev.), iz: *Let the Earth Hear His Voice* (Nek zemlja čuje njegov glas, prim. prev.), urednik: J. D. Daglas (Mineapolis, izdavač: *World Wide*, 1975), str. 69.

63   Isto.

64   Džon Čizman i drugi, *The Grace of God in the Gospel* (Božija milost u evanđelju, prim. prev.), Edinburg, izdavač: *Banner of Truth*, 1972, str. 119.

65   Džon Čizman i drugi, *The Grace of God in the Gospel* (Božija milost u evanđelju, prim. prev.), Edinburg, izdavač: *Banner of Truth*, 1972, str. 122.

66   Vazdušni brod za evangelizaciju, prim. prev.

67   Džozef Bejli, *The Gospel Blimp and Other Stories* (Vazdušni brod za evangelizaciju i druge priče, prim. prev.), Elgin, Ilinoj, izdavač: Dejvid Kuk, 1973, str. 11–12.

68   Robert Šuler, navod iz: *Milk & Honey Magazine* (časopis Med i mleko, prim. prev.), decembar 1997, str. 4.

69   C. S. Lovet, *Soul-Winning Made Easy* (Olakšani način za pridobijanje duša, prim. prev.), Lahabra, Kalifornija, izdavač: *The Lockman Foundation*, 1959.

70   Str. 17–18.

71   Isto, str. 50.

NAPOMENE

72   Čarls Sperdžen, *The Metropolitan Tabernacle Pulpit* (Propovedi iz crkve *The Metropolitan Tabernacle*, prim. prev.), Pasadena, Teksas, izdavač: *Pilgrim*, 1974, 34,115.

73   Don Eberli, *Restoring the Good Society: A New Vision for Politics and Culture* (Obnavljanje dobrog društva: nova vizija za politiku i kulturu, prim. prev.), Grand Rapids, Mičigen, izdavač: *Baker*, 1994, str. 38.

74   *SBC 2011 Annual Church Profile* (Godišnji profil crkve u Savezu južnih baptista za 2011. godinu, prim. prev.). Zahvaljujem Edu Steceru, koji mi je ustupio ove podatke.

75   Erikson, drugi urednik, *Christian Theology* (Hrišćanska teologija, prim. prev.), Grand Rapids, Mičigen, izdavač: *Baker*, 1998, str. 1058.

76   Samjuel Džouns, *Treatise of Church Discipline* (Rasprava o crkvenoj stezi, prim. prev.), iz: *Polity: Biblical Arguments on How to Conduct Church Life: Some Historic Baptist Documents* (Uređenje: biblijske rasprave o upravljanju životom crkve – skup istorijskih spisa, prim. prev.), urednik: Mark Dever, Vašington, izdavač: *9Marks*, 2000, str. 150; uporedite Druga Korinćanima 12,20; Prva Timoteju 5,13; 6,4; Jakov 4,11.

77   O. C. S. Volas, *What Baptists Believe: The New Hampshire Confession: An Exposition* (Šta baptisti veruju: izlaganje o Njuhempširskom veroispovedanju, prim. prev.), Nešvil, Tenesi, izdavač: *The Sunday School Board of the Southern Baptist Convention*, 1934, str. 89.

78   Robert Bolt, *A Man for All Seasons* (Čovek za sva vremena), Njujork, izdavač: *Random*, 1990, str. 141.

79   Kakva će žetva biti (prim. prev.), iz: Teron Braun i Hezekaja Batervort, *The Story of the Hymns and Tunes* (Priča o duhovnim himnama i pesmama, prim. prev.), Njujork, izdavač: Džordž Doran, 1923, str. 434.

80   Mark Dever i Pol Aleksander, *The Deliberate Church: Building Your Ministry on the Gospel* (Odlučna crkva: kako izgraditi svoju službu na evanđelju, prim. prev.), Viton, Ilinoj, izdavač: *Crossway*, 2005.

81   Gregori Vils, *Democratic Religion: Freedom, Authority, and Church Discipline in the Baptist South, 1785–1900* (Demokratska religija: sloboda, vlast i crkvena stega među baptistima na jugu od 1785. do 1900. godine, prim. prev.), Njujork, izdavač: *Oxford University Press*, 1996.

NAPOMENE

82 Džon Dag, *Manual of Church Order* (Priručnik iz crkvenog uređenja, prim. prev.), Harisonburg, Virdžinija, izdavač: *Gano*, 1982.

83 Mark Dever, urednik, *Polity: Biblical Arguments on How to Conduct Church Life: Some Historic Baptist Documents* (Uređenje: biblijska rasprava o upravljanju životom crkve – skup istorijskih spisa, prim. prev.), Vašington, izdavač: *9Marks*, 2000.

84 Devet odlika, prim. prev.

85 Džonatan Liman, *Church Discipline: How the Church Protects the Name of Jesus* (Crkvena stega: kako crkva treba da štiti Isusovo ime, prim. prev.), Viton, Ilinoj, izdavač: *Crossway*, 2010.

86 *The Church and the Surprising Offense of God's Love: Reintroducing the Doctrines of Church Membership and Discipline* (Crkva i iznenađujuća uvredljivost Božije ljubavi: ponovno uvođenje učenja o crkvenom članstvu i crkvenoj stezi, prim. prev.), Viton, Ilinoj, izdavač: *Crossway*, 2010.

87 H. E. Dejna, *A Manual of Ecclesiology* (Priručnik iz eklisiologije, prim. prev.), Kanzas Siti, Kanzas, izdavač: *Central Seminary Press*, 1944, str. 244.

88 Vils, *Democratic Religion: Freedom, Authority, and Church Discipline in the Baptist South, 1785–1900* (Demokratska religija: sloboda, vlast, i crkvena stega među baptistima na jugu od 1785. do 1900. godine, prim. prev.), Njujork, izdavač: *Oxford University Press*, 1996, str. 32.

89 Isto, str. 22.

90 Isto, str. 10.

91 Isto, str. 9.

92 Filip Šaf, *The Creeds of Christendom: With a History and Critical Notes* (Hrišćanska veroispovedanja: istorijski pregled s kritičkim beleškama, prim. prev.), Grand Rapids, Mičigen, izdavač: *Baker*, 1983, str. 419–420.

93 Os Ginis, *Dining with the Devil: The Megachurch Movement Flirts with Modernity* (Večera sa đavolom: pokret mega-crkava koketira s modernizmom, prim. prev.), Grand Rapids, Mičigen, izdavač: *Baker*, 1993, str. 38.

NAPOMENE

94 To nije isto kao kad pastir koji želi da obnovi upražnjavanje crkvene stege odlaže njeno uvođenje da bi prvo poučavao crkvu o toj temi. Vidite Dodatak 2: „Ne činite to" – Zašto *ne treba* da praktikujete crkvenu stegu

95 Vils, *Democratic Religion: Freedom, Authority, and Church Discipline in the Baptist South, 1785-1900* (Demokratska religija: sloboda, vlast i crkvena stega među baptistima na jugu od 1785. do 1900. godine, prim. prev.), Njujork, izdavač: *Oxford University Press*, 1996, str. 33.

96 Dag, *Manual of Church Order* (Priručnik iz crkvenog uređenja, prim. prev.), Harisonburg, Virdžinija, izdavač: *Gano*, 1982, str 274.

97 Crkva *Willow Creek Community Church* je pre nekoliko godina izvršila zanimljivo samoistraživanje koje je dalo ove podatke. Vidite: Greg Hokins i Kali Parkinson, *Reveal* (Otkrij, prim. prev.), Barington, Ilinoj, izdavač: *Willow Creek Resources*, 2007.

98 Os Ginis, *Dining with the Devil: The Megachurch Movement Flirts with Modernity* (Večera sa đavolom: pokret mega-crkava koketira s modernizmom, prim. prev.), Grand Rapids, Mičigen, izdavač: *Baker*, 1993, str. 67.

99 Džon Njuton, citirano u knjizi Bogopoznanje, Džejms I. Paker, Beograd, Alfa i Omega, 2002, str. 247-248; izvornik: *Knowing God*, Dauners Grouv, Ilinoj, izdavač: *InterVarsity*, 1993, str. 251.

100 Os Ginis, *Dining with the Devil: The Megachurch Movement Flirts with Modernity* (Večera sa đavolom: pokret mega-crkava koketira s modernizmom, prim. prev.), Grand Rapids, Mičigen, izdavač: *Baker*, 1993, str. 38.

101 Rasprava o verskim osećanjima, prim. prev.

102 Izvornik: Džordž Orvel, *Animal Farm* (Životinjska farma), Njujork, izdavač: *New American Library*, 1963, str. 123.

103 **protiv tebe** U nekim rukopisima ne stoji: protiv tebe (napomena iz SSP-a)

104 Kembriški proglas, prim. prev.

105 Viliston Voker, *The Creeds and Platforms of Congregationalism* (Veroispovedanja i proglasi crkava sabornog ustrojstva, prim. prev.), Njujork, izdavač: *Pilgrim*, 1991, str. 217-218.

106 Večera sa đavolom, prim. prev.
107 Str. 49.
108 Kalvin, *Commentary on the Epistles of Paul the Apostle to the Corinthians* (Komentar na Pavlove poslanice Korinćanima, prim. prev.), prevod na engleski: Džon Pringl (Grand Rapids, Mičigen, izdavač: *Baker*, 1981, 20:442–443).
109 Džon Kigan, *The Mask of Command* (Maska zapovedništva, prim. prev.), Njujork, izdavač: *Viking*, 1987.
110 **cele njegove porodice** Ili: svakog očinstva (napomena iz SSP-a)
111 Vlast: najpogrešnije shvaćena ideja u Americi, prim. prev., Njujork, izdavač: *Free Press*, 1997.
112 Isto, str. 2
113 Isto, str. 35
114 Isto, str. 30
115 Zajednica milosti, prim. prev.
116 Deseta prezbiterijanska crkva, prim. prev.
117 Prva baptistička crkva, prim. prev.
118 Seoska crkva, prim. prev.
119 Smrt smrti u Hristovoj smrti, prim. prev.

Spisak prilagođenih imena

A. C. Kokran	A. C. Cochrane
A. T. Robertson	A. T. Robertson
Adoniram Džadson	Adoniram Judson
Ajova	Iowa
Al Fišer	Al Fisher
Albert Moler	R. Albert Mohler
Aleksander Baloh Grosar	Alexander Balloch Grosart
Alma Smit	Alma C. Smith
Amitivil	Amityville
Arčibald Braun	Archibald G. Brown
Barington	Barrington
Bedford	Bedford
Bendžamin Vorfild	B. B. Warfield
Bernard Frečman	Bernard Frechtman
Bil Hajbels	Bill Hybels
Bil Sajks	Bill Sykes
Bili Grejam	Billy Graham
Bobi Džejmison	Bobby Jamieson
Braunšvajg	Braunschweig
C. S. Lovet	C. S. Lovett
C. V. Longan	C. W. Longan

Spisak prilagođenih imena

Čarls Kranfild	C. E. B. Cranfield
Čarls Mahejni	C. J. Mahaney
Čarls Paten	Charles L. Patten
Čarls Sperdžen	Charles Spurgeon
D. James Kennedy	D. Džejms Kenedi
Danijel Hobins	Daniel Hobbins
Daram	Durham
Dauners Grouv	Downers Grove
Dejvid Hilborn	David Hilborn
Dejvid Kuk	David C. Cook
Dejvid Plat	David Platt
Dejvid Vels	David Wells
Don Eberli	Don E. Eberly
Dž. I. Paker	J. I. Packer
Džejmi Ovens	Jaime Owens
Džejms Buloh	James Bulloch
Džejms Klark	James Clarke
Džejms Kramli	James R. Crumley
Džejms Miler	James Miller
Džekson	Jackson
Džerald Brej	Gerald Bray
Džerald Smit	Gerald B. Smith
Džim Eliot	Jim Elliot
Džonatan Edvards	Jonathan Edwards
Džon Banjan	John Bunyan
Džon Braun	John Brown
Džon Brodus	John Broadus
Džon Čizman	John Cheesman
Džon Dag	John L. Dagg
Džon Doberstajn	John W. Doberstein
Džon E. Ričards	John E. Richards
Džon Kigan	John Keegan
Džon Makartur	John MacArthur
Džon Maknil	John T. McNeill

Spisak prilagođenih imena

Džon Njuton	John Newton
Džon Oven	John Owen
Džon Pajper	John Piper
Džon Pringl	John Pringle
Džon Rajl	J. C. Ryle
Džon Stot	John Stott
Džon Vesli	John Wesley
Džonatan Liman	Jonathan Leeman
Džordž Makdonald	George Macdonald
Džordž Orvel	George Orwell
Džouns	Jones
Džošua Haris	Joshua Harris
Džordž Barna	George Barna
Džordž Doran	George H. Doran
Džordž Grizkom	George Griscom
Džordž Vitfild	George Whitefield
Džordžija	Georgia
Džozef Bejli	Joseph Bayly
Džozef Emerson Braun	Joseph Emerson Brown
Don Karson	D. A. Carson
Donald Makgavran	Donald McGavran
E. F. Šumaher	E. F. Schumacher
Ed Stecer	Ed Stetzer
Edinburg	Edinburgh
Edmund Klauni	Edmund Clowney
Ejdan V. Tozer	A. W. Tozer
Ejndželov vodopad	Angel Falls
Elgin	Elgin
Elmer Džentri	Elmer Gantry
Emili Salivan Ouki	Emily Sullivan Oakey
Erik Grič	Eric W. Gritsch
Erikson	Erickson
Etel Grizkom	Ethel Griscom
F. L. Batls	F. L. Battles

Spisak prilagođenih imena

Filadelfija	Philadelphia
Filip Blis	Philip Bliss
Filip Grejam Rajken	Philip Graham Ryken
Filip Melanhton	Philip Melanchthon
Filip Šaf	Philip Schaff
Fransis Maklin	Francis McLean
Fransis Šefer	Francis Schaeffer
Fridrih Šlajermaher	Friedrich Schleiermacher
Gatersburg	Gaithersburg
Grand Rapids	Grand Rapids
Greg Gilbert	Greg Gilbert
Greg Hokins	Greg Hawkins
Gregori Vils	Gregory Wills
H. E. Dejna	H. E. Dana
Harisonburg	Harrisonburg
Helmut Leman	Helmut T. Lehmann
Henri	Henry
Herm	Herm
Hezekaja Batervort	Hezekiah Butterworth
Hjuz Old	Hughes Old
Hju Grant	Hugh Grant
Ijan Marej	Iain Murray
Ilinoj	Illinois
J. A. O. Projs	J. A. O. Preus
J. D. Daglas	J. D. Douglas
Jaroslav Pelikan	Jaroslav Pelikan
Jonkers	Yonkers
Jovan Zlatousti	eng. John Chrysostom
Jovanka Orleanka	eng. Joan of Arc; fr. Jeanne d'Arc
Judžin Kenedi	Eugene Kennedy
K. S. Luis	C. S. Lewis
Kali Parkinson	Cally Parkinson
Kanzas	Kansas
Kanzas Siti	Kansas City

SPISAK PRILAGOĐENIH IMENA

Kapitol Hil	Capitol Hill
Karl Braten	Carl Braaten
Karl Marks	Karl Marx
Kembridž	Cambridge
Kemp Hil	Camp Hill
Kentaki	Kentucky
Konektikat	Connecticut
Kristofer Ren	Christopher Wren
Karl Bart	Karl Barth
Karl F. H. Henri	Carl F. H. Henry
Karl Poper	Karl Popper
Karlajl	Carlisle
Kingdon	Kingdon
Koni	Connie
Lahabra	LaHabra
Lejn Denis	Lane Dennis
Ligon Dankan	J. Ligon Duncan
Loreta Lin	Loretta Lynn
Luisvil	Louisville
Lukriša Daglas	Lucretia E. Douglas
Madž	Mudge
Mekdonalds	McDonald's
Majk Gilbart-Smit	Mike Gilbart-Smith
Majk Makinli	Mike McKinley
Mak Stils	Mack Stiles
Mark Dever	Mark Dever
Mardž	Marge
Mark Ros	Mark Ross
Markiz de Sad	Marquis de Sade
Martin Lojd Džouns	Martyn Lloyd-Jones
Martin Luter	Martin Luther
Masačusets	Massachusetts
Meg	Meg
Merilend	Maryland

Spisak prilagođenih imena

Mičigen	Michigan
Mineapolis	Minneapolis
Mišel Fuko	Michel Foucault
Mor	More
Nešvil	Nashville
Nikol	Nichol
Nju Džerzi	New Jersey
Nju Medouz	New Meadows
Njujork	New York
Nju Kejnan	New Canaan
O. C. S. Volas	O. C. S. Wallace
O. S. Hokins	O. S. Hawkins
Os Ginis	Os Guinness
Pasadena	Pasadena
Pejdž Paterson	Paige Patterson
Pensilvanija	Pennsylvania
Pol Aleksander	Paul Alexander
Prinston	Princeton
Ričard Maler	Richard Muller
Ričard Sibs	Richard Sibbes
Robert Bolt	Robert Bolt
Robert Dženson	Robert W. Jenson
Robert Šuler	Robert Schuller
Rouland Hil	Rowland Hill
Samjuel Džouns	Samuel Jones
Samjuel S. Hil	Samuel S. Hill
Samjuel Morze	Samuel F. B. Morse
San Veli	Sun Valley
Sara	Sarah
Sara Čarls	Sara Charles
Sem Perkins	Sam Perkins
Sent Luis	St. Louis
Sijetl Supersoniks	Seattle SuperSonics
Sinkler Luis	Sinclair Lewis

Skoups	Scopes
Šon	Shawn
Tami Vajnet	Tammy Wynette
Tenesi	Tennessee
Teron Braun	Theron Brown
Tim Keler	Tim Keller
Timoti Džordž	Timothy George
Tom Netls	Tom J. Nettles
Tomas Kranmer	Thomas Cranmer
Torp	Thorpe
V. B. Džonson	W. B. Johnson
Vašington	Washington DC
Vil Mecger	Will Metzger
Vilijam Keri	William Carey
Vilijamson	Williamson
Vilijam Gudž	William Gouge
Viliston Voker	Williston Walker
Virdžinija	Virginia
Viton	Wheaton
Volfbutel	Wolfenbuttel
Vord Morgan	Ward Morgan
Zejn	Zane
Žan Kalvin	eng. John Calvin; fr. Jean Calvin
Žan Pol Sartr	Jean Paul Sartre

 **9Marks**
Izgradnja Zdravih Crkava

DA LI VAM JE CRKVA ZDRAVA?

Služba 9Marks oprema crkvene vođe prenoseći im biblijsku viziju i pružajući im praktična sredstva kako bi njihove zdrave crkve pokazivale narodima Božiju slavu.

Radi toga nam je cilj da pomognemo crkvama da razviju devet zdravih, ali često zanemarenih odlika:

1. Ekspozicijsko propovedanje
2. Doktrina oblikovana evanđeljem
3. Biblijsko razumevanje obraćenja i evangelizacije
4. Biblijsko članstvo u crkvi
5. Biblijska disciplina u crkvi
6. Biblijska briga za učeništvo i rast
7. Biblijsko vođstvo
8. Biblijsko razumevanje molitve
9. Biblijsko razumevanje misije

Služba 9Marks piše članke, knjige, prikaze knjiga i internet časopis. Organizujemo konferencije, snimamo intervjue i proizvodimo druga sredstva kako bismo opremili crkve za pokazivanje Božije slave
Posetite naš veb-sajt, gde možete pronaći sadržaje na više od trideset jezika i prijaviti se za primanje našeg besplatnog internet časopisa. Na sledećoj adresi se nalazi potpuni spisak naših sajtova na drugim jezicima:

9marks.org/about/international-efforts

www.9Marks.org

CIP - Каталогизација у публикацији
Библиотека Матице српске, Нови Сад

27

ДЕВЕР, Марк
    Devet odlika zdrave crkve / Dever Mark ; [prevod Matej Delač]. - Titel : Hrišćansko udruženje Projekat Timotej, 2018 (Novi Sad : Spirit). - 304 str. ; 21 cm

Prevod dela: Nine Marks of a Healty Church. - Tiraž 1.000.

9Marks ISBN: 978-1-955768-25-2

а) Хришћанска црква
COBISS.SR-ID 323836679

www.ingramcontent.com/pod-product-compliance
Lightning Source LLC
Chambersburg PA
CBHW071411070526
44578CB00003B/552